公司治理研究文丛

徐向艺 主编

管理层薪酬契约与财务行为关系研究

GUANLICENG XINCHOU QIYUE
YU CAIWU XINGWEI GUANXI YANJIU

刘海英 著

经济科学出版社
ECONOMIC SCIENCE PRESS

责任编辑：吕　萍　王　娟
责任校对：杨晓莹
版式设计：代小卫
技术编辑：邱　天

图书在版编目（CIP）数据

管理层薪酬契约与财务行为关系研究/刘海英著.—北京：经济科学出版社，2008.9
（公司治理研究文丛）
ISBN 978-7-5058-7503-6

Ⅰ.管… Ⅱ.刘… Ⅲ.①企业管理：劳动工资管理-关系-投资-资金管理-中国②企业管理：劳动工资管理-关系-融资-资金管理-中国　Ⅳ.F279.23

中国版本图书馆 CIP 数据核字（2008）第 130011 号

管理层薪酬契约与财务行为关系研究
刘海英　著
经济科学出版社出版、发行　新华书店经销
社址：北京市海淀区阜成路甲 28 号　邮编：100142
总编室电话：88191217　发行部电话：88191540
网址：www.esp.com.cn
电子邮件：esp@esp.com.cn
汉德鼎印刷厂印刷
永胜装订厂装订
787×1092　16 开　14.5 印张　220000 字
2008 年 9 月第 1 版　2008 年 10 月第 2 次印刷
ISBN 978-7-5058-7503-6/F·6754　定价：23.00 元
（图书出现印装问题，本社负责调换）
（版权所有　翻印必究）

《公司治理研究文丛》主编

主　编：徐向艺
副主编：陈志军　谢永珍　钟耕深

《公司治理研究文丛》学术委员会委员

李维安　南开大学商学院院长、教授、博士生导师
郑海航　首都经贸大学副校长、教授、博士生导师
徐向艺　山东大学管理学院院长、教授、博士生导师
武常歧　北京大学光华管理学院副院长、教授、博士生导师
何顺文　香港浸会大学工商管理学院院长、教授、博士生导师
李海舰　中国社会科学院《中国工业经济》杂志社社长、教授、博士生导师
李新春　中山大学管理学院院长、教授、博士生导师
高　闯　辽宁大学工商管理学院院长、教授、博士生导师
卢昌崇　东北财经大学工商管理学院院长、教授、博士生导师
刘俊海　中国人民大学法学院教授、博士生导师

总　　序

公司治理是公司价值的源泉，是企业组织基业长青的基石，也是资本市场健康发展的保障。亚洲金融风暴、美国安然事件后，越来越多的人注意到一些公司由于财务信息披露不及时、不充分，使得股东权益受损的现象不断出现，促使投资大众的注意焦点转向公司的治理水平。良好的公司治理能够给公司及股东带来长期收益预期已经成为共识。20多年来，公司治理已经成为各国公司制度改革的一项重要内容，无论是在国内还是国外、理论界还是实务界都给予了公司治理以极大的关注。近年来各国公司治理实务的发展，使得投资者、政府监管部门及上市公司自身都对公司治理产生了浓厚的兴趣。为了满足公司治理实践的需要，我国公司治理理论工作者对公司治理进行了系统而卓有成效的研究，取得了丰富的研究成果。为了展示已经或未来取得的理论成果，我们组织出版了这套《公司治理研究文丛》。

一、公司治理的主要研究成果

国内外关于公司治理的研究成果主要体现在以下几个方面：

一是关于公司治理的基本理论研究。这方面的研究探索，主要围绕公司治理为什么会产生、公司治理是什么、公司治理的目的是什么等问题而展开。国外的学者在公司治理理论研究方面进行了开创性的研究，如科斯（R. H. Coase, 1937）、詹森和麦克林（Jensen and Meckling, 1972）、伯利和米恩斯（Berle and Means, 1968）、约翰·库宾和丹尼斯·里奇（John Cubbin and Dennis Leech，1983）、哈罗德·德姆塞茨和肯尼斯（Harold Demsetz and Kenneth，1985）、奥利弗·哈特（Oliver Hart，1995）、法玛和詹森（Fama and Jensen，1983）等对所有权与控制权进行了系统研究；詹森（Jensen，1976）、麦克林（Meckling，1976）、法玛（Fama，1980）、威廉姆森（Williamson，1996）等对代理成本进行了长期的研究。国内方面，李维安、钱颖一、吴敬琏、张维迎等学者对公司治理的涵义及研究对象进行了系统研究与阐述。尤其李维安对于公司治理的理论研究打破了传统的以监督与控制为目的的窠臼，提出了公司治理的核心是建立一套科学的决策机制，制衡只是为了保证决策的有效执行，并指出公司治理要维护利益相关者的利益，而并非仅仅是维护股东利益的新颖观点。

二是关于公司治理模式的研究。围绕这一主题的研究主要是探索何种治理模式更加有效，全球范围内公司治理模式是趋同还是存异等问题。在全球经济一体化的今天，贸易壁垒被打破，公司的竞争力及其业绩更容易按照国际标准衡量，那些具有良好公司治理的国家和公司更容易在全球范围内获得更多的资源与竞争优势，其治理模式容易被效仿，如英美模式与日德模式等。而如果一个国家的公司治理体制不利于本国公司在全球资本市场以及产品市场获取更多的竞争优势，则应该改变其治理体制。公司治理绝非仅仅是公司精英关注的问题，国家决策者也应该给予公司治理以极大的关注，因为国家间或者公司间的竞争也是治理模式的竞争。由于各种治理模式与其治理环境、治理文化、股权结构的高度相关性以及经济改革的路径依赖而存续，但因全球经济一体化的发展，全球治理模式在一定程度上有趋同的趋势。大卫·沙尔尼（David Charny，1997）、卢西恩·别布丘克和马克·罗伊（Bebchuk，Lucian A and Mark. J. Roe，1999）、罗纳德·吉尔森（Ronald. J. Gilson，2001）、莱因哈特·施密特和斯宾德勒（Schmidt，Reinhard H and Gerald Spindler，2002）等学者在公司治理模式的研究方面提出了创新性的观点。

三是关于公司治理的应用研究。围绕这一主题，学者们对公司治理的操作层面如股权结构的选择、机构投资者与公司治理、董事会的结构与运作、跨国公司的治理以及公司治理原则等相关问题进行了系统的研究。如德姆塞茨（Demsetz，1983）、萨登（Thadden，1998）、帕加诺和瑞尔（Pagano and Rell，1998）、班尼德森和沃芬森（Bennedsen and Wolfenzon，2000）、戈麦斯和诺瓦斯（Gomes and Novaes，2005）等对于股权结构与股权制衡的研究；阿尔钦和德姆塞茨（Armen A. Alchina and Harold Demsetz，1972）、霍斯基森·希尔和金（Robert E. Hoskisson and Charles W. L. Hill and Hicheon Kim，1993）等对公司内部治理的研究；法玛（Fama，1980）、杰里米（Jeremy，1993）、扎杰克和维斯特弗（Edward J. Zajac and James D. Westphal，1996）；里迪克和塞斯（Kwnneth J. Rediker and Anju Seth，1995）等对董事会的内部结构及其运作的研究；杜明（John H. Dumming，1988）、提斯（David J. Teece，1986）以及巴克利和卡森（Peter J. Buckly and Mark Casson，1991）等对跨国公司治理进行了较为系统的研究；约翰·庞德（John Pound，1988）、鲍罗斯（Stephen D. Prowse，1990）、辉（John C. Coffee, Jr.，1991）、卡特（Hagman T. Carter，1992）、波森（Pozen Robert C，1994）以及肖特和卡罗吉斯（Helen Short and Kevin Keasey，1997）等研究了机构投资者在公司治理中的作用等。在国内方面，李维安对跨国公司治理、网络治理以及企业集团治理进行了系统研究，并制定了第一个中国公司治理原则，为公司治理实务的研究提供了指引；席酉民对集团治理进行了卓有成效的研究，其成果对我国企业集团治理的改善发挥了重要作用。

四是关于公司治理的实证研究。这一方面的研究旨在探索公司治理结构以及公司治理机制与公司绩效间的关系，如股权结构与绩效、治理结构与信息披露以及公司绩效的关系等。詹森和麦克森（Jensen and Meckling，1976）对内部股东比例与公司价值关系的研究；拉波塔（La Porta，1999，2000，2002）、克拉森斯（Claessens，2000，2002）、雷蒙和林斯（Lemmon and Lins，2003）等对控制权与现金流权分离对公司价值的影响的研究；德姆塞茨（Demsetz，1983）、康奈尔和塞维斯（McConnell and Servaes，1990）、徐向艺（2004）等对公司治理结构与公司绩效间关系的研究；菲弗（Pfeffer，1972）、詹森和法玛（Jensen and Fama，1983）、詹森（Michael C. Jensen，1990）、特里科（Tricker，1995）、巴加特和布莱克（Bhagat and Black，1999）、尼克斯（Nikos，1999）、戈亚尔和帕克（Goyal and Park，2001）、于东智（2001）、沈艺峰（2002）、基尔和尼克森 Geoffrey C. Kiel，Gavin J. Nicholson（2003）、李维安和李建标（2003）、兰道和简森（Trond Randoy and Jan Inge Jenssen，2004）等对董事会特征与公司绩效关系的研究；本森（George J. Benson，1982）、惠廷顿（Geoffrey Whittington，1993）、福克（John J. Forker，1992）等对公司治理与信息披露关系的实证研究等。这些研究成果对我国公司治理优化的宏观政策与微观对策的制定具有重要现实意义。

五是公司治理评价的研究。这一领域的研究是基于投资者、政府监管部门以及上市公司对公司治理状况进行评价的客观要求而进行的。20世纪90年代后期至今很多学者以及研究机构将公司治理的研究集中于公司治理的评价。如1998年标准普尔的公司治理服务系统；1999年欧洲戴米诺的公司治理评价系统；2000年里昂证券的公司治理评价系统；此外还有俄罗斯的布朗斯威克（Brunswick Warburg）评价系统；世界银行公司评价系统；泰国公司治理评价系统、韩国公司治理评价系统以及日本公司治理评价系统等。国内南开大学公司治理研究中心李维安等开发的公司治理评价系统是国内在这方面取得的代表性成果。不同的公司治理评价系统，分别基于不同治理环境的需要，设置评价与诊断公司治理状况的指标与方法，为降低投资者的信息不对称、监管部门的有效监管以及上市公司提升公司治理效率等提供了有价值的参考。

二、当前公司治理的热点问题

目前关于上述公司治理五个方面的研究，已经形成了较为完整的体系，并对我国公司治理实践起着重要的指导作用。然而公司治理的研究是无止境的，对于我国上市公司而言，公司治理实践中还存在着诸多问题，如究竟怎样的股权结构是合理的？提升董事会的独立性是否有助于上市公司监督效率的提高，也有助于决策效率的改善？如何衡量上市公司的治理风险并有效规避？为什么上市公司要履行社会责任，我国上市公司社会责任的履行状况如何？中小股东的利益应给予怎样的保护等均为我国公司治理实践中迫切需要解决的问题。

基于目前我国公司治理实践的需要，我们组织出版的这套《公司治理研究文丛》将对公司治理中存在的十大热点问题（不限于）进行系统研究与探索：

1. 信息不对称条件下的委托代理问题的研究。公司委托代理关系是公司治理的核心问题之一，没有委托代理关系，也就没有公司治理问题。公司存在委托代理关系，就必然产生代理成本。对代理成本的研究应全方位展开，要关注代理成本的衡量、代理成本的控制、资本结构对于代理成本的影响、股权制衡对代理成本的影响、董事会特征对于代理成本的影响等。本文丛对于代理成本的研究，则更关注于监事会特征对于代理成本的影响，并发现作为一种监督董事和高层管理人员机构，我国上市公司提高监事会的运作效率、完善监事的激励以及变更监事会主席对于降低代理成本具有显著的作用。因此，我国应关注于监事会这一内部监督机构的完善，短期内不能简单依赖于外部的监督。

2. 对于公司治理中的股东权益尤其是后股权分置改革时代中小股东的权益保护机制的探索。股东利益保护是公司治理的目的之一，对中小股东利益的有效保护更是公司制度公平与效率的前提。对中小股东权益保护制度的建设是衡量一国上市公司治理状况优劣、资本市场完善程度乃至国家竞争优势的标志。关注于中小股东权益保护问题的研究对于提高公司价值、维护资本市场的稳定、有效发挥资本市场资源配置的功能以及提升国家竞争力都具有重要意义。后股权分置时期，随着市场机制的强化和市场运行规则的改变，上市公司原有制衡机制将面临调整，股东之间的主要矛盾将由股权流动性冲突转变为股份优势、资金优势和信息优势冲突，这些变化必然给中小股东权益保护带来新的挑战。如由于全流通后，分类表决制等保护性规则的失效、控股股东由恶意"圈钱"和直接占用等自利行为到利用其控制权便利，从事内幕交易和市场操纵行为，可能会进一步加剧对中小股东利益的侵害、股权激励制度在增强管理层积极性和归属感的同时，也可能出现通过盈余管理、选择性信息披露、内幕交易等手段侵占小股东利益，资本控制权市场的日趋活跃可能出现的虚假或者恶意收购行为对中小股东权益的损害等问题。

3. 母子公司治理、控制与协调问题研究。在企业集团研究中，母子公司治理是理论界和企业界普遍关注、探寻的重要内容。海外母子型企业集团发展史长于中国，但海外学者对其研究时间并不长。国内学者对此研究始于20世纪90年代，总体上看，对母子公司治理与控制理论研究还不深入，实践总结尚不全面。中国企业集团的快速发展迫切需要研究母子公司治理与管理控制理论。对中国母子公司治理模式、治理手段、治理绩效系统研究并探讨对策，从理论上建立起母子公司治理的研究框架，在实践上对母子公司提升治理绩效提供指导建议。

4. 上市公司控制权安排研究。公司控制权是一种依附于公司的独立人格而派生的具有利益内容的经济性权利，公司控制权安排是公司治理制度安排的关键环节。如何合理配置上市公司控制权并有效促使控制权转移是提高公司绩效、保护投资者利益的重要问题。特别是在中国上市公司中，行政干预、内部人控制的现象十分严重，因此控制权安排这一问题就显得更为重要。中国上市公司控制权安排的研究主要集中在以下三个方面，即：控制权初始配置、控制权私有收益和控制权市场转移。中国上市公司控制权安排的变迁是一个由竞争性利益集团推动的周期演变过程，不同利益集团的不同行为方式形成了不同的控制权配置和转移方式。可以说，中国上市公司控制权安排存在的一系列问题，归根到底都是制度问题。对于构建上市公司控制权安排的优化模型而言，恰当的制度体系可以降低复杂系统中绝大多数个体的信息成本和组织的协调成本，抑制机会主义行为。

5. 上市公司关联交易及其治理问题研究。无论在西方国家还是我国，上市公司关联方之间通过资产交易、资金融通、接受或者提供担保以及赊销等方式进行交易引起的利益冲突问题日益严重。如何解决关联交易问题已经成为上市公司、参与投资各方、证券监管机构以及会计规范制定部门不容回避的重要课题。但目前无论是规范关联交易的相关制度还是法律监管均有待完善，如何将关联交易限制在其所涉利益主体之间均衡状态的范围之内成为一个很现实的问题。我们认为，对关联交易的研究应采用规范研究与实证研究的方法，旨在探索如何通过良好的外部法律制度建设以及内部治理结构与治理机制的完善规避由于大股东与上市公司的非公允关联交易而对公司利益相关者造成的利益侵害。

6. 公司治理中的独立董事制度的研究。建立独立董事制度是我国完善法人治理结构、保护中小投资者利益的重大制度创新。各国对于独立董事治理效果的研究由于样本不同、研究方法的不同形成了不同的结论。我们认为，应采用我国上市公司面板数据，从独立董事职能出发，关注于独立董事监督效果的实证研究；采用规范研究方法从独立董事选聘、独立董事激励、独立董事决策与监督、信息保障以及独立董事责任与风险控制等视角探讨独立董事的运作机制。

7. 董事会治理效率与业绩评价机制研究。董事会作为公司治理机制的重要组成部分，对公司的运作负有最终责任，其治理效率直接关系到公司业绩和利益相关者的利益。目前关于董事会的研究大多集中于董事会特征与公司绩效关系的实证研究，本论文集对于董事会部分的研究将深入到决定董事会治理质量因素的研究、董事会治理效率的研究以及董事会治理绩效的评价等方面。

8. 上市公司信息披露及其监管问题由于上市公司的所有权与经营权相分离，公司内部经理人员与其他利益相关者之间存在信息不对称。为了减少信息不对称及其对利益相关性者的损害，各国都要求上市公司向其他利益相关者和观众披露公司信息。但是由于一些公司信息披露不及时、不全面、不真实导致公司治理失效。我们应比较分析不同国家信息披露的监管模式，提出建立健全我国上市公司信息披露有效监管机制的对策。

9. 公司治理风险的预警与监控问题研究。目前国内外大量公司治理风险事件的发生或则使得公司破产倒闭，如美国安然、世通以及帕玛拉特等；或则使得投资者的利益严重受损，如国内的原科龙系、德龙系、三九集团等。因此，在公司治理实践中迫切需要建立公司治理风险预警系统，以便对公司治理的风险进行即时的预警与监控，规避风险事件的发生，确保上市公司的稳定发展以及投资者的利益。目前国外已有部分学者或者机构对公司治理的风险进行了研究，如布朗斯威克（Brunswick）、澳洲个人健康保险管理委员会（PHIAC）等，我国大陆学者对风险的研究多数集中于管理风险如财务风险、营销风险等，而没有针对公司治理建立风险预警指标体系与预警模型。应此，极有必要基于公司治理实践的需要，结合我国上市公司的治理环境，采用规范分析与实证分析的方法，建立公司治理风险预警的理论指标体系，促进上市公司通过治理结构以及治理机制的建设与完善规避治理风险。

10. 上市公司社会责任研究。20 世纪 80 年代末以来，掀起了一场广泛的、涉及公司法基本原理的公司管制的大讨论，其主要焦点围绕着公司股东、董事、监事、职工、债权人以及其他利益相关者的利益关系，涉及如何重新认识股东的法律地位、公司经营决策与执行、公司的社会责任等基本问题。目前公司应履行社会责任已经成为共识。对于社会责任的研究包括社会责任的内容、履行社会责任对公司绩效的影响以及企业社会责任评价等，通过这方面的研究，以期引导上市公司有效履行社会责任。

三、《公司治理研究文丛》的组编出发点

《公司治理研究文丛》是由山东省人文社科研究基地——山东大学公司治理研究中心组编，国家985哲学社会科学研究基金项目支持。山东大学公司治理研究始于20世纪90年代初，在国内较早开展现代公司治理与组织管理研究并获得一批在学术界引人注目的成果。山东大学公司治理研究中心2006年被批准为山东省人文社科强化研究基地。中心现已与美国辛辛那提大学管理学院、加拿大阿尔伯塔大学商学院、荷兰阿姆斯特丹大学、芬兰瓦萨大学等开展国际合作研究。近三年来，山东大学公司治理研究中心成员承担国家自然科学基金、国家社会科学基金项目6项、省部级项目21项，承担国际合作项目4项。中心曾为海信集团、山东高速集团、将军集团等十余家大型股份公司或企业集团进行公司治理方案设计。《公司治理研究文丛》组编的首批著作均是该中心成员的研究成果。当然，该文丛是开放式理论研究平台，我们将遴选国内外学者研究公司治理最新成果，反映公司治理理论研究、政策研究的最新成就。一方面我们适应国际经济一体化的潮流，逐步实现现代公司治理研究范式的规范化、国际化；另一方面直面我国改革开放的丰富实践，推动公司治理理论的广泛应用，促进我国公司治理的优化。这就是我们组编这套文丛的出发点。

徐向艺

2008年6月17日

序

  管理层薪酬是我国国有企业改革中的一个受到长期和广泛关注的热点和敏感问题。管理层薪酬契约是缓解股东与管理层委托代理冲突的有效方式，科学合理的薪酬契约有助于促使公司管理层作出符合股东利益的决策和行为。长期以来，我国国有企业管理层的薪酬主要由显性的货币性薪酬和隐性的职务消费组成。这种薪酬制度缺乏股权薪酬等长期激励契约，导致管理层薪酬契约组合单一，薪酬与业绩之间的敏感度较低，长期激励不足等问题，不能有效降低股东和管理层之间的代理成本。在这种薪酬制度下，由于不能真正从契约性的薪酬中得到公司长远持续发展给自身带来的显性益处，管理层也就不会真正关注公司的长期财务行为，从而导致公司财务行为的短期化现象严重，对公司的经营状况和长期可持续发展带来不利的影响。本书选择管理层薪酬契约与公司财务行为关系进行研究，对于进一步深入认识薪酬契约中的各个组成部分对公司财务行为的影响及其经济后果，完善国有企业薪酬制度的设计，丰富薪酬契约的理论，具有重要的理论意义和现实意义。

  本书从我国的制度背景出发，运用委托代理理论分析了我国从计划经济向市场经济转轨过程中引发的委托代理冲突，特别是企业投融资体制演变中引致的代理冲突，考察研究了我国企业管理层薪酬契约组合、管理层薪酬契约对管理层激励度以及管理层对薪酬契约的关心度、管理层薪酬契约与财务行为的关系，以及管理层长期股权薪酬对委托代理冲突的治理作用。

  本书具有以下几个突出的研究特色及创新：

一是构建了管理层薪酬契约与公司财务行为关系的研究框架，对研究中运用到的相关概念进行了探索性界定，包括管理层、管理层薪酬契约的度量、财务行为等。

二是研究视角新颖。从管理层薪酬契约激励度的角度考核了薪酬契约组合对管理层的激励效应存在着显著性的差异，从管理层对薪酬契约关心度的角度考察了管理层主观上对薪酬契约组合的关心度，从管理层薪酬契约中长期股权收入占总收入比重的角度考核了其与财务行为的关系。

三是研究方法科学可行。本书的研究综合运用了制度分析研究方法、统计调查研究和实证研究等方法。运用制度分析的方法，更准确地说是把制度分析看作一种分析研究的独特视角，对管理层薪酬演变制度背景、管理层业绩评价制度背景、我国企业投资体制和融资体制制度变迁的制度背景等进行了分析，探讨了管理层薪酬契约在治理股东与管理层之间利益冲突的作用；运用统计调查研究的方法对管理层薪酬契约激励度和管理层对薪酬契约组合关心度进行了研究；运用实证研究的方法实证检验了管理层薪酬契约组合与财务行为选择之间的关系。总之，研究方法科学，较好地分析和检验了相关问题。

四是得出了诸多具有参考价值的研究结论。问卷调查研究发现管理层对薪酬契约组合的关心度和薪酬契约组合激励度具有显著差异；利用数据库数据证实了管理层薪酬契约与财务行为之间存在着显著关系，为管理层股权激励提供了理论支持，在管理层薪酬契约中增加并加大长期股权薪酬比重，可以有效地治理代理冲突；同时在对管理层进行业绩评价时，可以增加财务行为方面的考核指标。

该书是作者在其博士学位论文基础上修改完善而成。多年来，刘海英博士在山东大学管理学院从事教学科研工作，具有坚实宽广的理论基础，系统深入的专门知识，较强的独立研究能力和良好的写作水平。该书也是作者研究成果的阶段性总结，纵观全书，逻辑清晰，结构合理，数据翔实，并得出了创新性的研究成果和结论。不足之处在于访谈对象和问卷发放样本具有地域的局限；实证研究样本具有行业的局限性。这些问题有待作者今后进一步深入研究与拓展。

当然，我国改革的实践仍在飞速地发展，管理层薪酬契约激励与公司财务行为关系领域的研究也远远不止作者在书中所研究的问题。作为她在博士学习阶段的导师，我在欣喜地看到刘海英博士的著作出版之际，也祝愿她能够把著作的出版当作研究的起点，继续关注并不断进行深入研究，丰富该领域的研究成果。

刘志远

2008年6月于南开园

目 录

摘要 ··· 1

第1章 导论 ·· 1
  1.1 问题的提出与研究意义 ··· 2
  1.2 关键概念界定与研究内容 ······································· 5
  1.3 研究方法与研究路线 ·· 13
  1.4 创新点 ··· 20

第2章 相关研究进展与评述 ······································ 22
  2.1 文献研究范畴界定与框架 ······································· 22
  2.2 管理层薪酬契约与业绩评价研究文献 ······················ 25
  2.3 管理层薪酬契约与投资行为研究文献 ······················ 32
  2.4 管理层薪酬契约与资本结构研究文献 ······················ 41
  本章小结 ·· 48

第3章 理论基础与制度背景分析 ······························ 49
  3.1 委托代理理论与我国企业委托代理关系分析 ············ 49
  3.2 委托代理问题治理 ··· 57
  3.3 管理层薪酬契约制度演变 ······································ 64
  3.4 我国企业投融资体系演变制度背景 ························· 79
  3.5 制度背景分析对本书后续研究的意义 ····················· 90
  本章小结 ·· 91

第4章 管理层薪酬契约激励度调查分析 ···················· 93
  4.1 研究设计 ·· 93

4.2　管理层对薪酬契约关心度分析 ………………………………… 97
　4.3　管理层薪酬契约激励度分析 ……………………………………… 105
　4.4　管理层薪酬契约与财务行为关系调查分析 …………………… 108
　本章小结 ……………………………………………………………………… 112

第5章　管理层薪酬契约业绩评价指标研究 ……………………… 113
　5.1　业绩评价指标 ……………………………………………………… 113
　5.2　业绩评价指标的主成分分析 ……………………………………… 127
　本章小结 ……………………………………………………………………… 133

第6章　管理层薪酬契约与固定资产投资行为实证分析 ………… 134
　6.1　企业投资财务理论 ………………………………………………… 134
　6.2　管理层薪酬与固定资产投资影响因素分析 …………………… 135
　6.3　研究设计 …………………………………………………………… 141
　6.4　实证结果分析 ……………………………………………………… 144
　本章小结 ……………………………………………………………………… 151

第7章　管理层薪酬契约与资本结构选择行为实证分析 ………… 153
　7.1　资本结构理论 ……………………………………………………… 154
　7.2　理论模型分析与研究假设 ………………………………………… 163
　7.3　样本选择与变量定义 ……………………………………………… 168
　7.4　实证结果分析 ……………………………………………………… 171
　7.5　稳健性检验 ………………………………………………………… 177
　本章小结 ……………………………………………………………………… 183

第8章　研究结论与研究展望 …………………………………………… 184
　8.1　主要研究结论 ……………………………………………………… 184
　8.2　研究展望 …………………………………………………………… 186

参考文献 …………………………………………………………………………… 188

附件：企业管理层薪酬激励与业绩评价研究调查问卷 ………………… 203

后记 ……………………………………………………………………………… 207

摘　　要

公司治理所需解决的根本问题是要利用有效的激励和约束手段促使公司管理层作出符合股东利益的决策和行为，其中一个重要的手段是为管理层提供恰当形式的报酬契约激励。

20世纪80年代和90年代，管理层薪酬契约因为其在治理代理冲突中的效应，成为学术研究的重要领域。在国外文献中，特别是美国的文献，由于其资本市场发展较早也较完善，有详细的数据库，学者们在研究中可以根据自己的研究目的取得所需的研究资料，也使得这方面的研究成果相当丰富。

在新中国成立初期高度集中的计划经济体制中，国家用高度集中的行政命令的方法来管理经济，企业经营的好坏与企业经营者没有直接的关系，而在从计划经济向市场经济的转轨过程中，企业委托代理冲突进一步加剧。在所有权和经营权分离的现代企业中，对管理层起激励作用的薪酬契约能够激励管理层在追求自身利益的同时使所有者利益最大化，有利于缓解两权分离产生的代理问题。本书从我国企业投融资制度背景演变中引发的委托代理冲突为契机，探讨管理层薪酬契约的治理作用；利用统计调查的研究方法分析了管理层薪酬契约的激励度以及管理层对薪酬契约不同组合的关心度，并利用数据库的数据对管理层薪酬契约与公司投融资财务行为的关系进行了实证分析。

本书共分为8章，各章的主要内容如下：

第1章，导论。在对选题背景陈述的基础上，论述了研究意义和研究目的；对关键概念进行了界定；对本书研究方法、技术路线、研究结构等进行了简要陈述。

第2章，相关研究进展与评述。对国内外管理层薪酬契约组合、管理层薪酬契约与投资行为和融资行为的相关研究进行了回顾。为本研究后续研究提供文献基础，借鉴已有研究成果，在我国制度背景和相关政策前提下，为补充、充实、完善和拓展该领域的研究提供文献支持。

第3章，理论基础与制度背景分析。首先运用委托代理理论分析了我国企业委托代理关系，包括传统经济中的委托代理关系和转轨经济中的委托代理关系，以及公司投资和融资体制演变中引致的委托代理冲突；其次探讨了委托代理冲突的治理，分析了管理层薪酬契约在治理股东与管理层之间利益冲突的作用；最后分析了我国对管理层薪酬契约管制的制度背景和管理层薪酬契约业绩评价演变的背景，以及我国企业投融资体系演变的制度背景。

第4章，管理层薪酬契约激励度调查分析。首先阐明了访谈研究和问卷调查研究的研究过程、研究内容以及问卷信度和效度的检验、主要分析方法等；其次分析了管理层对薪酬契约关心度以及管理层薪酬契约组合激励度；最后分析了管理层薪酬契约与公司财务行为之间的关系。

第5章，管理层薪酬契约业绩评价指标研究。运用问卷调查的资料对管理层薪酬契约业绩评价指标进行了分析；运用主成分分析法对管理层薪酬契约评价指标进行了因子界定，得出了公司普遍采用评议性指标和定量指标考核管理层薪酬契约，管理层薪酬契约业绩评价指标具有显著的重要性差异的结论。

第6章，管理层薪酬契约与固定资产投资行为实证分析。运用我国制造业上市公司中实行股权激励的公司组成研究样本，检验了管理层股权薪酬与固定资产投资之间的关系。

第7章，管理层薪酬契约与资本结构选择行为实证分析。运用我国制造业上市公司中实行股权激励的公司组成研究样本，检验了管理层薪酬与公司资本结构之间的关系。

第8章，研究结论与研究展望。

通过本书的研究主要得出了以下研究结论：（1）管理层股权薪酬能够有效治理代理冲突。（2）管理层薪酬契约组合普遍存在着二元化的薪酬组合结构，即管理层薪酬契约仅仅包括货币性薪酬（年薪制）和管理层薪酬契约包括货币性薪酬和股权性薪酬两种。（3）管理层对薪酬契约关心度以及薪酬契约对管理层的激励效用存在显著差异，管理层薪酬契约对管理层决策视野的作用不同，导致管理层对薪酬契约的关心度不同，同时，管理层薪酬契约激励度具有显著差异。这一研究对管理层薪酬相关研究是一种补充和完善。（4）证实了管理层薪酬契约与财务行为之间存在着显著关系。我国经济从计划经济向市场经济转轨过程中引发了明显的代理冲突，本书实证检验了管理层薪酬契约与公司固定资产投资和资产负债率之间的关系，发现薪酬契约中长期股权薪酬的比重显著地影响公司固定资产投资，同时与公司资本结构的关系显著负相关。这一研究结论对监管层和公司股东的启示是，在管理层薪酬契约中增加并加大长期股权薪酬比重，可以有效地治理代理冲突；同时在对管理层进行业绩评价时，可以增加财务行为方面的考核指标。

第1章

导　论

　　管理层薪酬一直是转轨时期国有企业的热点和敏感问题，国家有关部门历来对于公司管理层薪酬进行监管，近年来，为了降低代理成本，授予管理层长期股权薪酬，改变单纯的以货币性报酬为主的管理层薪酬契约，管理层长期股权薪酬契约改变了管理层决策的视野，使得管理层更加关注公司长期的利益。投资、融资和股利分配是公司最为重要的财务管理活动，而投资作为公司成长的主要动因和未来现金流量增长的重要基础，它直接影响公司的融资决策和股利决策。长期以来，尤其是在我国基本上是单独地研究管理层薪酬相关问题，或者是公司投融资行为相关问题，本书将管理层薪酬契约与公司固定资产投资和公司资本结构选择等财务行为结合起来进行研究，在对管理层薪酬契约与公司投融资财务行为相关文献进行回顾，和对我国管理层薪酬与投融资体制制度背景进行梳理的基础之上，分析了管理层对薪酬契约不同部分的关心度以及薪酬契约对管理层的激励度，探讨了我国上市公司管理层[①]薪酬契约与投融资财务行为的关

[①] 管理层是本书研究对象，在关键概念界定中会对管理层进一步定义。在国外文献中，特别是美国的文献，由于其资本市场发展较早也较完善，有详细的数据库，包括：Forbes 发布的从 1970 年开始的年度报酬调查（Annual Compensation Surveys），北美的 Compustat's 数据库中的经理人薪酬数据（ExecuComp），含 S&P500, the S&P Mid-Cap 400, and the S&P Small-Cap 600, 以及 Towers Perrin's 1997 Worldwide Total Remuneration 调查等，所以学者们在研究中能够根据自己的研究目的取得所需的研究资料，很多国外文献都是对经理人报酬与其采取的财务行为进行的研究，在文献回顾中，用到的概念是经理人即 CEO。

系，并利用上市公司的数据对我国管理层薪酬与投融资财务行为关系进行了实证检验。

导论共分为四部分内容，1.1是问题的提出与研究意义；1.2是关键概念界定与研究内容；1.3是研究方法与研究路线；1.4是创新点。

1.1 问题的提出与研究意义

1.1.1 选题背景

长期以来，我国国有企业管理层薪酬主要由显性的货币性薪酬和隐性的职务消费组成。这种薪酬制度的后果是：（1）薪酬水平偏低，与公司员工相比，管理层薪酬绝对水平严格地按照公司员工薪酬的倍数来确定。（2）薪酬契约单一，管理层薪酬采取年薪制，即每月的固定薪酬加年度业绩考核的效益薪酬。没有实行股权激励制度，公司的高级管理人员没有股份，或者是实行股权激励但是股权激励在其收益中所占的比例过低。（3）薪酬激励度不足，特别是货币性薪酬激励作用不足，不能有效降低股东和管理层之间代理成本。这些问题的存在，使得管理层长期以来不能够真正从契约性的薪酬中得到公司长远持续发展给自身带来的显性益处，薪酬制度不能真正引导管理层关注公司长期财务行为，反而导致管理层财务行为的短视化和人才的流失，影响到企业的经营状况和竞争力。因此，本书选择管理层薪酬契约以及与公司财务行为关系进行研究。

1.1.2 问题的提出与意义

1. 问题的提出

管理层薪酬是缓解委托代理冲突的有效方式。公司的股权结构和管理股权特征是影响股东和管理层之间代理冲突的主要因素，而管理股权的比例和份额一直以来受到我国制度环境制约，成为很难突破的"瓶颈"，薪酬中货币性薪酬和长期股权性薪酬比例失衡带来的短视问题，而且管理层在公司经营管理中所处的重要地位和其人力资本的不可分散性，都影响到其在经营中采取的财务行为①，进而进一步加剧代理冲突。

我国资本市场是在传统计划经济体制下萌芽，社会主义市场经济体制框架下孕育，伴随着国有企业公司制改革的过程快速成长起来的（李东平，2001）。早期进行股份制改造的公司其前身是国有企业，在上市初期，现代企业制度建设不完善，缺乏激励制度，公司财务目标不仅仅是经济利益，还有社会稳定解决就业等，管理层薪酬和员工薪酬差异不大，管理层更多地关心其职务消费等隐性收入以及政治升迁等声誉影响。20世纪90年代初期，上市公司的管理层基本上是由国有资产管理部门或者政府部分委派，其薪酬与行政职务挂钩。随着市场经济的发展和现代企业制度的进一步完善，企业的激励制度也在不断的变革之中，20世纪90年代末，相继出现了年薪制，加大了管理层薪酬契约中与年度效益挂钩的部分，但是此时仍然停留在货币性薪酬激励方面，管理层薪酬与公司长远发展关系不大，管理层为了保证薪酬契约中与年度效益挂钩的部分，往往采取短视的财务行为，以确保其稳定地得到固定薪酬和根据年度效益考核的效益薪酬。

公司治理所需解决的根本问题是要利用有效的激励和约束的手段促使公司的经理作出符合股东利益的决策和行为，其中一个重要的手段是为经理提供恰当形式的报酬激励。委托代理理论认为，给予经理随业绩变动的报酬是激励经理付出更多努力以增加股东收益的一个有效措施（周嘉楠，2006）。为了缓解管理层货币性薪酬带来的短视问题，委托人采用在管理层薪酬契约中增加长期股权薪酬，并不断加大长期股权薪酬的比重的措施，主要包括：（1）各地实施的长期股权薪酬激励。（2）1997～2002年的管理层收购（MBO）。（3）2005年证监会在上市公司中开始进行股权分置改革，并规定完成股权分置改革后的上市公司可以对管理层实施长期股权激励等多种激励措施对管理层进行激励。这些措施的目的在于通过增加管理层薪酬契约中长期股权激励的比重，降低管理层的短视行为和代理冲突，使得管理层在财务行为选择中采取有利于委托人利益的财务行为。

本书在主流企业理论的框架下，对大型公司制企业两权分离产生的委

---

① 能够增加公司财富的财务行为符合股东财富最大化的财务目标，股东财富最大化的财务目标与公司价值最大化的目标相一致，而背离股东财富最大化目标的决策和财务行为是管理层利己行为的表现，股东为了使得管理层最大化公司价值，需要最大效度地激励管理层，即降低股东和管理层之间的代理成本。但是本书的重点是管理层薪酬影响财务行为，而不考虑财务行为对公司价值的影响。

托代理问题进行了研究①。随着企业产权关系的逐渐明晰,企业中由于两权分离带来的委托代理问题愈显突出,最新修订的《中华人民共和国公司法》(简称《公司法》)以及国务院国有资产管理委员会(简称国资委)等有关部门针对管理层薪酬契约和水平等相继作出了一些具体的规定,这些措施的效果和效率还需要进一步的检验和验证,我国企业中管理层薪酬契约的现状是什么?管理层对不同薪酬契约的关心度、薪酬契约的激励度以及管理层长期股权薪酬与管理层采取的投融资财务行为之间具有什么样的关系?董事会治理、股权治理在管理层长期股权薪酬与财务行为关系中的作用是什么?本书在理论分析的基础上,进行了实证检验,就这些问题的分析和探索也是本书的研究目的,并构成了本书的研究框架。

2. 研究意义

管理层薪酬契约和公司财务行为之间的关系是一个微观层面、内部公司治理的问题,通过研究,探讨适合我国企业管理层薪酬契约,以指导管理层薪酬契约的设计。作为企业财务行为中两大重要组成部分,企业投资和融资行为之间的关系一直备受理论界与实务界人士的关注,通过实证分析,揭示我国上市公司管理层薪酬契约对公司投资和融资财务行为的影响,针对企业存在问题所作的重点研究具有证实实践、指导企业实践、并提高企业财务决策效率的现实意义;主要研究结论丰富了我国制度背景下管理层薪酬契约与财务行为研究的研究成果。

3. 研究视角

管理层薪酬问题是一个热点问题,研究者在研究中一般的是从上市公司年报上获取研究所需要的数据,而我国上市公司年报中公布的管理层薪酬数据包括金额最高的前三位董事的现金报酬和金额最高的前三位高级管理人员的现金报酬,以及董事会持股比例、监事会持股比例和除了董事、监事以外的其他高管人员持股比例等数据,这使得现有研究一般从以下角度进行:(1)用金额最高的前三位董事的现金报酬和金额最高的前三位高级管理人员的现金报酬代替管理层的货币性报酬总额。(2)直接用管

---

① 不可否认的是,很多学者认为在我国特殊的企业股权结构中,委托代理关系更重要的是表现为大股东和小股东之间的委托代理关系。但是我们知道,强调大股东和小股东之间的委托代理问题并不能够取代委托人和经理人之间的委托代理问题,所以本书关注的是股东和管理层之间的委托代理关系。另外,一般的,初创期(创立期)的企业以及清算期的企业具有很大的特殊性,其管理层的行为以及公司会计、财务政策都有其特质。因此,我们所研究问题的指向,不是针对创业期和清算期的企业进行的。但是在模型部分,假设一个三期模型,来研究管理层的投资和融资等行为,这种做法也符合理论模型的推演过程。

理层持股比例作为内部股权比例。现有研究的局限性是：(1)前三位高级管理人员是除了董事、监事以外的高管人员，用来代表公司的管理层有局限性。(2)由于我国特殊的制度背景，在大部分国有直接或者间接控股的上市公司中，以及较大规模的上市公司中，管理层持股比例不可能太高（特别是国有的大型上市公司），单纯地从股权治理的角度以持股比例来进行研究与我国的制度背景差异较大。本书与以往研究不同之处是：考虑到我国上市公司年报披露的现状，对管理层薪酬契约进行度量，即按照管理层薪酬契约中长期股权收入占总收入的比重，来考核其与财务行为的关系，理由是如果管理层长期股权收入占管理层薪酬总额的比重较大时，足以影响到管理层决策视野。

1.2 关键概念界定与研究内容

1.2.1 关键概念界定

在概念界定中，遵循的原则：一是本书的研究目的和需要；二是不加说明容易引起歧义。关键概念包括管理层、管理层薪酬契约以及财务行为等。这些概念在文中第一次用到时还将以脚注的形式进行说明，以方便理解。

1. 管理层

高级管理层成员来自公司最高层，负责整个公司的组织与协调，对公司经营管理拥有决策权与控制权，属于公司战略制定与执行层。上市公司重大财务决策过程，是一个民主决策的过程，在这一过程中，充分考虑了监督机制和治理机制，起监督作用的监督者同样需要激励，否则就没有动机去实施监督，所以，董事会同样需要足够的激励去履行监督职能，更重要的是在我国上市公司中，董事会成员在公司决策中起到至关重要的作用，而且很多公司的总经理本身就是董事会成员。本书研究对象是公司的高级管理层、"领导班子"，在上市公司中是指以董事会和监事会成员以及其他的高级管理人员组成的领导集体。学术界对于高级管理层的研究界定有以下几种：一是将高级管理层界定为"所有的高级管理人员"（Hambrick and Mason）；二是将高级管理层界定为那些"从首席执行官到高级副总裁层次的高级管理人员"（Elron）；三是将高级管理层界定为"首席执行官（CEO）、总裁、首席运营官、首席财务官和下一个层次的最高级别的人员"（Krishnan. et）；国外研究管理层薪酬契约与公司财务行为的文献中对管理层的定义一般的是指公司董事会和高级管理人员组成的团队（Holderness, Kroszner, and Sheehan, 1999）。国内一些研究将管理层定义为参与公司决策过程的全部高级管理人员，包括董事、监事以及其他高级管理人员（李善民，2007；贺家铁，2006；黄之骏，2006）。

综合上述内容并结合上市公司年报的定义，本书中管理层指的是参与公司决策过程的全部高级管理人员，包括董事、监事以及其他高级管理人员。

在第 2 章的文献综述中会经常地出现"经理人"的概念，因此需要对经理人的概念做一下说明。经理人在发达国家经济发展中发挥着至关重要的作用已经成为共识，国外许多学者和组织从不同角度对经理人给出了定义，这也帮助我们对经理人的职能和他们的重要性有一个比较全面的认识。从经济学角度给出的定义是：经理人是专门从事影响区域经济和商品资源或制度使用的决策人（Hebe and Link, 1989）。从管理学角度给出的定义是：经理人能识别机会、配置所需资源，实施一个可执行计划，以及时、灵活的途径收获报酬（Sahlman and Stevenson, 1991）。经济合作发展组织（OECD, 1998）提出的经理人定义：经理人是在市场经济中变化和成长的代理人，他们能起到加速创新思想的产生、扩散和应用，经理人是一个特殊的资源，这个资源在企业发展过程中起到非常重要的作用。

从这些定义中不难看出：经理人实际上是一个广义的概念，指的是在公司中起到决策、指挥作用的团队，这实际上就是本书研究中的管理层，二者在公司决策中的地位和作用一致。因此，文献中的经理人与本书研究中的管理层是相一致的。

2. 管理层薪酬契约

在大多数公司，专业技术人员和管理人员的薪酬契约较为简单，即年度工资加上健康保险、人寿保险和养老金计划的其他福利，当一个人升至公司中层管理人员、直至最后升为总经理时，其薪酬契约就变得更为复杂，而且其薪酬的主要部分来自于业绩基础薪酬（Performance-Based Compensation），其总收入不固定，而是根据所负责经营部门的财务绩效及股票价格来确定。

在国外，高管层的薪酬契约通常包括：（1）基本工资，无论业绩如何都可以领取，其经济功能是为管理者提供各期固定的收入。（2）现金奖励，在一个季度或者年度内，如果所管辖部门的业绩超过一定水平就可以领取，其发放依据定量的计算指标，用来奖励短期的显著业绩。（3）股票期权①，给予经理在未来几年以某一固定价格购买公司股票的权利，能够激励管理者关注公司的长期利益而不是短期利益。（4）递延现金或股票奖励，只有经理为公司服务若干年才可以领取，如果经理人在获得递延报酬契约之前离开公司将失去这部分报酬。（5）金色降落伞计划（Golden Parachutes）②。如果发生并购或者其他形式的控制权变化，导致经理人失去工作或者弱化其职责或者权利，经理人将得到一笔现金补偿。（6）股票升值权益（Stock-Appreciation Right，或称 Phantom Stock）计划。依据该计划，当股东权益增加时给予经理们现金奖励，而不是股份权利，适合于那些不想稀释股权，但是又能够保证经理们的行为符合股东最大利益的公司。（7）远期股票。有的公司在报酬计划中会奖励某位高层经理较大数额的远期股票，或者允许该经理以较低的价格购买该批股票。

虽然这种划分很细，但是在实证研究中通常分为工资、奖金和股票期权三部分。在具体的研究中，国外研究者对于管理层薪酬的界定各有差异，有以下几种：（1）包括两部分，即货币性薪酬（工资和红利）和股票期权等长期性薪酬（包括限制性股票期权、股票期权和其他长期薪酬）（Murphy，1999）。（2）包括三部分，即工资、奖金和股票期权部分（Brindisi）。雷纳特（Rehnert，1985）对美国一些具体的经理人薪酬做了概括，一般的经理人薪酬基本契约有工资部分、短期现金奖励和权益性长期激励，经理人薪酬同时还可能包含在经理人正常任期内的非自愿性离职的补偿（如金色降落伞），和与公司长期业绩相关的部分。美国最大的1000家公司中85%以上的公司除了短期现金激励外，至少还有一种形式的激励计划，有的公司具有长期期权激励，这些长期激励计划有时候超过经理人基本薪酬的10~20倍。在这些契约中，股票期权薪酬的不确定性最大，其应用于经理激励开始于20世纪50年代初，1950年9月23日，美国总统杜鲁门签署了《1950年收入法案》，该法案首次规定任何企业都

---

① 股票期权指上市公司授予激励对象在未来一定期限内以预先确定的价格和条件购买本公司一定数量股票的权利。激励对象有权行使这种权利，也有权放弃这种权利，但不得用于转让、质押或者偿还债务。

② 金色降落伞是一个中性的定义，文献里关于金色降落伞的定义多带有感情色彩，如克斯兰把它称为"给管理者的赏钱"；美国《商业周刊》的编辑更是以"金色窃贼"为题说"金色降落伞和窃贼之间的伦理区别甚难分辨"。

将有权向雇员发放一种新颖的货币,即股票期权。1952年美国PFIZER公司推出第一个经理股票期权,随后,股票期权制度被认为是美国新经济的推动器。股权激励尤其是股票期权制度被认为是美国新经济的推动器。据了解,1989~1997年美国最大的200家上市公司股票期权的数量占其上市股票数量的比例从6.9%上升到13.2%,1997年年薪最高的10位总裁,其平均股票收益占总薪酬96%以上(黄之骏,2006)。20世纪90年代的后半期,经理人股票期权(ESO,Executive Stock Option)被逐渐正式引入到我国,事实证明,实施经理人股票期权可以有效地激励经理人做出有利于公司的长期决策,吸引管理人才。自从股票期权诞生以来,它的激励作用也随之凸显出来。经理人股票期权激励制度,将管理层的利益与投资者的利益捆绑在一起,使其达到一种"默契",投资者注重的是企业的长期利益,管理层受雇于所有者或投资者,更关心其在职期间的短期经营业绩,而股票期权能够将二者利益有机结合。在信息不对称情形下,薪酬中的股票期权具有消除委托代理模型中的代理成本和激励代理人的功能(Murphy and Hemmer,1993)。另外,由于股票期权着眼于未来收益,有助于公司留住绩效高、能力强的核心员工,并预防核心员工被竞争对手挖走。因此,股票期权受到很多企业,尤其是处于发展初期的高科技企业的青睐。总之,股票期权作为赋予经营管理者的一种权利,其实质是对经营者提高公司业绩的一种奖励,只有当公司的股票价格上涨时才具有实质性意义,才会给经营管理者带来相应的收益。股票期权激励是长期激励形式之一,它能有效地克服公司经营管理者行为的短期化(岳中志,2005)。

另外,研究者对不同类型经理人薪酬契约进行了大量的研究:例如对美国制造业经理人报酬契约的研究(Murphy,1985);创业型公司所采用的报酬契约(Tibbetts and Donovan,1989);工资基础报酬的激励度,并得出企业报酬制度常常更多地依赖职务晋升和非现金福利而不是明确的现金报酬(Baker,Jensen and Murphy,1988),虽然研究各有偏重,但是对于薪酬契约的划分基本上可以归纳为以上两种。

国内研究中对管理层薪酬的划分有以下几种:(1)仅仅对管理层货币性薪酬进行研究,我国上市公司年报披露金额最高的前三位董事的货币性薪酬和金额最高的前三位高管人员的薪酬,使得这种研究具有可行性。(2)年薪和持股价值之和(李亚静、朱宏泉、黄登仕、周影峰,2005)。(3)货币性激励、股权激励和控制权激励(贺家铁,2006)。(4)货币性薪酬、股权激励和在职消费,即同时考虑管理层的显性收入和隐性收入。

在对国资委、企业总经理以及中层管理人员的访谈中，我们发现大多数企业中管理层薪酬契约包括固定薪酬（现金报酬）、效益薪酬（与公司年度效益挂钩的部分）和长期股权薪酬（通过分红或者股权形式参与剩余收益分配）。（1）固定薪酬是管理层劳动和贡献的基础性回报，是固定性劳动报酬。（2）效益薪酬是通过奖金和其他利润分享的方式，基于过去一段时期内（一般是一年）管理层工作业绩而额外支付的奖励性薪酬，与过去特定时期的工作表现或绩效直接挂钩，对上市公司而言，对管理层效益薪酬主要是根据公司年度经营业绩进行核定和考核。年薪制是一种短期内把管理层收入与企业绩效结合的薪酬形式。（3）长期股权薪酬是通过让管理层持有公司股票参与剩余收益分配的一种薪酬方式，是一种带有不确定性的风险收入，包括管理层持有股权和股票期权等形式，我国上市公司管理层持有的股份代表管理层在公司全部股份中所占有的份额。

本书中将管理层薪酬契约界定为：管理层薪酬包括货币性薪酬和长期股权薪酬，其中货币性薪酬包括固定薪酬和效益薪酬，在上市公司年报上以现金报酬总额来表示。

管理层薪酬契约内部结构度量界定为：按照管理层薪酬契约中长期股权收入占总收入的比重作为管理层薪酬内部结构度量指标，来考核其与财务行为的关系。

3. 财务行为

企业的融资与投资决策是企业理财活动的两大部分（陈收、刘卫国，1999）。管理层在经营中具有信息优势，管理层薪酬契约会影响到管理层在决策中的视野，进而影响到管理层财务行为。广义的财务行为包括公司投资行为、融资行为、分配行为（政策）和其他[①]，财务行为界定为投资和融资两种。

公司投资行为是指公司为了在一定时期内获得与风险成比例的预期收益而对其自身现在所持有的资源（主要是资金）的一种运用。公司投资内容极其广泛，影响因素也十分复杂，从目前的文献看，学者们着重考察了公司投资水平的决定、公司投资结构的优化以及公司投资效益的改善三方面的问题，就上市公司投资水平而言，按其投资对象的不同，分为实业投资和金融投资（杨亦民，2006）。本书将公司的投资行为定义为有形固定资产投资行为。

---

① 关于公司财务行为选择，在第 2 章相关研究进展与评述中定义了财务行为理论研究框架图，详细内容可以参照第 2 章。

公司的融资行为有广义和狭义之分，广义是指公司负债融资占总资产的比例，狭义是指公司长期资本来源中负债和权益之比，本书将融资定义为负债融资占总资产的比例。财务行为的分类和本书研究界定在图1-1中用黑色阴影标出。

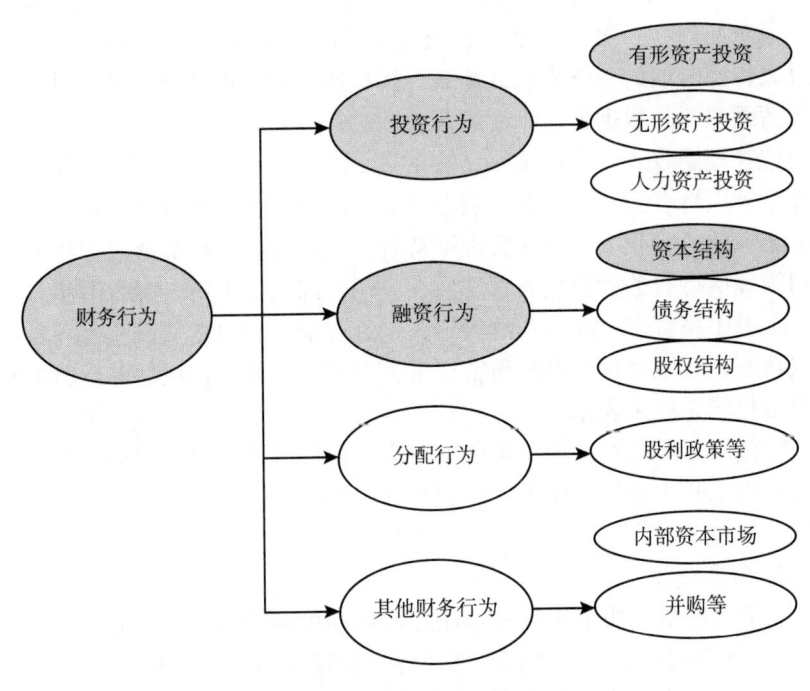

图1-1 财务行为定义图

1.2.2 研究内容

1. 研究框架

本书的研究框架见图1-2。

2. 章节内容

本书的研究是问题导向的。国家有关部门历来对于上市公司管理层的现金薪酬、长期股权给予了高度的监管，新闻媒体也进行了大量的报道，为了降低代理成本而给予管理层长期股权激励，改变单纯的以货币性报酬为主的管理层薪酬结构，薪酬契约的不同部分对公司固定资产投资行为和公司资本结构等财务行为的影响是什么，针对这些问题，在总结国内外相

```
                    ┌──────────────────────┐
                    │   问题提出与研究意义   │
                    └──────────┬───────────┘
                               │
        ┌──────────────────────┼──────────────────────┐
        │                                              │
┌───────▼────────────┐              ┌─────────────────▼──────────┐
│  相关研究进展与评述  │              │  理论基础和管理层薪酬契约   │
│                    │              │  与我国投融资制度背景分析   │
└───────┬────────────┘              └─────────────────┬──────────┘
        └──────────────────────┬──────────────────────┘
                               │
                ┌──────────────▼──────────────┐
                │ 管理层对薪酬契约关心度和薪酬契约 │
                │ 激励度，管理层薪酬契约业绩评价指标│
                └──────────────┬──────────────┘
                               │
        ┌──────────────────────┼──────────────────────┐
┌───────▼────────────────┐              ┌─────────────▼────────────┐
│  管理层薪酬契约与固定资产  │              │  管理层薪酬契约与资本结构  │
│  投资行为实证分析         │              │  选择行为实证分析         │
└───────┬────────────────┘              └─────────────┬────────────┘
        └──────────────────────┬──────────────────────┘
                               │
                    ┌──────────▼───────────┐
                    │   研究结论及研究展望   │
                    └──────────────────────┘
```

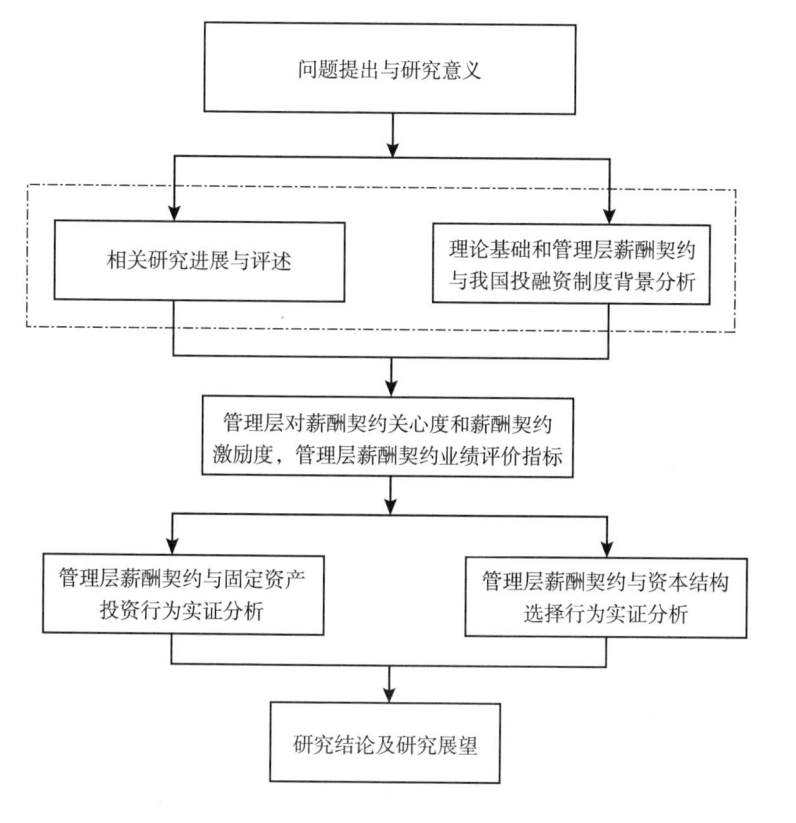

图1-2 本书的框架结构

关文献和我国上市公司管理层薪酬演变特殊制度背景的基础上，对上市公司管理层薪酬激励和公司投融资选择等财务行为，利用公开数据进行了实证检验；最后，得出本书的研究结论。

具体的章节安排是：

第1章导论。本章共分为四节。其中：1.1是问题的提出与研究意义；1.2是关键概念界定和研究内容；1.3是研究方法与研究路线；1.4是创新点。

第2章相关研究进展与评述。本章共分为四节。其中：2.1文献研究范畴界定与框架，包括对财务行为的界定，以及确立文献回顾的线路等；2.2是管理层薪酬契约与绩效评价研究文献回顾；2.3是管理层薪酬契约与投资行为研究文献回顾；2.4是管理层薪酬契约与资本结构研究文献回顾。

第3章理论基础与制度背景分析。本章共分为五节。其中：3.1委托代理理论与我国企业委托代理关系分析。包括本书研究的理论基础，即委托代理理论，剖析了企业委托代理关系，包括传统经济中的委托代理关系、转轨经济中的委托代理关系。3.2是委托代理问题治理，运用委托代理理论分析了管理层薪酬契约在治理股东与管理层之间利益冲突的作用，探讨了管理层长期股权薪酬缓解代理冲突的作用。3.3是管理层薪酬契约制度演变，对管理层薪酬契约管制的制度背景和业绩评价演变的背景进行了回顾。3.4是我国企业投融资体系演变制度背景。3.5是制度背景分析对本书后续研究的意义。

第4章管理层薪酬契约激励度调查分析。本章共分为四节。其中：4.1是研究设计及研究内容，阐明了访谈研究和问卷调查研究的研究过程、研究内容以及问卷信度和效度的检验、主要分析方法等；4.2是管理层对薪酬契约关心度分析，按照管理层是否拥有剩余收益的分配权分为，管理层薪酬仅有货币性薪酬样本组和包括货币性薪酬与长期股权性薪酬样本组，分析了管理层对不同薪酬契约关心度和薪酬契约差异；4.3是管理层薪酬契约激励度分析，对薪酬契约中不同组成部分激励程度分析表明，长期股权激励度显著高于货币性薪酬，长期股权薪酬对管理层努力工作的激励程度最大；4.4是管理层薪酬契约与公司财务行为关系分析。

第5章管理层薪酬契约业绩评价指标研究。本章共分为两节。其中：5.1是业绩评价指标，运用问卷调查的资料对管理层薪酬契约业绩评价指标构成进行了分析；5.2是业绩评价指标的主成分分析，运用主成分分析法对管理层薪酬契约业绩评价指标进行了分析，得出了公司普遍地采用评议性指标和定量指标考核管理层薪酬契约，管理层薪酬契约业绩评价指标具有显著的重要性差异。

第6章管理层薪酬契约与固定资产投资行为实证分析。本章共分为四节，其中：6.1是企业投资的财务理论；6.2是管理层薪酬与固定资产投资影响因素分析；6.3是研究设计，包括样本选择，变量描述和联立方程模型设计等；6.4是实证结果分析，运用我国制造业上市公司中实行股权激励的公司组成研究样本，检验了管理层股权薪酬占收入比重与固定资产投资之间的关系。

第7章管理层薪酬契约与资本结构选择行为实证分析。本章共分为五节。其中：7.1是资本结构理论；7.2是理论模型分析与研究假设；7.3是样本选择与变量定义；7.4是实证结果分析，运用我国制造业上市公司中实行股权激励的公司组成研究样本，检验了管理层薪酬与公司资本结构之间的关系；7.5 是稳健性检验。

第 8 章研究结论与研究展望。

1.3 研究方法与研究路线

"方法论"（Methodology）指处理问题的一般途径和路线，而"方法"（Method）指的是具体做法。人们认识世界和改造世界所使用的方法实际上包括三个层次：方法的认识论（即方法论）、方法的方法（或称具体方法）、技术方法（乐国林，2007）。本节阐述在研究中遵从的方法论基础和具体的研究方法。

1.3.1 研究方法论基础

研究方法论可以看做研究逻辑，人们利用这套逻辑能够提高研究工作的效率和质量[①]。方法论有别于方法，它比后者具有更为浓厚的哲学思辨色彩。

权威性的词典在方法论的定义方面具有某种一致性。《韦伯斯特大学词典》（1977）将方法论定义为"一门学科所使用的主要方法、规则和基本原理……对特定领域中关于探索的原则与程序的一种分析"。《韦氏新世界美国英语词典》（1968）将方法论定义为"方法的科学或者方法的有序安排；特别是对与科学探索和哲学探索的推理原理应用有关的逻辑学分支……任何特定科学中的方法体系（唐·埃思里奇，2003）"[②]。本节中的方法论指的是对本研究的一般途径的研究。

1. 规范研究方法论

这一方法论主要假定人类的行为是一种有意义的行动，它可以通过人

---

① 研究方法论可以看做研究逻辑，然而，任何研究方法或研究逻辑只能对一门学问的研究过程给予形式化的界定，并不增加所需的专业内容。犹如没有学过"逻辑学"，照样可以写作；没有学过"研究方法论"，照样可以做研究工作，但是如果一项研究错误地运用某种技术方法，研究结果必然错误，而"研究方法论"不规范，研究结果也可能有价值。正因为这种背景，人们对于学习"研究方法论"往往无紧迫的要求，实际上，掌握正确的研究方法论不仅可以提高研究工作的效率，更重要的是，可以为今后做出原创性的研究工作打下基础。摘自李怀祖：《管理研究方法论（第二版）》，西安交通大学出版社 2004 年版。

② [美] 唐·埃思里奇著：《应用经济学研究方法论》，经济科学出版社 2003 年版。

的意识和情感作用来完成一切认知；同时，人的行动也是社会取向的，"我"毕竟要走向"他人"。可以用相互主体性来理解既存社会事实，这一研究范式强调通过站在研究对象的角度，了解人们的情感和动机，以达到对人们社会行为的理解。德国社会学家马克斯·韦伯是这一方法论思想的代表者。韦伯认为对于人类社会现象的研究"最终归结为可理解的事实"，社会科学的研究首先必须观察行动者的"主观思想状态"，通过"理解"被研究对象的行动的意义和逻辑做出判断。"预期的结果必须被设想为同他们处在恰如其分的（马克斯·韦伯，1999）。"[①]美国社会学家帕森斯在韦伯理论的基础上发展出"社会行动理论"，它主要可以被分解为三种公设：（1）个体总是力图达到目的、满足需要和欲望，故人的行为是"有意义的"；（2）目的性的行为是在特定情境中进行的；（3）行动者始终面临着多种可能的选择。因此，研究者的主要任务就是研究并理解行动者的内心状态。现象学社会学家舒茨将韦伯的理解主义与现象学哲学相结合，将理解的方法论发展为一种现象学理解（观察式的理解和动机式的理解）方式。就对于行动主体的理解而言，舒茨认为社会行动的核心特征应该是筹划，对行动的分析表明，行动总是依据预先或明或暗设想的计划来完成的。而行动的意义正和这种意图密切相关。韦伯最关心那些"影响他人"的社会行动，却并没清楚地告诉我们何谓"影响他人"。而在舒茨看来，"影响他人"就是一个行动的筹划指向他人，也就是说，这种筹划作为意图动机，在他人那里引起了某种有意识的经验。这就将"影响他人"的社会行动与那些只是"以他人为取向"的社会行动区分开来，进而指出我们必须从社会影响的角度来分析社会行动。

规范财务会计方法论的主要特征如下：（1）以价值判断为基础，在研究过程中坚持特定的价值判断标准；（2）规范研究的结论带有主观性，无法用事实来验证，对同一财务会计现象的研究，可能会因研究者观点、意识的差异，而使结论相差甚远，甚至完全相反；（3）财务会计理论科学性的判断标准不具有可证伪性，财务会计理论不必和会计活动的事实现象一一对应，并非一定要接受经验事实的直接检验。对于财务学而言，规范分析，研究"该是什么"的问题，依然是财务学研究的主要方面。财务学依然是社会科学，走实证分析与规范分析相统一的研究道路，辩证地看待这两种方法才能出真正有价值的研究成果。

---

① ［德］马克斯·韦伯著，李秋零译：《社会科学方法论》，中国人民大学出版社1999年版。

本研究在理论分析中体现了规范方法论的思想。通过文献和理论分析，指出管理层薪酬契约应该具有什么样的结构以及对公司财务行为选择影响的方向，都体现了规范方法论的思想。

2. 实证研究方法论

实证研究方法论最初起源于实证主义哲学思想，首先是19世纪50～70年代以孔德和斯宾塞为代表的实证主义思想，继而是以马赫为代表的马赫主义思想，20世纪20～30年代的以石里克为代表的逻辑实证主义思想，以及后来的朴素证伪主义、精致证伪主义思想，即所谓"证伪主义哲学"。

实证主义创始人孔德认为，"实证"一词是"实在"、"有用"、"确实"、"精确"等意思，因而，他认为哲学应以实证自然科学为依据，以可以观察和试验的经验事实和知识为内容，排斥了他所认为的是虚妄、无用、不精确的神学和形而上学，进而建立以近代实验科学为依据的一种"科学的哲学"，即"实证哲学"（朱成全，2003）[①]。实证主义作为一种哲学，坚持只有通过观察（感觉）获得的知识才是可信赖的，"纯"实证主义甚至怀疑推理和理论在获得可靠知识上的有效性，经济学家并不全然信奉纯实证主义哲学，这主要是因为许多不是有形的事务仍然是真实的（唐·埃思里奇，2003）[②]。孔德的实证哲学是对科学哲学的最初界定，以此为起点，经历了逻辑实证主义、证伪主义和历史主义等阶段。

逻辑实证主义信奉事实的逻辑延伸，逻辑实证主义在20世纪50年代前成为经济学中的一种重要哲学，并成为居支配地位的实证主义哲学。将逻辑实证主义视为实证会计研究基本方法论的主要内容，一个重要原因是，实证会计研究区别于规范会计研究的一个根本点在于实证会计研究恪守价值中立，而这正好切合了逻辑实证主义哲学的主张。

西方哲学由逻辑实证主义发展到证伪主义的过程，说明二者既具有合理性，又具有局限性，即当某一理论被证实或者证伪时，绝不意味着验证已经最终完成。而将证伪主义作为实证会计研究基本方法论主要内容的理由是：瓦茨和齐默尔曼（"罗切斯特学派"主要代表人物）指出："在经济学中，科学上所采用的理论概念传统上被称为实证理论，据以与限定性或规范性论据相区分。这个由弗里德曼加以普及的名词经常导致实证理论概念（科学上使用的概念）与另一概念即哲学上的逻辑实证主义相混淆

[①] 朱成全著：《经济学方法论》，东北财经大学出版社2003年版。
[②] ［美］唐·埃思里奇著：《应用经济学研究方法论》，经济科学出版社2003年版。

(瓦茨，齐默尔曼，2000）。"①弗里德曼（Friededman，1953）在其经典论文《实证经济学的方法论》中，也阐述了其证伪主义思想。在弗里德曼看来，实证经济学从根本上说须独立于伦理和价值判断，就客观性而言其与任何一门自然科学也并无差异。实证经济学中理论或假说合适与否只能通过其预测精确度来评判。相比而言，如果某一假说能够解释的范围更大且针对已观察到的事件而言预测也较精确，那么按照弗里德曼的说法就是比较"好用"。证伪主义哲学也主张理论对价值保持中立。

不管是逻辑实证主义，还是证伪主义，其共同点是强调实证会计研究恪守价值中立。实证主义方法论在财务会计学研究中发挥着重要的作用。

实证会计理论（Positive Accounting Theory）作为一种研究的方法论在20世纪60年代就已经出现，随后，出现了大量的实证研究文献。实证会计理论确切地说是用经验—实证法为基础，以数学模型为工具所形成的一套新理论。其主要的目的，在于解释和预测会计现象和会计实务。所谓的"解释"，是替人们所观察到的现象寻找理由；所谓的"预测"，是指能够用来预料某些尚未观察到的现象（或者实务），包括那些已经发生但是尚未搜集到系统证据的现象。

1.3.2 研究方法

"工欲善其事，必先利其器"。黑格尔说：在探索的认识中，方法也就是工具，是主观方面的某种手段，主观方面通过这个手段和客体发生关系。从科学研究的角度看，采用什么方法进行研究，往往反映了研究本身所具有的水平和预期成果。权威性的词典对方法的定义多种多样。《韦伯斯特大学词典》（1977）将方法定义为"做某件事情、或为做某件事的方式、技术或者过程"；《韦氏新世界美国英语词典》（1968）将方法定义为"做任何事的方式、模式、程序、过程"②。方法指的是完成本研究的具体技术、工具或者程序。

1.3.2.1 制度分析方法

制度经济理论的发展史，包括马克思的制度经济理论、旧制度学派、

---

① R.L. 瓦茨，J.L. 齐默尔曼著、陈少华、黄世忠等译：《实证会计理论》，东北财经大学出版社2000年版。

② ［美］唐·埃思里奇著：《应用经济学研究方法论》，经济科学出版社2003年版。

近代制度学派和新制度经济学，都是在批判的正统理论过程中尝试建构自己的理论体系。以科斯为代表的新制度经济学家将产权约束和交易费用引入经济分析，他们采用"新古典主义+交易费用"的折衷的经济学分析范式，并运用了数理统计的分析方法。

制度分析方法与主流经济学和一般社会科学方法有所不同。从财务学研究角度看，它有以下特点：非纯粹经济分析，制度分析方法关注非财务因素对财务的影响；变迁演化，研究财务的制度变迁演化、模式的变迁演化和制度的创新；方法论的集体主义，方法论的个人主义认为最有效的社会科学研究来源于对个体现象或过程的研究，而方法论的集体主义更关心制度这一集体行动的结果和对个人选择的影响。

从制度安排和发展上看，转轨国家制度变迁实践提供了有关制度分析的丰富素材，中国市场化进程中的制度变迁大大丰富了研究中的素材，并极有可能形成转轨经济制度变迁的理论。对本书研究问题影响重大的制度变迁包括管理层薪酬演变制度背景、管理层业绩评价制度背景、我国企业投资体制和融资体制制度变迁的制度背景、"股权分置"以及"股权分置改革"的制度演变等。实际上，利用制度分析方法，更准确地说是把制度分析看做一种分析研究的独特视角，通过这个视角，来说明制度对管理层薪酬契约和管理层财务行为是有影响和起作用的。

1.3.2.2 实证研究方法

在财务和会计研究领域，广义的实证研究方法主要包括案例研究、实地研究、调查研究、试验室实验研究以及档案研究。其中档案研究是经验研究中最为常用的一种，研究中最常用到的狭义的实证研究就是档案研究的一个分支。

本研究以实证研究方法为主，实证研究的资料除了现有的统计资料外，还包括大量实际存在的、不容易准确计量的经验事实。通过逻辑推理，从这些经验事实中推出研究结论。

1. 统计调查研究方法

统计调查研究广泛应用于各个领域，包括政治学、社会学、经济学、教育学和管理学科。统计调查研究是以研究样本（被调查者）回答问题的数据为基础辨析总体状况的研究方法，是一种传统的研究技术，是社会科学研究领域最常用的观测方法。本书用到的统计调查研究方法主要有问卷法（Questionnaire）和访谈法（Interview）两种，每一种方法都包含了大量的细分类型。问卷调查研究和访谈研究方法是会计研究中重要研究方法，很多学者运用问卷调查和访谈的方法开展研究，得出了很多重要的结论（Graham and Harvey，2001；齐寅峰等，2005）。

（1）问卷法。问卷调查方法遵循了一切从实际出发、实事求是的原则，是偶然中发现必然的主要途径，是透过现象发现本质的一种工具（汤云为、赵春光，2001）。管理层薪酬是实践中一项操作性非常强的工作，其契约对管理层财务行为产生影响，而对于此问题的研究除了来源于文献以外，还必须结合我国企业改革的实践来进行，否则，研究就可能是空中楼阁。

由于我国上市公司年报中披露的公司管理层薪酬数据是货币性薪酬总额和持有公司股权的比例，所以如果想进一步考核管理层货币性薪酬的结构仅仅通过上市公司公布的数据是无法进行的。而管理层薪酬又的确是包含不同的契约，且不同契约在管理层决策中的作用不同，导致管理层对薪酬契约具有不同的关心度，管理层薪酬契约对管理层财务行为的影响也有差异，而且管理层薪酬契约又是监管部门、新闻媒体、大众、投资方等非常关心的问题，因此我们利用问卷调查的方法对该问题进行了研究，问卷法弥补了单纯依靠数据库数据无法进行深入研究的缺憾。

（2）访谈法。访谈研究方法是一种通过调查研究收集数据的方法，指研究者与被调查的对象进行直接的、面对面的口头交流，从而了解事实的真相或者被访问者的各种心理、行为倾向的一种研究方法。访问的过程是访问者与被访问者互动的过程，并在这一过程中获得所需的研究资料。

管理层薪酬契约的改革是由实践需要来推动的，如果离开我国的实践，而仅仅参考文献来进行研究，无异于纸上谈兵、空中楼阁，因此确立研究题目之初，我们不仅关注西方国家的已有研究文献，而且试图通过各种渠道取得我国公司管理层对于薪酬改革以及改革效果的一手资料，其中一个重要的方法就是实地访谈。另外，管理层对薪酬契约不同部分关心度的研究无法通过数据库数据进行，对管理层的访问就成为获得资料的有效方法。

访谈法根据访谈时调查人员是否具有一个既定的、较为详细的标准化的提纲或调查表，可以分为结构性访谈和非结构性访谈。结构性访谈遵循事先制定的提纲或者调查表，按照一定的方式进行，在调查中对于问题的揭示和说明也按照标准进行，结构性访谈的特点是比较规范。非结构性访谈是一种自由的、开放的无固定问题的研究方法，被访问者可以随意回答和发挥。

本书研究所运用的研究方法为结构性访谈,例如在对企业管理人员(包括总经理、董事长以及人力资源和其他部门的管理人员)进行访谈,进行管理层薪酬契约方面的调查;和在针对研究题目访问国资委相关部门人员时,采用的均是提前拟定访问题目和问题的结构性访谈方法,保证了所得数据和资料的真实可用性。限于篇幅本书对于访谈的题目和提纲以及访谈记录不再赘述。

2. 实证研究方法

实证研究(Positive Study)方法,就是确认假设,以事实、实际的情报,由观察数据产生的相关关系等为对象,经过实验而求得近似正确性的一种研究方法。实证研究以事实为依据,研究资料除了现有的统计资料外,还包括大量实际存在的、不容易准确计量的经验事实,通过逻辑推理,从这些经验事实中推出重要的和可靠的结论。研究结论的正确与否可以通过对事实的检验来评判。西方资本市场的建立和发展为实证研究方法的运用提供了外在经济环境。

实证研究方法从一开始就运用于资本市场研究,因为资本市场中会计信息与股票价格的关系、财务会计政策选择等问题的可证伪性为实证研究的可证伪主义提供了市场。与此相关,数据库的建立为实证会计研究提供了资料保证,计算机等现代信息处理技术的运用和普及为实证会计研究提供了技术支持。同时,计算机还使得数据资料的查找更为快捷。

运用中国经济研究中心 CCER 和国泰安 CSMAR 数据库的数据,对管理层薪酬契约与公司固定资产投资以及资本结构关系研究中运用了模型设计、统计评价和实证分析的研究方法。

1.3.3 技术路线

在研究过程中,尝试使用多种研究方法,这是研究该问题的实践意义和理论价值共同的要求。管理层薪酬是一个典型的来源于实践中的问题,其研究的结果和结论具有很强的实践意义和可操作性,但是其理论基础又涉及管理学、劳动经济学、人力资源以及多种学科的交叉,在研究过程中将实地调查与理论分析,定性分析与定量分析相结合,发挥各种方法的优势,使得理论分析与实证分析相结合并相互补充。研究技术路线与研究方法见图 1-3。

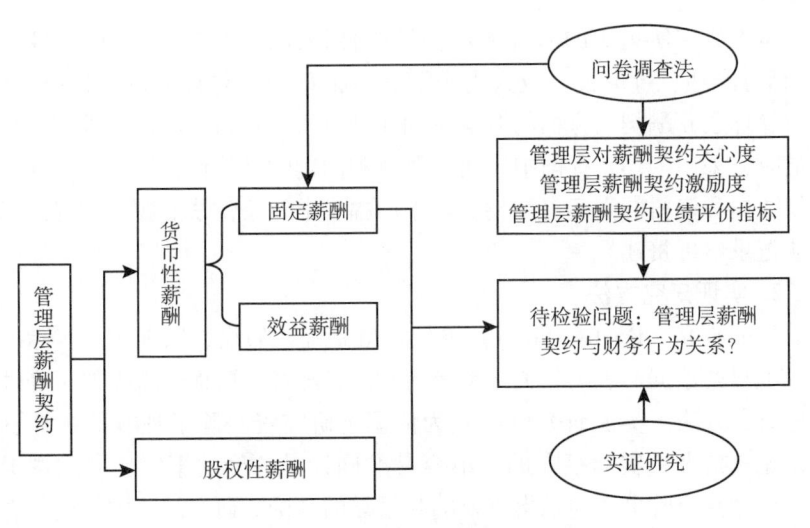

图1-3 研究技术路线与研究方法

1.4 创 新 点

依据委托代理理论的思想,通过访谈、问卷调查和回归分析的研究方法,揭示了管理层货币性薪酬由固定薪酬和以年度业绩考评的效益薪酬组成,但是货币性薪酬使得管理层的视野关注于公司的短期业绩或者为了自身效用而进行利润操纵,而在管理层薪酬结构中增加长期股权薪酬的比重能够协调和缓解股东与管理层之间的代理冲突。沿着这一思路,通过问卷调查和实证检验对管理层薪酬契约与公司投融资财务行为之间的关系进行了调查分析和实证检验,本书在以下方面具有创新性。

(1)证实了管理层薪酬契约与财务行为之间存在着显著关系,为管理层股权激励提供了理论支持,并可以尝试增加对管理层财务行为方面的考核指标。我国经济从计划经济向市场经济转轨过程中引发了明显的代理冲突,本书实证检验了管理层薪酬契约与公司固定资产投资和资产负债率之间的关系,发现薪酬契约中长期股权薪酬的比重显著地影响公司固定资产投资,同时与公司资本结构的关系显著负相关。这一研究结论对监管层和公司股东的启示是,在管理层薪酬契约中增加并加大长期股权薪酬比重,可以有效地治理代理冲突;同时在对管理层进行业绩评价时,可以增加财务行为方面的考核指标。

（2）管理层对薪酬契约关心度以及薪酬契约对管理层的激励效用存在显著差异。管理层薪酬契约对管理层决策视野的作用不同，导致管理层对薪酬契约的关心度不同，同时，管理层薪酬契约激励度具有显著差异。这一研究对管理层薪酬相关研究是一种补充和完善。

问卷研究的主要发现：一是在企业中管理层薪酬契约中普遍存在着二元化的薪酬结构，即管理层薪酬契约仅仅包括货币性薪酬（年薪制）和管理层薪酬契约包括货币性薪酬和股权性薪酬两种。二是管理层主观上对薪酬契约关心度具有明显的差异，同时发现，薪酬契约激励度显著不同。在管理层薪酬契约仅仅包括货币性薪酬样本组，管理层的年度货币性薪酬由固定薪酬和以年度业绩考核的效益薪酬组成，在该样本组中，管理层对效益薪酬的关心度显著高于对固定薪酬的关心度，效益薪酬激励度显著高于固定薪酬激励度；在管理层薪酬契约包括货币性薪酬和股权性薪酬的样本组，管理层对长期股权薪酬的关心度显著高于对货币性薪酬的关心度，长期股权薪酬激励度显著高于货币性薪酬激励度，与委托代理理论的预测一致，管理层股权激励能够缓解股东与管理层之间的代理冲突。

（3）运用联立方程模型对管理层薪酬契约与公司固定资产投资行为进行了实证分析，做了以下方面的改进。现有的研究较多的集中于对管理层薪酬契约设计，以及管理层货币性薪酬和管理层持股比例与公司业绩等的关系，得出的研究结论不一，这种结果很可能是实证设计上的问题。本书对薪酬契约采用内部结构进行度量（即管理层长期股权薪酬占全部收入比重），拓展了我国制度背景下薪酬契约研究的视角；在检验其与固定资产投资关系时，运用了联立方程模型，检验了薪酬比重和固定资产投资的内生性问题；在股权结构影响因素中，考虑到我国上市公司中大流通股股东逐渐增加的现实状况，不仅考虑了第一大股东的性质，同时加入了持有公司5%以上股份流通股股权因素，目的是增加对诸如机构投资者等因素的关注。通过研究还发现，管理层薪酬契约中长期股权比重与固定资产投资的影响是相互的。当管理层薪酬中股权薪酬所占比重增加时，管理层有动机进行固定资产的投资，而公司进行净现值为正的投资项目，资本市场的市场反映为利好信息，股价的上升又增加了管理层股权薪酬的比重。

第 2 章

相关研究进展与评述

本章对管理层薪酬契约、管理层薪酬契约与相关财务行为选择的研究进行回顾,并对与本研究密切相关的文献研究进展进行梳理,在文献梳理的基础上,确立研究思路和框架,并作为以后章节研究的基础。

2.1 文献研究范畴界定与框架

在 20 世纪 80 年代和 90 年代,管理层薪酬成为学术研究的重要领域。关注高层管理者薪酬的学术论文从 1985 年以前的每年 1~2 篇增加到 1995 年的每年 60 篇。管理层薪酬研究上的突飞猛进是由多种因素共同决定的。第一,始于 20 世纪 70 年代中期的代理理论为最优薪酬契约的研究提供了一个坚实的理论基础。第二,在一些发达国家(主要是美国)中可以得到有关管理者薪酬的公开数据,这为分析管理者薪酬的许多核心问题,诸如激励、边际生产力、契约、提升、两权分离和职业生涯等提供了一个丰富的数据环境。第三,CEO 薪酬的膨胀吸引了研究者的广泛关注,激发了增加管理者薪酬研究的要求。最后,高层管理者是企业生产函数至关重要的和可以观测的要素投入,揭示他们的作用可以丰富人们对激励和组织的理解。这些研究文献大多从管理学的角度进行研究,本书关注的是管理层薪酬契约与投资和资本结构领域的相关问题。

2.1.1 管理层薪酬契约文献研究范畴

管理层薪酬契约以及与财务行为关系的文献涉及多个方面，其框架图如图 2-1 所示，图 2-1 中用灰色标出的是本书研究领域和文献回顾中的主要内容。

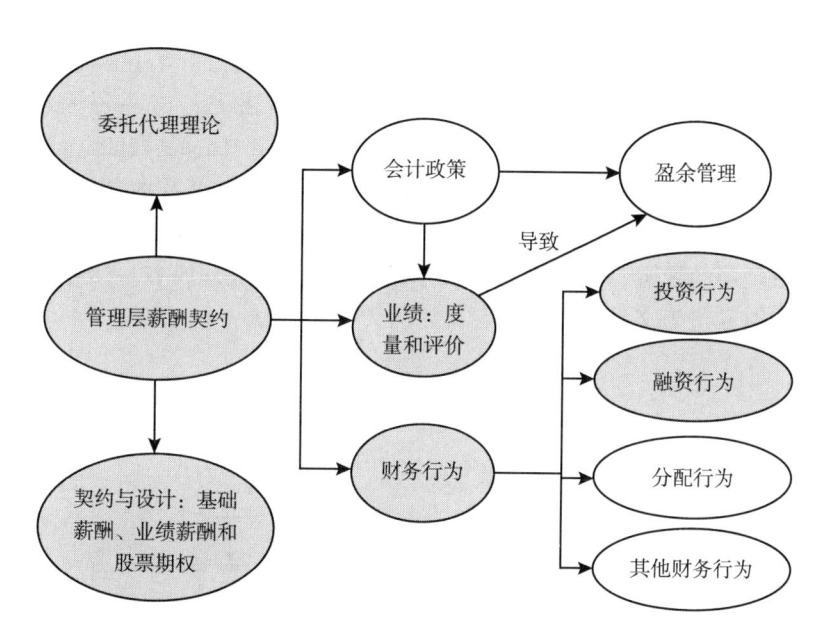

图 2-1 管理层薪酬契约研究文献范畴

按照图 2-1 中标示的文献回顾线路，本章从管理层薪酬契约与公司投资行为以及公司融资行为等方面进行文献回顾和梳理。文献回顾及梳理遵循与本书研究相关的原则：凡是文献回顾中涉及的文献，或者是本研究中用其作为理论支撑，或者用其作为假设提出基础，或者在研究方法上作为借鉴，或者是在该研究基础上做进一步的深入研究。

2.1.2 文献研究框架界定

委托代理理论认为管理层行为是其薪酬的函数（Larcker，1987），因此，管理层薪酬的变化会引起管理层财务行为的相应变化。有效的管理层薪酬能够降低股东与管理层之间的代理成本，国外已有文献研究表明：管理层薪酬中的股权激励缓解了代理冲突，充分体现激励效应，研究表明管理层薪酬契约中的持股（股权和股票期权）部分在管理层激励中有重要的作用，同时也证明了管理层薪酬中股权影响着管理层选择公司投资和融资行为（Jensen and Meckling，1976；Hangen and Senbet，1981；Amihud and Lev，1981；Walkling and Long，1984）。很多学者对管理层薪酬与投资（Agrawal and Mandelker，1987）、融资选择（Blazenko，1987；Friend and Lang，1988；John and John，1993；Berger，Ofek and Yermack，1997；Garvey，1997；Datta，Iskandar-Datta and Raman，2005；Brander and Poitevin，1992）、并购行为（Datta，Iskandar-Datta and Raman，2001；Agrawal and Walkling，1994；Agrawal and Knoeber，1998）以及内部资本市场（Motta，2003）等财务行为的关系进行了研究，管理层薪酬中长期薪酬决定着管理层的视野，能够降低股东与管理层之间的代理成本。管理层薪酬契约与财务行为文献研究框架定义如图2-2所示。

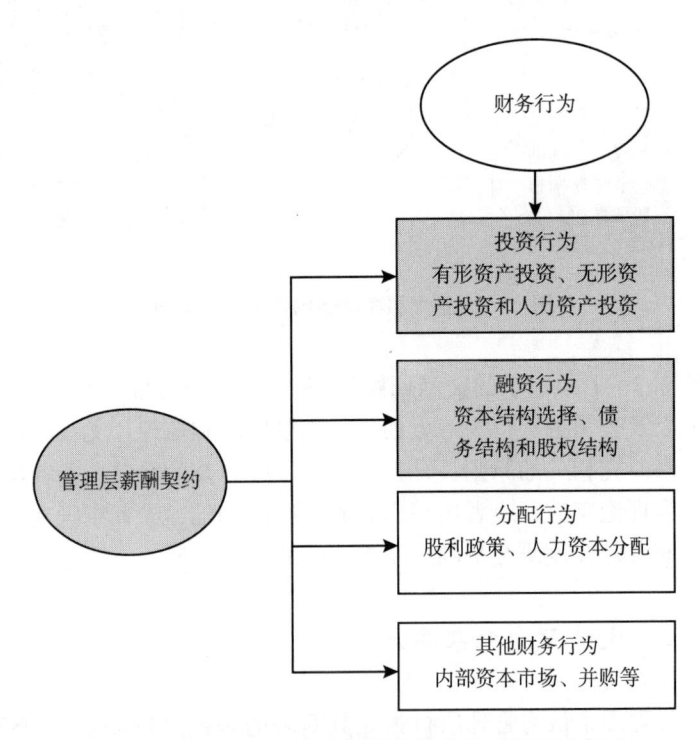

图2-2　管理层薪酬契约与财务行为关系研究框架图

从图 2-2 中可以看出，公司财务行为是一个非常广泛的概念，本书集中对于管理层薪酬契约与固定资产投资和融资结构进行研究，因此对文献的回顾和评论集中于管理层薪酬契约与有形资产投资行为和融资结构选择方面，这也是实证中将要检验的内容，即图 2-2 中用黑体标出的部分。

2.2 管理层薪酬契约与业绩评价研究文献

一般的，公司董事会下设报酬与管理发展委员会，在其监督下，公司制订并贯彻薪酬政策、计划和方案。管理层薪酬契约设计的目标包括：(1) 将管理层的经济利益同股东的经济利益紧密联系，以鼓励管理层为股东创造财富，并考虑到管理层风险的不可分散性。(2) 薪酬契约应以客观标准为基础，有利于利益相关方观察计划和监督计划，而且不能操纵计划。(3) 保持公司在不同市场的领导地位，用竞争性的报酬来吸引和聘用管理人员，并激励其发挥才能。(4) 防止管理层有过多额外津贴，并使偷懒行为最小化，限制管理层为获得报酬而采取过分保守的态度对待风险。

吉尔森和维特萨朋（Gilson and Vetsuypens，1993）对于 1981~1987 年 77 家面临破产或为避免破产而进行债务重组的上市公司高级管理人员的薪酬契约进行了研究，发现当公司面临财务困境时，公司会定期地调整 CEO 薪酬契约，大部分的公司会削减 CEO 的基本工资部分的现金薪酬而许诺增加其长期以业绩为基础的薪酬，其股票期权会被重新定价，公司面临财务困境时 CEO 的薪酬契约与业绩高度相关。研究表明，在公司面临财务困境时，薪酬契约政策是其重整战略的重要组成部分。公司会将 CEO 的薪酬契约与公司能否成功地避免破产或进行债务重组相联系；该研究还发现，当公司面临财务困境时，几乎 1/3 的 CEO 被替换，而且 CEO 的行为受到债权人和破产法庭的严密监督，而没有被替换的 CEO 的工资和奖励都有不同程度的下降。公司内部新任命 CEO 的薪酬比其前任 CEO 的薪酬要低约 35%，但外部聘用 CEO 的薪酬比其前任却要高 36%，而通常都有股票期权。

墨菲和齐默尔曼（Murphy and Zimmerman，1993）研究了经营业绩与 CEO 流动率之间的关系，分析了影响 CEO 流动的财务因素包括 R&D 支出、广告支出、资本性支出以及由于经营业绩差而产生的应计费用等。威斯柏（Weisbach，1988）论述了有关薪酬政策在吸引、监督和约束首席执行官方面的关键作用。

高管层薪酬契约的制定由公司董事会执行，同时董事会也承担着对高管层薪酬进行修订和监督的职能，而其基础就是高管层的业绩评价。

2.2.1 管理层薪酬契约水平研究

前已述及，经理人的报酬组合通常包括：基本工资、现金奖励、股票期权、递延现金或股票奖励、金色降落伞、股票升值权益和远期股票。

在实证研究中通常划分为三部分，即工资、奖金和股票期权。布林迪森（Brindisi）做了1966年、1971年、1981年薪酬计划比例统计（如表2-1所示）。

表2-1　　　　　　　　　薪酬契约组合比例

来源	1966年	1971年	1981年
工资	43%	58%	53%
奖金	22%	19%	6%
股票期权	35%	23%	41%

资料来源：Brindisi, L., Jr., Creating Shareholder Value: A New Misson for Executive Compensation, Midland Corporate Finance Journal, Winter 1985, 62.

从表2-1中可以看出，股票期权的比例不断上升，而奖金的比例在不断下降，到20世纪80年代股票期权已经占到报酬计划的40%以上。据有关统计显示，目前超过90%的美国上市公司都在实行股票期权制度。1998年，标准普尔500家公司CEO的收入有40%来自于股票期权（黄世忠、陈建明，2002）。在一个业绩较好和发展前景良好的公司，一般的工资（底薪）在全部报酬中占到20%～30%，奖励占到20%～30%，长期奖励占到40%～55%。

研究证实在薪酬体系中引入股票期权，在信息不对称情形下，股票期权具有消除委托代理模型中的代理成本的功能，能够激励代理人，使其做出有利于委托人的决策（Murphy and Hemmer, 1993）。研究者对不同类型经理人报酬组合进行了大量的研究：例如对美国制造业经理人报酬构成的研究（Murphy, 1985）；创业型公司所采用的报酬组合（Tibbetts and Donovan, 1989）；工资基础报酬，并得出企业报酬制度常常更多地依赖职务晋升和非现金福利而不是明确的现金报酬（Baker，Jensen and Murphy，1988）。

2.2.2 管理层薪酬业绩评价方法研究

1. 主观评价和客观业绩测量

有效的报酬契约应该同时考虑高管层的客观评价指标和主观评价。在存在着不对称信息，委托人和代理人目标不一致时，激励合约有效性依赖于委托人目标和业绩测量（Baker，1992）①。贝克（Baker，1992）假设委托人的目标函数 $V(e, \varepsilon)$ 不可合约化，但是却可以观察到一个由代理人努力程度和自然随机状态构成的可以合约化的业绩测量 $P(e, \varepsilon)$，委托人利用这一可合约化的业绩测量将代理人的最优激励合约线性的表示为：$S+bP(e, \varepsilon)$，其中：S 是代理人固定薪酬部分，b 是根据业绩测量所得到的分配率，e 是代理人的努力程度，ε 是自然状态的随机变量。对于 b 的测算和确认就构成了业绩评价中的核心和关键。

有效的契约应该在客观业绩测量中加入主观业绩的权重。充分有效地明确合约的存在可以使得隐含的合约②不可行，即使隐含的合约可以产生最优的结果。主客观测量方法是互为补充的：明确的和隐含的合约单独本身不会产生正的利润，而将二者有效地结合在一起能够取得好的效果（Baker，Gibbons and Murphy，1994）。在明确的和隐含的激励合约中运用主观和客观业绩测量方法。贝克、吉本斯和墨菲（Baker，Gibbons and Murphy，1994）探讨了主观和客观业绩测量方法在明确的和隐含的激励合约中的运用，认为激励合约中通常包括主观成分，这可以有效地减轻单纯由不完美的客观测量所带来的激励失真。发现在很多情况下，主观业绩测量和客观业绩测量方法是互为补充的：并对在客观业绩测量中加入主观业绩的权重做了分析和界定。

对管理层的绩效评价目的在于监督管理层薪酬，由于管理者是对公司

---

① 为了方便理解，本书在文献综述中对文献以及其主要思想的述评中，凡是用到公式或者符号的，都以原文的符号来表示。所以，会出现同样是代理人的努力程度，在 Baker 的文章中用 e 表示，而在 Holmstrom 的文章中用 a 表示。

② 隐含合约所涵盖的行为常常只许交易双方观察到，而不易为第三方所观察，因此法律介入隐含合约领域的成本相当高。这意味着，隐含合约是一种能够随意废除而不被法律惩罚的合同。既然如此，隐含合约的实施压力又来自于什么地方呢？许多的研究将其归结到"声誉"上面。由于参与交易的人不希望自己落下个坏名声（否则就不能重复交易了），而有动力强制自己履行隐含合约。隐含合约的具体形式可以表现为企业的文化、伦理、道德规范、价值观，等等。隐含合约实际上刻画了组织成员之间相互的行为预期。

整体负责,所以客观业绩指标相对于主观业绩指标能更全面地、更直接地反映公司整体业绩,对管理者的经营能力和努力具有相对更优的近似替代能力,而且能更好的反映管理者努力程度(谢德仁,2003)。但是这些客观业绩指标可能并不能对经营者的业绩进行充分的衡量,不能完全反映诸如经营者创新能力、经营管理能力等方面的信息,因此,必须考虑主观业绩指标评价的作用,但由于主观业绩所具有的主观性和不可验证性等缺陷,只能作为客观业绩指标的补充。为了真实、合理地对经营者的业绩进行评价,有效的管理层薪酬应该同时考虑管理层的客观评价指标和主观评价。

2. 客观业绩测量方法的选择

高管层客观业绩的评价。从会计角度来看,管理层的经营业绩最普遍的表现形式是企业的净收益(也可以进一步扩展为每股净收益或净收益率等)。兰博特(Lambert)的三篇文章分析了运用会计收益(净利润)而不是股票价格作为短期奖金发放基础的原因。净收益以历史成本为原则进行计算,具有可观察性、可靠性。斯隆(Sloan,1993)对会计收益在高管人员报酬契约中的作用进行了理论和实证分析,他发现会计收益指标可以减少契约中仅以市场指标所产生的噪音,从而改善报酬契约的有效性。霍姆斯特姆(Holmstrom,1979)标准代理模型开创了有关高管人员报酬契约业绩评价的研究先河,他分析了公司业绩在高管人员报酬契约中的作用,以及高管人员报酬契约中业绩度量的权重。在他的著名的霍姆斯特姆代理模型中指出,以净利润(回报)为基础作为支付经理人奖金不是最优的,需要更有效的长期激励手段,而股票价格作为管理者业绩衡量标准具有长期的激励作用,将管理者的利益与公司的长远利益结合起来,其缺点是并非所有的股价变化都归功于管理者的业绩。

卡姆和萨驰(Kim and Suh,1993)认为会计指标能够减少道德风险,但同时也削弱了市场指标风险收益共享的机理。詹森和墨菲(Jensen and Murphy,1990)、艾伦(Ellen,1993)的实证研究表明:高管人员报酬与会计指标和市场指标的业绩度量之间存在适度的相关性。

3. 相对业绩评价(RPE)方法

尽管管理层薪酬契约方案中具有一定的衡量标准,管理层通常需要承担相当的风险,而管理层无法分散薪酬风险。而相对业绩评价方法具有降低管理层风险并激励管理层的作用。

相对业绩评价(Relative Performance Evaluation,RPE)方法是由霍姆

斯特姆（Holmstrom, 1982）在 1982 年提出来的。由于管理人员无法控制经营风险或行业风险，因此，通过设计与同行业其他企业平均业绩相关的奖金或其他激励性奖励，将行业所面临的系统风险或一般性风险排除在报酬契约计划之外，将管理人员努力程度同有效契约所需的业绩衡量标准紧密联系起来。

吉本斯和墨菲（Gibbons and Murphy, 1990）探讨了相对业绩评价方法的优缺点，并利用 1974～1986 年间 1049 家上市公司的 1668 名 CEO 薪酬合约中相对业绩方法的使用进行了实证检验，结果表明：在 CEO 薪酬契约中运用 RPE，显著的影响 CEO 的薪酬以及 CEO 的继续任职，并与公司业绩显著正相关；CEO 的相对绩效评价更多的是基于市场因素，行业因素次之。

4. 非财务指标业绩评价方法

从 20 世纪 80 年代起，人们开始对传统的以财务指标为基础的评价体系提出了许多的质疑。探讨合适的业绩评价方法的努力从来都没有停止过，比较有影响力的是在财务指标体系的基础上引入非财务指标，形成综合业绩评价体系（Ittner and Larcker, 2003; Amal, Hassan and Benson, 2003; Keating, 1997）。卡普兰和诺顿（Kaplan and Norton, 1992）论述了非财务指标的潜在优点。研究者认为采用非财务指标评价的方法能够产生更好的业绩。

伊特纳和拉西科（Ittner and Larcker, 2003）通过对 140 家美国财务服务上市公司的研究发现采用包含财务指标和非财务指标的多维的评价指标体系的企业将比其他企业获得更好的业绩。

根据代理理论，如果非财务指标能够提供关于管理层行为的财务指标之外的增量信息的话，那么在经理人报酬契约中就应该包括非财务指标（Banker and Datar, 1989）。阿马尔、哈桑和本森（Amal, Hassan and Benson, 2003）提供了非财务业绩指标与经济业绩正相关的证据，但是其相关性取决于非财务指标的使用是否与公司特征匹配。

我国学者从 20 世纪 90 年代末开始讨论在我国企业业绩评价中引入非财务指标，特别是 1999 年，财政部、国家经贸委、人事部、国家计委四部委颁布《国有资本金绩效评价规则》之后，在业绩评价中引入非财务业绩指标的呼声更加高涨，但是相应的实证研究较少（张川、潘飞，2008）。

2.2.3 管理层薪酬—业绩敏感度研究

在 CEO 薪酬与企业业绩关系的研究上，集中于企业业绩变动影响 CEO 薪酬的研究上。最早的研究是由 Taussings 和 Barker 在 1925 年完成的，研究结果是企业经理人报酬与企业业绩之间的相关性很小，因此，他们呼吁更多的研究来检验那些可以预测经营者报酬的其他变量。在其后的 70 多年中，对高层管理者的报酬的研究引起了经济学家、心理学家、人力资源管理专家和企业战略规划者的广泛关注。从 20 世纪 60 年代开始，学者们利用各自不同时期的数据研究了经理人薪酬和企业业绩之间的关系（Mcguire，Chiu and Elbeing，Jensen and Murphy），其中，有的研究结果认为经理人报酬与企业业绩两者不相关（Hirschey and Pappas，Carrol and Ciscel）。国内研究方面，李增泉（2000）和魏刚（2000）的研究表明，上市公司高管人员年度报酬与经营业绩之间并不存在显著正相关关系或是不相关；但是与企业规模存在显著正相关关系。而陈志广（2002）和谌新民（2003）等却发现高管人员年度报酬与企业绩效存在显著正相关，同时资产规模、行业特征、区域范围和股权结构对经营者年薪有很大影响。杜兴强和王丽华（2007）对我国上市公司高层管理当局的薪酬激励、特别是现金薪酬与上市公司业绩之间的相关性进行了研究，发现高层管理当局薪酬与公司以及股东财富前后两期的变化，均呈正相关关系。

对管理层薪酬变动与股东财富变动的紧密程度，即薪酬—业绩敏感度（Pay-Performance Sensitivity）的研究主要包括以下两个方面。

1. 薪酬—业绩敏感度变化趋势和原因

墨菲（Murphy，1985）对美国最大的 72 家制造业企业在 1964~1970 年间连续 5 年以上披露的 461 位经理薪酬进行研究，股东回报率达到 10% 时，总经理的全部报酬将增加 2.125%，工资增加 0.0653%，奖金增加 14.29%。詹森和墨菲（Jensen and Murphy，1998）对 CEO 的绩效报酬和经理人员激励的研究表明，CEO 的财富和股东财富之间的关系呈正相关，但是由于通常 CEO 仅持有公司所有权股份中的极小一部分并且股东财富变化对 CEO 报酬只有很小的敏感性，从而使二者之间的关系较弱，CEO 报酬与股东财富敏感性会随着公司规模增加而下降。詹森和墨菲（1990）的研究认为，CEO 的薪酬与其业绩的关系虽然是正向的，但是统计学意义却是很小的，即高度不相关，他们考察了 1974~1988 年 15 年间美国最大的 250 家公司 CEO 的工资和奖金，将其当年和下一年的工资和奖金加起来，发现两年间股东财富每增加 1000 美元，CEO 平均仅多得 6.7 美分的报酬；将包括股票期权和直接持有股票在内的其他报酬都加上以后，股东财富每增加 1000 美元，CEO 平均仅得到 2.59 美元的薪酬。经理人员的报酬变化与股东财富变化的相关性较弱。很多研究表明薪酬—业绩敏感度在 1999 年以后有了较大的增加，其中主要的是股票期权在经理人报酬契约中的作用。

整体来看，这些研究都是对于企业业绩（业绩变动）与经理薪酬（薪酬变动）之间的统计关系的研究。薪酬—业绩关系的实证研究结论存在着很大的偏差，原因其一是因为不同的数据收集方式、不同的统计技巧、不同的样本和时期、调节变量的存在等；其二是因为业绩指标的选择上存在差异，业绩指标的定义包括净利润、会计收益率（如 ROA/ROE）、股票收益以及变动收益等，在实际运用中涉及净利润指标和股价指标的采用以及相对权重，是否具有激励效果等；其三是由于 1980 年以后经理人所持股票期权的数量增加的结果，经理人报酬结构中股票期权比重增大带来其报酬和企业业绩的相关性显著增加。

2. 薪酬—业绩敏感度影响因素研究

经理人与部门经理的红利和长期激励依赖于对经理人和部门经理业绩的不同评价。艾格罗瓦和萨姆维克（Aggrawal and Samwick, 2003）对总经理、全面负责经理和部门经理的报酬业绩之间的关系进行研究发现，对高管人员激励随着其责任目标的不同会有所不同。总经理的报酬与股价之间的敏感性最大，其次是全面负责经理，部门经理的敏感性最小（陈震、张鸣，2008）。艾格罗瓦和萨姆维克（1999）研究表明不论是 CEO 的薪酬—业绩敏感性还是其他高管人员的薪酬—业绩敏感性，都随公司股票回报的方差的增加而递减，即方差大的公司，其薪酬—业绩敏感性较小。科什、罗森、约斯考、罗斯和谢帕德等人研究了经理人报酬与企业规模之间的关系，实证研究结果表明，经理人薪酬与企业规模之间存在着强烈的正相关关系。公司规模被认为是影响经理人薪酬的第二个重要因素。这也说明 CEO 能够通过扩大公司规模而增加他们的薪酬，即使规模的增加导致公司价值的降低。好森和拉西科（Holthausen and Larcker, 1999）的研究表明：董事会规模较大，大多数外部董事由 CEO 任命以及外部董事在三个或者更多的董事会任职的公司 CEO 有着较高的薪酬。当 CEO 兼任董事长时，CEO 薪酬要高出平均水平。

陈震、张鸣（2008）发现通过提高高管人员报酬—业绩敏感性激励高管人员努力工作要受到业绩指标选择和业绩风险大小的影响。卡恩杨和墨菲（Conyon and Murphy，2000）发现经理收益是企业规模的增函数，大规模企业经理的货币或非货币收益远高于小规模企业经理的收益。

国内研究方面，研究者普遍认同资产规模、行业特征、区域范围和股权结构对管理层薪酬有很大影响。

2.3 管理层薪酬契约与投资行为研究文献

管理层薪酬契约与公司投资行为集中在管理层薪酬中管理层股权与投资关系的研究上，它们之间的关系是近年来公司财务领域研究的重点和热点问题之一，该领域的研究最早可以追溯到伯利和米恩斯（Berle and Means，1932），他们指出当公司经理不持有公司股份时，经理与分散的股东之间存在着潜在的冲突，沿着这一思想，研究者进行了广泛的研究。

2.3.1 管理层薪酬与投资

由于管理层人力资本的不可分散性，管理层不可能同时在多家公司任职分散其薪酬收入的风险，管理层有动机通过影响公司的投资行为来减少公司未来现金流的不确定性，保持其薪酬的稳定性。管理层薪酬中受未来现金流影响的部分是管理层股权薪酬部分，因为管理层薪酬股权激励部分中股权的量化定价是通过资本市场股价实现的，而公司的投资行为影响到公司未来现金流量，进而影响到公司的股票价格和管理层薪酬总额。

1. 管理层薪酬与资本预算

资本预算是企业财务管理活动的一项重要内容，传统财务理论主要研究资本预算的净现值（Net Present Value，简称 NPV）准则等。然而实证研究表明企业并不简单地遵循这一原则，在股权分散的企业中，NPV 法则没有考虑信息不对称和管理层激励问题，一个项目的现金流依赖于无法衡量的经理个人投入（努力程度）和项目本身的现金流预测。为了从理论上解释实证研究的结果，运用信息经济学与激励理论的研究方法，考察资本预算中由信息不对称和道德风险产生的委托代理问题成为研究公司资本预算的主流思想。

哈里斯、克里拜尔和拉维夫（Harris, Kriebel and Raviv, 1982, 简称 HKR）第一个在信息与激励框架下分析资本预算问题。拉西科（Larcker, 1987）利用美国 1973~1979 年 50 家大型商业银行的数据研究了当管理层薪酬中包括明确的以短期业绩为基础的报酬时（即薪酬中红利部分），管理层薪酬契约降低了管理层任意性资本支出（即这种资本性支出有利于管理层而对股东可能有害）。哈里斯和拉维夫（1996, 1998）分别研究了单一部门企业和多部门企业的资本预算程序，力图通过对管理层薪酬契约的设计来减少管理层在资本预算程序中的信息租金以提高投资效率问题。管理层拥有私人信息并存在道德风险的情形下，通过管理层薪酬契约和投资预算配给机制，以解决由信息不对称和道德风险共同引起的管理层激励问题。

格林和哈瑞库曼（Goering and Harikumar, 1999）检验了在一个非完全竞争行业中，当投资存在着企业与企业之间竞争时，公司在管理层薪酬设计中考虑长短期薪酬契约有利于管理层进行最优的长短期投资机会契约，即使不考虑股东和管理层冲突以及信息不对称，行业的影响也是管理层设计薪酬的另一个决定因素，即产品市场有竞争时，对投资决策及薪酬都有影响并且投资决策和薪酬之间也有影响。产品市场的竞争和资本结构的关系（即公司资本结构对产品市场策略也有影响），同时作者展望了管理层薪酬契约与资本结构的关系是研究的方向。

贝托鲁奇、蔡红彬和罗江（Bernardo, Cai and Luo, 2001）研究了在非对称信息和道德风险下，企业的最佳资本分配和经理报酬机制问题，与 HKR 的研究最为接近。总部在做资本预算的时候，不应仅仅运用 NPV 法则，还要考虑信息不对称和道德风险问题。最佳的机制是通过线性的经理层薪酬契约（固定工资 + 分享的项目现金流）和一个资本分配计划来实施。最后模型展示了经理层薪酬契约的形成和随后的企业价值之间的关系。一方面，基于业绩的薪酬部分越大，经理的努力程度就会越高，企业价值就会得到提升。另一方面，为了保证报告的真实性，项目的质量越高，经理薪酬中基于业绩部分就越大。

安特勒、博格陀夫和斯塔克（Antle, Bogetoft and Stark, 2001）研究了降低股东信息不对称后，管理层薪酬激励和投资机会之间的关系。在委托代理模型中，经理人（代理人）对投资成本有信息优势，把信息系统引入模型后，经理人和股东都可以得到来自信息系统中关于投资机会的信号，降低了经理人的信息优势时，管理层薪酬契约和投资之间的关系，研究重点是增加股东的信息优势。总之，由于信息不对称引起的代理冲突可以通过管理层薪酬得到有效的治理。

2. 管理层股权薪酬与投资

管理层薪酬中股权与投资的研究集中在两个方面，一是研究管理层股权与投资（包括R&D投资和资本性支出）的关系，霍姆斯特姆和魏斯（Holmstrom and Weiss, 1985）建立了信息不对称条件下管理层激励问题模型，研究了管理层薪酬与投资行为的关系，管理层投资行为会产生激励问题，公司投资水平是可观察的，但是管理层的努力程度是不可观察的，为使管理层在投资决策时能够与股东共同承担全部风险，股东必须为管理层提供激励，以便使得管理层能够选择最佳投资水平，当管理层薪酬中全部是固定的报酬而不与绩效挂钩时，因为缺少对管理者提供更多努力的激励因而是低效的，得出了与格罗斯罗和哈特（Grossman and Hart, 1981）一致的研究结论。

阿格罗瓦和曼德科（Agrawal and Mandelker, 1987）认为管理层薪酬中股权和期权对管理层具有重要的激励效应，也就是说公司的投资和筹资决策受到管理层薪酬中股权的影响。在这篇论文中，作者实证研究了在先前的研究中尚未进行检验的两个相关问题：一是检验了管理者持有的股权和期权与公司投资决策间的关系，检验了三种类型的投资决策，即并购、要约收购（Tender Offers）和抛售（Sell-offs）等财务行为关系，所选取的样本总共有209家公司，其中并购、要约收购有153家，抛售的公司有56家，将管理人员分为三个等级：最高等级管理人员（CEO）、第二等级管理人员（最高的两个管理层人员）以及全部的高级管理人员（董事会和全部管理层）。对管理层持有的股权构建了三个变量：股权和期权的价值/总的年度薪酬，股权和期权的价值/（年度工资＋奖金），管理层持有的股权的比例。结果发现管理层持有股权和期权促使他们做出与股东利益一致的投资决策，经理人持股会影响公司投资，支持了詹森和麦克林的研究，即管理层股权能够降低代理成本。二是检验了管理股权和期权与公司筹资决策之间的关系，公司确定了投资行为以后，必然会为这种投资进行融资，特别是并购和要约收购等财务行为，一定会伴随着公司资本结构的变化。主要检验了管理层股权和期权持有量同伴随着收购和资产剥离之后公司的债务—权益比率的变化之间是否存在关系，将样本分为债务权益比增加的组和减少的组，按照管理层的等级以及对管理层持有的股权构建的三个变量，进行了回归分析，结果证明管理者持有股权可以减少筹资决策中股东和管理层之间代理问题；进一步研究了管理层持有股权同投资—筹资决策之后方差和债务权益比率的变化之间是否存在关系，通过分析发现管理层股权持有量能够促使他们做出同股东利益相一致的投资—筹资决策。

斯托顿和塔尔默（Stoughton and Talmor, 1999）研究了当管理层拥有努力程度和投资回报的私人信息，即在存在道德风险时管理层薪酬和公司投资之间的相互影响，除了强调不对称信息以外，这篇论文详细探讨了管理层薪酬与公司投资的相互作用和影响，薪酬契约中管理层股权比例对公司投资的影响主要取决于在签订报酬契约的过程中，管理层与外部股东讨价还价的能力。在经理掌控着讨价还价能力的情况下，例如新建立的公司，管理层股权价值的重要性。但是当股东控制薪酬谈判时，奖金、晋升和其他形式的基于业绩的薪酬更有利于降低代理成本。薪酬契约可发挥激励管理层，使管理层和股东之间的信息传递方便等作用。作者的研究与豪根和森贝特（Haugen and Senbet, 1981），布兰德和伯德范（Brander and Poitevin, 1992），迪布维格和岑德（Dybvig and Zender, 1991）等学者的研究在某些方面相一致，即管理层股权性质薪酬契约能够缓解代理冲突。恩尼斯（Enis, 1993）研究了交通运输行业管理层薪酬中股权激励计划与公司业绩和资本性支出的关系。

瑞恩和威金斯（Ryan and Wiggins, 2002）利用美国1997年1088家公司的数据，运用联立方程模型研究了R&D投资与管理层薪酬中股权薪酬比例之间的内生性关系，发现当把管理层薪酬契约中所有的期权性质的激励作为被解释变量时，激励性质管理层股权与R&D投资之间正相关，但是当把激励性股权分为股票期权（Option）和限制性股票期权（Restricted Stock）时，管理层薪酬中股票期权与R&D投资之间正相关，而薪酬中限制性股票部分与R&D投资负相关。

理查德森（Richardson, 2003）发现公司股权结构与是否存在过度投资有关。卡尔·陈、郭唯宇和曼德（Chen, Guo and Mande, 2006）利用日本资本市场上123个R&D密集上市公司1987～1995年的数据检验了管理层薪酬中股权与投资之间的关系，发现公司投资增加了未来的现金流，对公司股票价格是一个利好信息，带来了管理层薪酬中股权部分的增加，而不断增加的股票价格使得管理层有动机增加薪酬中的股权部分（Kole, 1996），因此，公司投资和管理层股权是相互影响的，即管理层薪酬中股权与公司投资正相关，公司投资支出与管理层股权正相关，同时，他们还利用资本性支出作为投资的替代变量进行了稳健性检验。

3. 管理层薪酬与投资现金流敏感性

管理层股权与投资的研究的另一个方面是研究管理层股权与投资—现金流敏感性。这类文献以费扎尔、赫伯特和彼德森（Fazzari, Hubbard and Petersen, 1988，简称 FHP）为代表，FHP（1988）用分类检验的方法，率先考察了不同融资约束下的企业中投资和内部现金流量的关系。他们按照企业融资约束程度的大小将样本公司分成三组，通过比较各组公司的投资内部现金流敏感性后发现，在不完美的资本市场里，融资约束的存在使得企业的投资和内部现金流有着显著的正相关关系，而且这种相关性随着融资约束程度的加重而增加。FHP 使用股利支付率作为衡量剩余内部资金的指标。如果公司内外部融资成本的差别不大，则公司会支付较高的股利而只保留较少的留存收益，当内部资金不足时，公司采用外部融资即可满足投资需求；如果外部融资成本明显高于内部融资成本，则公司会减少股利发放，保留大部分现金流以备新投资之需。因此，股利支付比率越高（低），公司投资的融资约束程度就越低（高）。他们的实证结果表明，对于股利支付比率较低的公司，投资与内部现金流之间存在着很强的相关性，说明投资与内部现金流之间的敏感程度可以作为公司融资约束程度的一个衡量指标，融资受限的公司（低股息公司）的投资—现金流敏感性要高于非融资受限的公司（高股息公司）。此后，大量的经济学家和金融学家用投资与现金流的敏感性来检验融资约束问题的存在。但是他们的结论也受到了一些学者的批评和反对。其中一点，依据低股息公司的投资与现金流敏感性并不能完全得出融资约束的结论。代理成本理论认为，由于监控成本的存在，使管理者具有将资源投入到非盈利最大化项目的能力。由于内部资金处于管理者控制之下，减少了外来融资带来的对管理者的关注和外部约束，管理者同样偏好内部融资，而增加内部资金的方法是减少股息发放，管理机会主义会导致公司过度投资和公司价值低下。

费扎尔、赫伯特和彼德森（Fazzari, Hubbard and Petersen, 1988）研究了包括固定资产投资和营运资本投资的融资约束问题，营运资本是资本投资的重要方面，但是当公司面临现金流波动和融资约束时，营运资本的投资为固定资产投资增加了流动性，缓解了固定资产投资的融资约束，发现营运资本投资对现金流波动性的敏感性更强，而且当在固定资产投资的回归中把营运资本作为资金来源和占用加入时，其系数为负。

普兰尼-瑞占（Palani-Rajan, 1998）在 FHP 得出的低股息公司（融资约束公司）投资—现金流敏感性要高于高股息公司（非融资约束公司）结论的基础上，进一步分析了公司规模对投资—现金流敏感性的影响，提出大规模公司的投资—现金流敏感性最高，而小规模公司的投资—现金流敏感性最低，并且这种结果与划分公司规模的标准无关，这与人们的预期大不相同。因为小规模的公司较难进入外部资本市场，因而应该表现出较强的投资—现金流量敏感性。他们对这种结果的解释是由于大规模的公司在投资的时间安排上具有更多的灵活性，在考虑成本的情况下更倾向于使用内部资金。因此，就会因为内部资金不足而延迟投资，直到能够获得较充裕的内部资金；而规模小的公司面临更大的竞争压力，即使要使用更加昂贵的外部融资，也不能放弃投资机会，此外大公司更容易受到代理问题的影响。因此，大公司的投资水平更容易受到内部现金流量的影响。

星岳雄、卡什亚普和沙尔夫斯坦（Hoshi，Kashyap and Scharfstein，1991）从实证角度研究融资约束特点与企业投资的关系，认为资本市场信息和激励因素影响企业投资。研究中他们考察了两组日本企业，一组企业与主银行有紧密联系，主银行为企业主要外部融资渠道，该组企业融资约束程度较轻；而另一组企业则与主银行关系较为疏远，该组企业面临较为严峻的融资约束问题。研究结果表明，对于后一组企业，投资对现金流量的敏感程度高于前一组企业，由此也提供了投资—现金流敏感性与融资约束正向相关的证据。沙勒（Schaller，1993）研究了212家加拿大企业（1973~1986）的数据，研究结论为年轻、独立的、股权分散的制造企业的投资对于现金流较为敏感，由此说明投资—现金流敏感性与融资约束正向相关。哈德劳克（Hadlock，1998）认为，自由现金流与管理层的代理成本有关。管理层股权激励是降低代理成本的重要方式。通过对管理层持股比例与投资—现金流敏感性关系的研究，使用美国435家公司1973~1976年的数据进行统计检验并且发现企业的投资—现金流敏感性随着管理层持股比例的增加呈现出先上升后下降的非单调趋势。这一结果与对应投资不足的信息不对称理论一致。

何金耿（2001）研究了不同股权控制类型公司的投资与现金流之间的关系，结果表明当股权控制类型不同时，投资与现金流之间的关系表现出不同形式。郑江淮、何旭强和王华（2001）则认为不同股权结构导致公司的融资约束不同，而融资约束影响公司投资。这样，股权结构也影响着公司投资。

黄福广（2004）研究了股权结构对公司投资的影响，认为从价值的创造过程看，股权结构首先影响公司投资，进而影响公司价值。研究表明，国有股东控股的公司存在过度投资行为，而非国有股东控股的公司能够较好地控制过度投资。我国国有控股公司现有股权结构导致了扭曲的公司投资决策。

朱红军、何贤杰和陈信元（2006）利用 1998~2004 年沪深制造业上市公司的数据，对预算软约束对企业融资约束进而对企业投资行为的影响进行了研究，研究结果发现金融发展水平的提高能够减轻企业的融资约束，降低企业投资对内部现金流的依赖性。

支晓强和童盼（2007）考察了管理层业绩报酬敏感度对企业内部现金流与投资行为之间关系的影响，发现投资现金流敏感度不仅受到内外部信息不对称导致的融资约束的影响，而且受到股东—经理代理问题的影响，投资现金流敏感度之间的关系受到公司控股股东所有权性质的影响。

2.3.2 管理层薪酬和公司价值

对于上市公司而言，通常意义下公司价值的衡量用市场价值，市场价值表现的公司价值与股价是密切相关的，本部分关注的是管理层薪酬中与公司长期业绩挂钩的股权薪酬部分，即股权结构通过影响公司股票价格进而影响公司价值，因为在下面提到的文献中公司业绩替代变量都是用的 Tobin'sQ 指标，而 Tobin'sQ 的决定因素是股票价格。

德姆塞茨和雷恩（Demsetz and Lehn, 1985）最早研究了管理层薪酬中股权部分可观察的确定因素，管理层股权水平主要影响因素是公司风险性（用股票价格的波动性来衡量），具有较高风险的公司其管理层面临的道德风险越大，因此需要在管理层薪酬中加大股权的部分来缓解代理冲突。但是当管理层薪酬中股权比例增大时，管理层薪酬的不可分散性又使得其与股票价格的关系是非单调的。西麦尔伯格、哈伯德和帕利亚（Himmelberg, Hubbard and Palia, 1999，简称 HHP）在德姆塞茨和雷恩（1985）研究的基础上，扩展了管理层薪酬股权影响因素不仅仅包括股票价格波动性因素，还增加了其他的解释变量，进行同样研究的还有科利（Kole, 1996），为了控制道德风险的范围，HHP 增加了替代变量包括公司规模、资本密集度、R&D 支出、广告费用、现金流和投资等，股票价格波动性作为管理层股权的解释变量，管理层股权的关键影响因素与委托代理理论相符合。HHP 在该文中还检验了管理层薪酬中股权与公司业绩的关系,仍然是在德姆塞茨和雷恩(1985)研究的基础上,研究了管理层薪酬契约影响因素以及对公司价值的影响,不同的是,HHP 利用面板数据检验了管理层股权与公司业绩之间的关系,即管理层薪酬中股权薪酬受可观察和不可观察因素的共同影响,在不可观察因素长期内固定不变前提下,将其作为固定效应,HHP 的研究与以往对管理层薪酬中股权与公司业绩研究(Morck, Shleifer and Vishny, 1988;McConnell and Servaes, 1990;Hermalin and Weisbach, 1991;Kole, 1996)的主要区别是强调了当控制可观察的公司特征因素和固定效应时,管理层薪酬股权变化对业绩产生影响。

莫克、施莱弗和维什尼(Morck, Shleifer and Vishny, 1988)发现了管理层股权的壁垒效应(Managerial Entrenchment),公司价值受管理层持股的影响,二者之间呈非线性关系,随着内部人持股比例的逐渐提高,公司价值首先上升,然后下降,最后又有所上升,当管理层股权占 5% 以下和超过 25% 时,公司价值随着管理层股权比例提高而增加,存在着激励效应,而当管理层股权比例在 5%~25% 之间时,公司价值随着管理层股权比例提高而降低,在这个区间,管理层会选择过度投资行为,公司价值也较低,存在着壁垒效应。迈克康奈尔和塞尔瓦伊斯(McConnell and Servaes, 1990)的研究支持了莫克、施莱弗和维什尼(Morck, Shleifer and Vishny, 1988)的结论。他们运用比莫克、施莱弗和维什尼(1988)更大的样本,通过对 1976 年的 1173 家样本公司以及 1986 年的 1093 家样本公司的托宾 Q 值与股权结构之间的关系研究,得出结论:当管理层持股比例从 0 开始增加时,托宾 Q 值开始增加,直到管理层持股比例达到 40%~50% 后,托宾 Q 值开始下降,二者呈倒 U 形关系,管理层股权与公司价值之间存在着非线性的关系。

科利(Kole, 1996)认为公司价值与管理层股权正相关;戴维斯、希勒和麦科尔根(Davies, Hiller and McColgan, 2002)发现,管理层股权与公司价值的非线性关系是由于内部股权与外部股权不同的监督机制所造成的,并且发现管理层股权与投资以及公司价值之间是相互影响的。另外,赫马林和威斯柏(Hermalin and Weisbach, 1991)的研究表明,当管理层股权比率分别在 0%~1%、1%~5%、5%~20%、20% 以上四个区间内,公司业绩分别呈上升、下降、上升、下降的变化趋势。即公司价值和管理层股权之间的关系是非线性的。

卡尔·陈、郭唯宇和曼德(2006)利用日本的样本进行了研究,投资、管理层股权和公司价值都是内生变量,结果表明管理层股权显著地影响着公司价值,公司价值也显著地影响着管理层股权,而管理层股权与投资之间也是相互影响。

认为管理层股权与公司价值之间没有关系的文献的主要理由是,在那些代理成本比较低的公司,通常管理层持股比例也较低,由于管理层股权的内生性,因此管理层持股与公司价值之间没有关系(Demsetz,1983)。

管理层股权与公司价值之间的关系存在着不同的研究结论,这可能与研究者所运用的研究样本以及研究样本所处的国家和地区环境不同而造成的。

2.3.3 管理层股权与投资及公司价值

詹森和麦克林(1976)认为经理持有公司股份会形成对经理的激励,影响公司投资,进而影响公司价值。斯塔茨(Stulz,1988)则认为,随着经理持股比例的提高,会降低公司被并购的可能性,从而降低经理努力工作的压力。

赵(Cho,1998)使用财富500强制造企业横截面样本作为研究对象,检验了管理股权比例、投资和公司价值之间的关系。联立方程回归结果表明,股权的内生性会影响公司的投资,从而影响公司价值,公司价值反过来影响管理股权结构,内部人持股比例与公司投资数额之间显著相关。

艾格罗瓦和萨姆维克(Aggarwal and Samwick,2006)将管理层薪酬激励、投资和公司业绩看作是内生变量,建立了理论分析模型并进行了实证检验。发现管理层股权激励不存在壁垒效应(Managerial Entrenchment),在所有管理层股权激励水平下,公司业绩随着管理层激励水平的增加而增加;同时发现公司投资随着管理层股权激励的增加而增加,管理层最优激励契约能够缓解投资不足。

2.3.4 文献评论

通过对文献的回顾可以发现:已有的研究集中对于管理层股权与公司价值或者投资与公司价值的研究,有的研究是针对美国市场的(Cho,1998),瑞恩和威金斯(Ryan and Wiggins,2002)的研究集中在R&D投资与管理层股权的关系，该项研究的贡献之一是把管理层薪酬契约中股票期权和限制性股票期权以及不同部分的比例分别进行了分析，较好地说明了管理层薪酬契约中不同组成部分的激励作用，但是我国目前由于上市公司 R&D 数据的缺失和管理层薪酬契约数据的局限性，对管理层薪酬不同构成部分激励作用的研究条件尚不足；有的研究是针对日本市场的（Chen，Guo and Mande，2006）。国内现有的研究中，黄福广集中在国有股权对公司投资的影响上，忽略了外部其他股权对公司投资的影响关系。

而以 FHP（1988）为代表的使用投资—现金流敏感性作为融资约束程度代理的方法虽然似乎成为惯例，并且也产生了一系列支持性的经验证据，但却存在着理论论证不足的缺陷，卡普兰和津加莱斯（Kaplan and Zingales，1997）建立了理论模型进行验证，结果发现：投资—现金流敏感性与融资约束间并不存在单调相关关系。他们又对 FHP（1988）研究中作为严重融资约束组的 49 家低股利企业进行了更加深入的研究，结果表明较高的投资—现金流敏感性并不必然意味着存在较高的融资约束；相反，较高投资—现金流敏感性的企业融资约束程度较低。他们认为原因在于经理在投资时会尽量使用内源融资，即使当外部资本市场存在低成本资金时也是如此。

辛清泉、林斌和王彦超（2007）就经理薪酬对投资过度和投资不足的影响进行了理论分析，并进行了实证检验，但是他们以经理人员的货币性报酬作为经理薪酬，并没有考虑经理人员决策的视野问题，从管理层薪酬中股权比重角度研究其与资本性支出之间关系的文献还没有，本书借鉴瑞恩和威金斯（2002）的方法，利用我国制造业上市公司 2004~2006 年的数据资料，扩展了管理层薪酬契约影响因素，在对管理层股权薪酬影响因素的检验时，既考虑到其与公司投资之间的相互作用，也同时把管理层面临的风险、投资的制约等因素进行了检验。

2.4 管理层薪酬契约与资本结构研究文献

莫迪里亚尼和米勒（Modigliani and Miller，1958）在研究无税收和完全市场环境中公司资本结构与公司价值无关的理论后，学者们逐步放松假设，分别对考虑公司所得税、个人债券投资收益和股票投资收益所得税时公司资本结构进行了研究，这些研究丰富和发展了资本结构理论。实证研究表明资本结构的主要决定因素是由于信息不对称和代理成本的存在（Titman and Wessels，1988；Braclay and Smith，1998）。最早研究资本结构与经理人薪酬契约之间关系的是詹森和麦克林（1976）提出的代理成本模型。之后，罗斯（Ross，1977）的信号理论，梅耶斯和马基卢夫（Myers and Majluf，1984）的信息不对称理论，哈里斯和拉维夫（1988）的公司控股权论更是把该观点作为研究的重点加以关注。

这些研究者的研究集中在股权分散的大公司管理层和股东之间的激励问题，特别是关注股东如何设计管理层薪酬契约来缓解代理冲突和信息不对称带来的资本结构问题。由于经理人和股东之间的信息不对称和效应不一致，股东们并不能完全了解管理层的财务行为，也就是说在股东与经理人签订的薪酬契约中，并没有详细说明管理层在什么情况下干什么以及得到什么。在这种情况下，代理成本的存在就使得股东设计管理层薪酬机制，目的是使经理人选择有利于股东的财务行为。

负债融资降低股东和高管层之间代理成本的作用表现为：在管理层薪酬契约中增加长期股权部分，持有股份高管人员既是企业的股东，也是企业的管理层。作为股东，他们要追求股权的增值性收益；作为管理人员，他们要追求个人效用最大化。因此，持股高管人员比普通的"股东"或"高管人员"在上市公司中具有更多的利益取向，其对负债风险的敏感性也较强烈。负债可以降低股东和管理层的代理成本，从而增进股东的利益。但是，拥有上市公司融资决策权的持股高管人员却可能出于自利的目的降低或提升负债水平。管理人员这种动机成为影响上市公司资本结构因素之一。詹森和迈克尔（Jensen and Michael，1986）的自由现金流假说认为，债务融资由于必须支付利息和本金，减少了公司自由现金流量，从而降低了管理层浪费公司资源的机会，并使债权人有动机通过债务契约监督管理层的行为，缓解股东和管理层之间的代理问题。

管理层薪酬契约与资本结构的关系按照以下两种思路进行研究：一方面是考虑管理层薪酬如何影响管理层对资本结构的选择，将管理层薪酬激励作为影响资本结构的重要因素之一；另一方面是考虑股东如何制定薪酬契约作为对管理层选择资本结构的激励机制。

2.4.1 资本结构与管理层薪酬研究文献

资本结构与管理层薪酬关系的研究，大多是根据资本结构与薪酬激励机制之间的相互关系，随着企业的发展过程分析两者之间的博弈行为，从而建立资本结构下的最优激励机制，或者是建立激励机制下的最优资本结构。

1. 基本分析模型—静态研究

早期对于资本结构和管理层薪酬契约的研究文献大多采用模型分析方法，围绕企业的营运周期、管理层薪酬契约和资本结构选择展开。基本的模型是根据企业的发展周期分为三个阶段：第一阶段企业成立，同时董事会给管理层提供薪酬契约，管理层根据薪酬契约选择自己的努力程度；第二阶段管理层根据薪酬契约进行融资（发行债务或者股权融资），调整企业的资本结构；第三阶段现金流的实现，企业进行清算。

阿洪和博尔顿（Aghion and Bolton，1992）发展了基于控制权的管理层薪酬和公司资本结构理论，从债务融资角度出发，在经理人和股东效用函数不一致时，研究经理人根据自己的薪酬契约选择资本结构问题。假设企业产生的现金流既不可观察也不可证实，现金流有被经营者①盗窃的风险，主张最佳的资本结构构成是债权或权益类融资契约，因为经营者承诺给投资者固定的报酬，而投资者只有当经营者不能履约时才获得企业的控制权。由于经营者的人力资本具有不可让渡性且不可物化在企业中，经营者就可以以离开企业作为威胁来敲诈投资者，此时债权性质的融资能够防止经营者的道德风险，由此可以得出：给予高管层恰当的激励，就可以降低与债权人之间的代理成本。在他们的分析中，把第二阶段当作是研究重点，在这一阶段中经理人会根据自己的利益选择融资方式，而股东会根据企业资本结构的变化来修正和设计管理层薪酬契约。霍姆斯特姆和梯若尔（Holmstrom and Tirole，1993）认为如果经理人在第二阶段采用股权融资，外部股东会收集企业的信息，从而造成股票价格波动，股东就应该根据波动的股票价格，调整和设计出最优的管理层薪酬契约。约翰和卡斯约翰（John and Kose John，1993）研究了管理层薪酬契约与外部融资间的关系。最优薪酬契约构成不仅依赖于股东和管理层之间的代理关系，而且与公司其他契约方的利益冲突也密切相关，探讨了当公司外部融资包含（1）权益和债务。（2）权益和可转换债券时最优薪酬契约的构成。杠杆公司的

---

① 阿洪和博尔顿的文章中用的"entrepreneur"一词可以理解为企业家，但同时文章假设受初始财富约束的 entrepreneur 需要进行外部融资，此时富有的外部投资者和"entrepreneur"都是企业的代理人（Both agents），而且认为"entrepreneur"不仅关心货币收益而且关心非货币性的控制权收益，而外部投资者仅仅关心货币性收益（利息和本金的回收），从而得出了"控制权相机转移"的思想。因此，我们认为"entrepreneur"指的就是企业的经营者。

管理层薪酬契约在降低负债代理成本方面发挥着积极的作用。这些研究的共同之处是他们采用的都是静态分析的方法，也就是在设定一个因素不变时，考察另一个因素变化的影响，没有对两者权衡博弈方面进行研究。

2. 资本结构与经理人薪酬互动研究

基于前面的研究，管理层薪酬契约是企业设定资本结构的一个重要因素，同样资本结构也会影响管理层薪酬契约的制定。这就从理论上说明资本结构与经理人报酬契约之间存在着互动关系。阿洪和博尔顿（1992）、约翰和卡斯约翰（1993）虽然在理论上意识到这种互动关系的存在，但在模型分析时并没有考虑到股东在管理层薪酬契约和资本结构之间的博弈。

而斯普格、贝科维奇和伊斯瑞（Spiegel, Berkovitch and Israel, 2000）在分析资本结构与管理层薪酬契约之间的关系所运用的三阶段模型中，他们认为在企业的第二和第三阶段之间，股东和经理人一样可以预见最后阶段的现金流，于是股东就会修改管理层薪酬契约甚至考虑是否更换管理层。在模型中考了股东在资本结构与经理人薪酬之间博弈的过程。傅元略（2005）利用资本结构优化和 EVA 长期累积激励模型的相互作用，在一定程度上把资本结构优化和长期激励融合在一个激励契约中。这些研究的共同点是模型理论分析，并没有进行相关的实证研究。目前对于资本结构与管理层薪酬互动关系的研究处于理论研究阶段，目的是建立最优的资本结构或者最优的管理层薪酬契约。实证方面吕长江曾经分析了资本结构、股利分配和管理持股之间的互动关系，但结论发现管理层持股是影响资本结构的一个重要因素，反过来却不成立。在他们的研究中，只考虑了管理层薪酬中长期股权薪酬（管理层持股），没有考虑短期薪酬激励。

2.4.2 管理层长期股权薪酬与资本结构

经济学者认为，公司股票的持有者正在失去对其资源的控制，而经理人却拥有了企业的真正控制权，这是因为所有权已分散到众多的股东手中，使得现代公司中股东已不再能真正行使权力，去监督经理人的行为。与所有者权益更为集中时相比，现代企业中的管理层对资源的支配要自由得多。大多数研究认为随着所有权的分散，管理层和股东之间利益冲突的结果总是以有利于管理层而告终。因此在资本结构选择上，管理层倾向于增加股权融资，引起所有权的分散，成为企业真正的控制者。股东通常会通过设计合理的管理层薪酬契约来解决管理层对资本结构的风险回避问题，降低代理冲突。

大部分研究者并没有从现金和奖金也就是管理层短期薪酬的角度，而更多的是从长期薪酬——股权激励的角度出发研究如何缓解管理层和股东的代理冲突。他们认为如果管理层持有一定比例的股权，会大大地缓解代理冲突。詹森和麦克林（1976）认为由于存在代理成本，因此把所有个人财产投资到单一公司的经理人往往将承担福利损失，当他减少部分所有权时，其薪酬收入就会减少。事实上，在很多国家20世纪80年代就已经开始在企业中实施股权激励机制，例如在美国除了非常大的公司之外，董事与经营者都持有巨额股份。

如果管理层持有股权，一方面采用负债融资会使管理层受到债权人的监督；另一方面对于持有股份的管理层而言，理论上管理层持股比例越大，为了规避风险，就会选择低负债率。但其他方式的管理层激励，例如当存在非管理者主要控股股东时，可能就会实现债务的增长，这也就意味着管理者股东的存在可以使管理者和普通投资者的利益趋于一致。詹森和麦克林进一步指出管理层直接持股是公司资本结构一个重要决定因素。一方面当管理层持股增加时，更高的杠杆变得有吸引力，因为杠杆提高股票的价格，这样管理者持有的股票价值也就提高。另一方面如果管理层持股充分高，管理者不可能持有充分多样化的契约，提高杠杆可能使得人力资本的成本提高。因此他们将降低公司的风险（Smith and Stulz，1985）。如果风险是通过降低杠杆而降低，可以观察到在杠杆和管理层持股之间是一种负向关系。弗兰德和哈斯柏克（Friend and Hasbrouck，1987）从破产成本的角度同样得出债务和内部股权负的相关关系[①]。詹森、索伯格和佐恩（Jensen，Solberg and Zorn，1992）；巴萨拉、莫恩和饶（Bathala，Moon and Rao，1994）通过研究资本结构内部股权和管理层持股之间的相互作用关系，同样得出了内部股权与债务负相关的结论。

李义超（2003）发现上市公司管理层持股与公司负债水平负相关。吕长江等（2002）通过对上市公司的管理股权比率、资产负债率和股利支付率的相互关系进行实证研究，发现：公司的资产负债率与管理股权比率之间存在着显著的负相关关系。冯根福和马亚军（2004）以388家上市公司为研究对象，划分为高管所有权程度高低两类，研究其与资产负债

---

① 他们的解释是管理者比对外部的投资者非多样化风险更大，这使得内部人保持较低的债务水平，以降低财务风险。

率的关系发现，上市公司管理层有动机去调整资产负债率，这种行为与管理层的所有权程度有关；增加管理层持股比例可以缓解公司的高资产负债率，但是随着持股比例的上升管理层去调整资本结构的欲望也随之增加。肖作平（2004）通过对673家上市公司进行回归分析，得出：上市公司的控股股东倾向于股权融资；而管理者持股与负债水平似乎成负相关关系，但是不具有相关性。

2.4.3 资本结构对管理层股权薪酬影响

合理的管理层薪酬契约可以降低代理冲突。霍姆斯特姆和本特（Holmstrom and Bengt，1982）首先从税务、激励的角度出发研究了管理层薪酬契约。管理层薪酬契约主要受两个方面因素的影响，首先是企业的业绩，再就是企业的外部特征，包括了企业的资本结构。管理层选择的资本结构对管理层薪酬契约的影响，其实也就是考虑到资本结构对于管理层的负激励作用，特别是债务融资对管理层的约束机制。裴红卫（2003）从理论角度出发，指出了资本结构是构建管理层激励和约束机制的新路径。

虽然负债融资具有成本低、融资速度快及节税效应等优点，但由于负债需要企业按时支付利息以及本金，如果企业不能按时支付，也就意味着走向破产的边缘。实证研究证明，高负债率往往意味着高财务困境的可能。国内很多学者通过Logit模型预测上市公司财务困境，在他们的回归方程中，资产负债率与公司陷入财务困境成正相关关系。而经理人被解雇（管理层被替换）的可能性也会随着公司陷入困境而增加。一旦企业真的走向破产，管理层所拥有的一切薪酬待遇将不再存在；同时企业的倒闭也会对管理层的职业生涯造成不利的影响，这些都不是管理层愿意看到的。因此管理层需要努力工作来实现企业的盈利，避免企业倒闭。这被斯普格、贝科维奇和伊斯瑞（2000）称为"保持工作"效应，也称为"契约持续"效应（Calcagno and Renneboog）。另一方面，定期偿还负债的本金和利息可以减少管理层自由支配的现金流量，从而减少经理人的在职消费行为或者满足其私人利益的其他投资行为，这被斯普格、贝科维奇和伊斯瑞（2000）称为"自由现金流量"效应。另外在股权分散、经理人持股比例较小的情况下，增加负债融资一方面相对提高了公司的股权集中度和管理层持股比率，增加了大股东的监督力度和管理层与股东利益的一致性，另一方面债权人将担负起对管理层的监督和约束的职能。由于负债存在着这样的激励和约束机制,因此詹森(1986)认为公司债务能够协调管理层与所有者利益,为债务水平和激励报酬之间的负相关关系提供了依据。

实证研究方面,对管理层薪酬影响因素大多关注于企业的业绩和公司的治理结构,把资本结构作为影响因素的研究还只是处于初步阶段。弗兰德和郎咸平(Friend and Lang,1988)通过将纽约证券交易所的984家公司分为"相近持股"和"分散持股"来研究了高管人员自身利益对公司资本结构的影响,研究发现较低的债务水平将降低公司破产风险,有助于保持管理层在公司中的利益,因而管理层偏好使用较低债务水平的杠杆。博格、奥菲克和耶麦克(Berger,Ofek and Yermack,1997)研究了公司内部治理因素对经理人负债水平决策的影响。他们选择了经理人持股、董事会规模与构成、是否存在大股东等内部治理因素,以1984~1991年美国434个公司为样本检验了经理人股权与资本结构选择之间的关系。研究发现,没有受到强有力内部监督的经理人选择的负债水平通常都较低;但是当出现影响公司治理结构方面的突发事件后,公司负债水平有明显的增加;公司经理人变动后也会带来负债水平的增加。贝科维奇和伊斯瑞等(2000)发现高负债会影响管理层的更换和继任时的工资。在他们的研究中,高负债的公司一般会给经理人提供"金色降落伞"。哈维和施瑞夫斯(Harvey and Shrieves,2001)发现管理层薪酬与财务杠杆的使用负相关。卡尔卡格诺和瑞内博格(Calcagno and Renneboog,2004)用250个并购前和510个并购后的公司作比较,研究认为如果付给经理人的薪酬优先于债务索求权,则高负债公司采取的激励机制应该包括比较低的红利计划和比较高的现金激励;在线性回归分析中发现高负债与管理层薪酬契约之间不存在显著相关性。邵国良(2005)运用827家样本公司的2000~2003年数据的平均值,实证研究负债融资的股权结构效应,结果表明:在理论和实证方面都表明,在企业正常经营时,管理层薪酬契约与资本结构负相关。但是如果企业发生并购行为,这时企业需要大量的资金,采用负债方式融资就面临着很大的破产风险,股东往往会给管理层高额薪酬契约,或者是"金色降落伞"计划。目前,国内关于企业资本结构特别是负债对于管理层报酬契约的实证研究还比较少。

2.4.4 文献评论

国外对于管理层股权与融资结构选择的研究近年来倾向于从管理层自

利角度进行（Berger, Ofek and Yermack, 1997; Friend and Lang, 1988）。

国内目前的研究仅限于对管理股权或者管理层货币性薪酬（局限于金额最高的前三位高级管理人员的货币性报酬）与资本结构关系的研究，而没有区分上市公司管理层薪酬中是否拥有长期股权薪酬这一现实。国内有的研究学者在研究中采取变通的方式，如冯根福和马亚军（2004）在选取衡量高管人员拥有公司所有权程度的指标①时采用持高股（持股数量在2万股以上）高管人员占全部高管人员的比例来表示高管人员拥有公司所有权的程度。本书在文献研究的基础上，克服我国现有研究中大部分研究中存在的问题：即检验管理层股权或者金额最高的前三位高级管理人员的货币性薪酬与资本结构之间的关系，对管理层长期薪酬占其收入的比重和管理层股权的累计分布函数与管理层资本结构选择行为之间的关系进行了实证检验。

本 章 小 结

本章对于管理层薪酬契约的相关方面进行了文献回顾，具体为：

(1) 构建了管理层薪酬契约文献回顾的框架，并对文献回顾中涉及的方面进行了界定。

(2) 按照管理层薪酬契约业绩评价研究文献和薪酬契约与财务行为选择实证研究文献两个角度展开文献梳理。管理层业绩评价方法包括主观业绩评价方法、客观业绩评价方法、相对业绩评价方法和非财务指标评价方法，管理层薪酬——业绩敏感性研究等；管理层薪酬契约实证研究包括管理层薪酬契约组合、管理层薪酬契约与相关影响因素、管理层薪酬契约与公司财务行为选择（集中在投资行为和融资行为两个方面）等方面，对于理论和实证方面主要研究文献和观点进行了阐述，并对研究进展和不足以及可能的研究方向做出了评价。

文献回顾目的是为本研究后续的研究提供文献基础，为此后的第4章、第5章、第6章和第7章奠定了基础。在已有研究基础上，基于我国制度背景和相关政策演变，补充、充实、完善和拓展该领域的研究成果。

---

① 国外的研究文献通常选用高管人员的持股市值与公司总市值之比或持股数量与公司股份总数之比来表示。

第3章

理论基础与制度背景分析

研究管理层薪酬契约与企业投资和资本结构财务行为关系,不能离开我国特有的制度背景。管理层薪酬契约的改革与我国经济从计划经济向市场经济转化过程中的代理冲突关系密切,管理层薪酬契约、公司业绩评价制度演变、内部治理特征和外部法律环境客观上会影响公司投融资财务行为。

3.1 委托代理理论与我国企业委托代理关系分析

3.1.1 委托代理理论

1. 委托代理理论产生和发展

从20世纪20年代和30年代开始,在西方主要发达资本主义国家中,由支薪经理管理和控制的大企业逐渐取代传统的家族企业,成为西方经济主要行业的主导力量。伯利和米恩斯(Berle and Means,1932)认为现代股份公司中,公司的管理权将不可避免的从私人资产所有者(股东)转移到具有管理技术的管理者手中,股东权利的弱化通常不是表现在剩余索取权上,而是表现在控制权上,虽然他们全面系统地论述了现代公司制下所有权控制方式的革命性变化，但是对于两权分离后所有者如何约束、激励经营者等问题并没有论述。

罗斯（1973）最早提出了委托人和代理人的概念，他曾这样解释：如果当事人双方，其中代理人一方代表委托人一方的利益行使某些决策权，则代理关系就随之产生。詹森和麦克林（1976）的委托代理理论将代理关系定义为一种契约：一个人或一些人（委托人）委托其他人（代理人）根据委托人利益从事某些活动，并相应地授予代理人某些决策权的契约关系。根据这一定义，人们将能够主动设计契约形式的当事人称为委托人，而将被动地接受或拒绝契约形式之间进行选择的人称为代理人。管理层作为股东的代理人管理企业，作为委托人的股东有权要求经营者的行为符合公司长远利益。代理成本来源于经理人不是企业的完全所有者这一现实，在部分所有的情况下，一方面，当管理层对工作尽了努力，可能承担全部成本而仅获得一小部分利润；另一方面，当管理层进行在职消费时，得到全部好处却只承担一小部分成本，毫无疑问，管理层会选择后者。如果让管理层成为完全的所有者，就可以规避这一问题，但是由于存在着财富约束，管理层不可能成为完全的所有者，因此代理成本不可避免，委托代理问题必然存在。

委托代理理论的基本原理是将契约所涉及的经济行为人按其是否拥有私人信息分为代理人（拥有私人信息）和委托人（不拥有私人信息），由于委托人不能直接观测到代理人采取的行动，也无法强制代理人采取行动，能观测到的只是代理人工作的结果。委托代理理论研究的重点是如何解决代理问题。为了控制代理人，委托人需要通过设计某一激励合同以诱使代理人从自身利益出发选择对委托人最有利的行动，如何设计这些激励契约就是委托代理理论的主题，即隐藏行动的道德风险问题。具有激励性质的契约要既能够给代理人以充分的自由去管理公司，又能够保证经理人最大化股东的利益。对于委托人而言，一方面，为了防止代理人的机会主义行为，所签订的契约应该非常详尽，从而产生的契约费用就较大；另一方面，如果委托人不愿承担如此高的契约费用，那么，不完备契约诱发的机会主义行为所产生的成本也较大。因此，委托人必须在二者之间进行权衡，使得费用最小化。

2. 股东和管理层之间的代理问题

在现实生活中，代理问题存在的原因有三个：（1）委托人与代理人的利益并不一致。这一理论的假设前提是，人是理性的和自利的。现实生活中代理人作为具有独立人格的经济人,以自身利益最大化为目标,二者利益目标并不一致。委托人作为资本所有者拥有剩余索取权,所追求的目标是资本增值和资本收益的最大化,最终体现为股东价值最大化,但是,作为代理人的经理人,其效用包括货币效用(薪金、奖金、津贴等)和非货币效用(办公条件、商业应酬、社会地位等),目标不同必然会产生利益的冲突。(2)信息不对称的存在。作为企业经营管理者的代理人,自然比委托人拥有更多的信息,而委托人要了解全部信息又是非常昂贵的。因此,在这种情况下,代理人可能在经营过程中存在机会主义行为,使委托人承担更多的风险。(3)不确定性的结果。由于公司的业绩除了取决于代理人的能力及努力程度外,还受到许多其他外生的、难以预测的事件的影响。但委托人通常只根据规定期间内的公司业绩对代理人进行奖惩,而这样对代理人也很不公平,这可能会导致代理人的短期行为。

3. 委托代理成本和委托代理风险

(1)委托代理成本。委托代理理论认为由委托人和代理人二者利益不完全一致和信息不对称、人的有限理性所产生的代理成本主要包括三部分:一是委托人的监督成本,即委托人激励和监控代理人的成本;二是代理人的抵押担保成本,即代理人用以保证不采取损害委托人行为的成本;三是剩余损失,即委托人因为代理人代行决策而产生的一种价值损失。代理成本的大小则与所有权和经营权分离的程度有关,而所有权和经营权的分离程度又与股权的分散程度或股权的结构有关。在分散型的股权结构下,由于任何股东都只占有公司剩余索取权的一小部分,单个股东通过监督经理人带来的剩余收益的增长都会无偿地为其他股东按照股份比例所分享。在监督成本无法让其他股东分摊的情况下,监督行为具有很强的正外部性。因此,任何理性的股东,都会倾向于让别的股东去监督公司经理人,并在事实上形成了经理人无人监督的局面,这就是所谓的"搭便车"问题。

此外,即使不考虑搭便车问题,并假定股东都积极参与公司治理,要在众多的股东中达成一致意见也是十分困难的,并带来决策效率的显著降低。因此,在分散的股权结构下,股东既没有主观积极性,也无现实可能性去有效监督经理人。如果没有其他有效监督机制,经营者与所有者的价值取向不一致,作为"代理人"的经营者,往往会摆脱股东的控制,利用他们对公司资源的控制权来肆意扩大自己的代理净收益,造成严重的"内部人控制"问题。

（2）信息不对称。在股东和经理人之间的委托代理关系中，二者之间的信息是不对称的。经理人（代理人）拥有更多的信息或者说有信息优势，这种信息优势体现在事前（即签约之前）表现为经理人更了解自己的才能，体现在事后（即签约之后）表现为经理人更清楚自己的努力程度和是否履行了合约的要求，等等。而股东（委托人）处于信息劣势，这种现象被称为信息不对称。

从信息不对称的角度，代理问题可以分为两类：签约前的信息不对称称为逆向选择问题；签约后的信息不对称称为道德风险问题。委托代理理论更多的是关注于签约后的信息不对称，即隐藏行动的道德风险问题。例如：股东与经理人签订薪酬合约后，经理人才开始工作，经理人在工作中的努力程度成为他的私人信息，他们之间的这种关系被认为属于典型的存在道德风险的委托代理关系。存在道德风险的委托代理关系根源之二是信息不对称。公司管理层在经营公司过程中，有可能采取损害股东利益的财务行为。

（3）委托代理风险。委托人与代理人的利益不一致，同时由于所签订的契约具有不完备性，不能事先把所有行为都详尽规定，从而公司委托代理制的制度安排有可能会诱发代理人以额外津贴的方式占有公司资源，在委托人对代理人监督不利的情况下，很有可能诱发代理人的道德风险和逆向选择，代理人可能做出有利于自身利益最大化而不是股东利益最大化的决策，使两者之间委托代理关系中产生非协作、非效率，即委托代理风险。委托代理的风险有两种：一种是道德风险问题，指代理人从事经济活动时做出不利于委托人利益的行动。由于事后的信息不对称，代理人在契约签订以后采取更为冒险的行动，最大限度地增加自己的效用而做出不利于委托人的行为。比如，在职消费、肆意扩张、任用与自己有特殊关系而又缺乏相应才能的人等，置股东的财富最大化于不顾，从而损害股东利益。另一种是逆向选择问题，指委托人无法识别潜在代理人的信息，从而导致委托人在选择代理人上产生失误，造成企业经营的重大损失。即在委托代理关系确定之前，代理人就掌握了一些委托人所不知道的信息，从而会利用这一信息优势签订对自己有利的契约。比如说，经理人员夸大自己的管理才能，隐瞒自己失败的经历等。由于委托人无法准确地了解代理人的工作成果与其所付出的努力之间的联系，从而无法准确地了解代理人的素质和能力，造成某些劣质代理人充斥市场的现象，越是劣质的潜在代理人，越容易成为现实的代理人，最终导致劣质者驱逐优秀者。这样就会产生"劣品质驱逐优品质"的现象。市场效率和经济效率会因此而降低。

公司治理中的许多问题都与委托代理关系相联系，委托代理理论的重要意义之一是引起人们对股权结构与公司治理绩效关系的思考，学术界最近30年来对股权结构与公司治理绩效之间关系的研究大多是在这一理论的影响下进行的。委托代理理论的核心是强调不同的股权结构形成不同的公司治理结构，而治理结构是公司的一种制度安排，决定着公司为谁服务、由谁控制、风险与利益如何在各利益相关者之间分配等一系列问题。现代公司理论表明，在股权相对集中的条件下，大股东直接对企业实施监控是公司治理有效性的一个关键因素。可以看出，代理理论认为股权结构反映公司风险承担和利益分配机制，影响对管理层的监督、企业成长机会选择、企业价值创造等方面，股权结构影响了公司治理绩效。

在集中型的股权结构中，由于大股东拥有相当大份额的剩余收益索取权，因此有着足够的激励去监督经理人，分散股权结构中的股东之间相互搭便车的问题已经不复存在。此外，由于大股东数量有限，彼此之间也比较容易达成一致意见，这使得大股东具有监督公司经理人的能力。但是，新的委托代理问题仍然会产生，表面上看，大股东代表小股东对经理人进行监督，大股东承担了监督费用，为全体股东剩余收益的增长做出了贡献和牺牲。但是，进一步分析会发现，如果小股东不能有效监督大股东，大股东就可能利用其对小股东的代理人地位，对小股东利益进行侵害[①]。

4. 委托代理理论研究的重点

委托代理理论文献研究的重点是委托代理模型。在一般的委托代理模型中，假设外生的随机因素的分布是共同知识。这就意味着在签约时亦即行动前（ex ante），自然状态已成为一个确知的随机分布。实际上，自然状态是不能控制而又不可确知的，只能使用反映决策者主观态度的先验概率。而且考虑到委托人和代理人的个性特点（如工作经验、能力、身份地位、个人性格等），他们对于不确定的自然状态应该有各自的先验概率。在激励理论的研究中，经济行为人对于自然状态的先验概率在一定程度上反映了他们对于工作前景的信念或者对于工作过程中可能遇到的困难的态度。当然也不排除在某些情况下，所涉及的自然状态可以根据大量类似的历史状况估计出双方都满意的较准确的分布，此时我们可以认为双方对外生因素的先验概率相同。实际上对于同样的努力水平，恶劣的自然状

---

① 本书主要分析股东和管理层（经理层）之间的委托代理关系，大股东和小股东之间的委托代理关系非常重要，但不是本书分析的重点。

态必将导致更高的努力负效用。反之亦然。通过对努力负效用的影响，自然状态也会影响代理人可能付出的努力水平。

存在道德风险的委托代理关系根源之一就是未来自然状态的不能控制和不可确知性。委托代理理论虽然考虑了不对称信息和激励问题，但是该理论建立在完全合同的基础上。因此，该理论暗含的前提是：委托人都能够设计出最优的合同来解决代理成本问题，事实上这一前提在现实中是不存在的。

3.1.2 我国企业委托代理关系分析

1. 传统经济中委托代理关系

新中国成立后，我国实行的是高度集中的计划经济体制，在此体制中，国家用高度集中的行政命令的方法来管理经济，国有企业在国民经济中的比重迅速提升。在国有企业中，实际上由政府主管经济的部门掌握着企业的资产使用控制权，企业的供、产、销、人、财、物等所有的生产经营活动都没有什么自主权，被国家高度全面的计划所控制，尤其是在财务上实行统收统支，利润全部上缴，亏损全部核销，国有企业只是行政部门的附属物，企业经营者[①]只是上级计划的具体执行者，企业经营的好坏与企业经营者没有直接的关系。在这种经济模式之下，企业的经营者实际上未获得任何的经营自主权，其侵犯委托人权益的功能也大大弱化了，因此，委托代理问题在传统的公有制经济体制下并未得到激化，但其弊端却明显存在。从宏观上，在计划经济下，为了达到经济的有效运行，主管经济的政府部门必须了解消费者的偏好、各个企业的生产技术条件，才能制定出恰当的计划下达给企业，这就对政府部门的"经济运算"能力提出了很高的要求：政府必须具备快速地解出无数多个供给与需求联立方程组的能力。但是实践表明，这是无法做到的。当政府部门解出这些方程组并下达计划后，消费者的偏好与企业的生产技术条件实际上已发生变化了。这种导致计划的滞后性的根本原因在于：经济社会缺乏价格体系这样可以高效率地传递信息的机制（Hayek，1945）。从微观上，在计划经济下，企业负有按中央计划来生产产品或提供劳务的责任，因此企业无法按边际成本等于边际收益的方式来组织生产。为了使企业能够生存下来，政府部

---

① 本书在研究中，经营管理者、经理人、高管人员、高管层等交替使用，国外文献有的用的是 CEO。

门必须从盈利企业上缴的利润中拿出一部分作为对亏损企业的补贴,从而导致了国有企业中的软预算约束,即企业经营者的收入与企业的实际经营状况相脱节,这样,经营者在利用其信息优势与管理优势来改善企业的经营方面毫无积极性。计划经济体制的这些弊端最终使得国民经济长期停滞不前。

事实上在传统公有制经济中同样存在着委托代理关系。可以用两大等级体系来描述传统公有制经济中的委托代理关系(张维迎,1995)。第一个等级体系是作为所有者的全体人民通过等级结构式的代表制选举出一个"中央委员会",委托这一委员会对在法律上属于全体人民所有的财产进行管理,这就形成了一个"由下至上"的委托代理关系;第二个等级体系是中央委员会通过逐层的授权,直至最终委托企业的经营成员经营各种属于全体人民的财产,这形成了一个"由上而下"的委托代理关系。因此,传统公有制经济下的国有企业可以表述为由全体人民委托国家,国家再委托企业的经营成员对属于全体人民的各类资产进行经营管理这样一种模式。

2. 转轨经济中企业委托代理问题

1978年中国共产党十一届三中全会召开,标志着中国改革开放进程和对传统公有制经济的改革全面开始。一方面,改变了资源的配置形式,由计划经济转轨为市场经济;另一方面,在经济转轨过程中,要求企业自主经营,自负盈亏,并成为市场的主体。政府不再完全掌握企业的资产使用控制权,而是将这些权利赋予企业的经营者,这就是改革中的"放权"过程。1992年颁布的《全民所有制工业企业转换经营机制条例》在法律上明确授予国有企业中的主体——全民所有制企业的经营者有包括生产经营决策权在内的14项经营自主权;《公司法》亦给予改制之后的有限责任公司及股份有限公司的经理相应的经营自主权。因而,随着这些法律法规的颁布及落实,国有企业的经营者开始取得了对企业资产的控制权。但这也为经营者损害委托人的利益提供了机会,其表现一是企业经营者为了私人收益而进行盲目的项目投资,由此产生了所谓的过度投资行为(Over Investment)。过度投资有利于经理获得额外收益,这种额外收益包括货币收益与非货币收益,货币收益主要来源于经营规模越大,显性报酬越多的事实。许多国有企业的经营者热衷于把企业做大,造成国有资产的损失与流失;二是过度关心控制权收益(如在职消费等)。企业改革导致了严重的委托代理问题(费方域,1996)。

在从计划经济向市场经济的转换过程中，国有企业委托代理冲突进一步地显现出来，由于委托人与代理人、所有权与经营权的分离引发了四个方面的非均衡性：首先是委托人与代理人在自身利益上的非完全一致性；其次是委托人和代理人在对待风险态度上的非完全共同性；再其次是委托人和代理人拥有的相关信息的非均衡性，即信息的非对称性；最后是委托人和代理人对企业经营环境把握能力的非均衡性。这四方面的非均衡性由于委托代理链过于冗长、所有者"缺位"、信息传播的不通畅造成了严重的信息不对称等后果。委托代理制度下的委托人和代理人之间由于多方面的非均衡性引发了多方面的博弈问题。

由于委托人与代理人目标的不一致性以及信息的不对称性，产生了代理人侵害委托人利益的道德风险和逆向选择，企业的委托人——国家为实现国有资产保值增值的目的，需要对代理人进行必要的激励，使代理人在实现委托人效用最大化的同时，实现自身效用最大化，即达到两者之间的均衡；同时，委托人还必须针对代理人施以一定的约束，并加强对其代理过程的监管，防范代理风险的发生，促使代理人充分发挥出其经营优势和管理优势，并解决道德风险和逆向选择的问题。尽管在委托代理关系中，委托人可以对代理人实行压榨的方式来促使代理人努力工作，但是鉴于企业经营者，特别是企业的高级经营管理者人力资本在企业经营管理中的重要作用，对他们只能激励，不能压榨。因而如何有效地激励企业的经营者努力工作，减少"败德行为"对股东利益的损害，最大限度地保证委托人的利益，就成为现代企业制度安排中的重要环节。

3. 企业投融资体制变迁中引致的委托代理冲突

詹森（1986）的自由现金流理论（Free Cash Flow Theory）最早关注代理人问题。詹森认为管理层可以通过把公司的自由现金流投资于不盈利的投资机会（过度投资行为），而不是用于股利分配、赎回债务融资部分等方面，过度投资有利于经理层获得额外收益，这种额外收益却损害了股东的利益。许多国有企业的经营者热衷于把企业做大，造成国有资产的损失与流失。而我国上市公司中的大部分是由原国有企业或其他政府控制的实体重组改制而成，股权模式以国有股为主导，上市公司仍由国有大股东控股，导致报酬激励和股权激励的作用不明显。很大一部分战略决策仍然由作为国有大股东的代理人——公司管理层决定。因此，管理层对公司的投资决策有着非常重要的影响。当管理层能够从未来投资中获取其个人利益时，在进行投资决策时，他们在权衡利益得失时，更容易追求公司的长期发展目标。相反,如果管理层个人利益与公司长期发展没有任何直接联系,管理层主要是国有股东的"代理人",在缺乏监督和有效激励的情况下,经营目标从股东价值最大化顺理成章偏离到自身效用最大化。在出现较好的投资机会,但投资机会给管理层带来的剩余收益有限时,管理层也会放弃这些投资机会(刘星、曾宏,2002)。他们考虑更多的是其自身利益的得失,由于他们的帅位大多是由行政任命,具有短期性,他们的决策较多地注重短期目标。

在软预算约束条件下,企业的融资数量越多,企业的经营者可能较多的进行在职消费,因此,企业与企业经营者的效用都随融资数量递增,企业经营者进行债务融资的动机非常强烈(曾宏,2004)。

3.2 委托代理问题治理

3.2.1 西方经济学界对代理问题治理

管理层和股东之间的代理冲突,西方经济学界有两种解决机制:一是竞争性的市场机制,包括由于存在着并购接管的压力(Manne,1965)和经理人市场的重新定价(Fama,1980),可以降低代理成本;二是通过设计经理人薪酬契约,实行货币性薪酬和股权性薪酬的结合,给予经理人股权性质的薪酬,协调经理人和股东之间的利益。竞争性的市场机制在我国目前环境下进行研究尚有很多限制,本书探讨通过管理层薪酬契约缓解代理冲突的相关问题。

1. 市场机制

20世纪80年代以来,经济学家将动态博弈理论引入委托代理关系的研究之中,论证了在多次重复代理情况下,竞争、声誉等隐性激励机制能够发挥激励代理人的作用,丰富了长期委托代理关系中激励理论的研究。克普斯和威尔逊(Kerps and Wilson,1982),克普斯、米尔格罗姆、罗伯茨和威尔逊(Kerps,Milgrom,Roberts and Wilson,1982,简称 KMRW)提出的声誉模型,解释了静态博弈中难以解释的"囚徒困境"问题。当参与人之间只进行一次性交易时,理性的参与人往往会采取机会主义行为,通过欺骗等手段追求自身效用最大化目标,其结果只能是非合作均衡。但是当参与人之间重复多次交易时，为了获取长期利益，参与人通常要建立自己的声誉，这样就能够实现一定时间的合作均衡。克普斯等人利用重复博弈模型研究了声誉的激励作用，通过构造 KMRW 声誉模型，他们得出了"在多次重复委托代理关系条件下，声誉等隐性激励机制能够达到激励代理人的目的"的结论。

法马（Fama，1980）提出了在竞争性经理人市场上，经理人的市场价值取决于其过去的经营绩效，从长期来看，经理人必须对自己的行为选择负完全的责任，因此，即使没有显性激励合同，经理人也会有积极性努力工作，因为这样做可以改进自己在经理人市场上的声誉，从而提高经理人的收入。霍姆斯特姆（Holmstrom，1982）利用代理理论方法进一步将法马思想模型化，形成了代理人声誉模型。这一机制的作用在于经理人工作的质量是其努力和能力的一种信号，表现差的经理人难以得到市场对其良好的预期，不仅内部提升的可能性下降，而且被其他企业重用的几率也很弱。外部压力的存在使得经理人意识到偷懒的危害性。但是随着声誉未来贴现减少，其影响力也随之下降。

声誉机制对职业经理人员的激励约束作用是和经理市场的竞争选聘机制紧密联系的。经理市场（或称代理人市场、职业企业家市场）的实质是经营者的竞争选聘机制，竞争选聘的目的在于将经营者的职位交给有能力和积极性的经营者候选人，而经营者候选人能力和努力程度的显示机制是基于候选人长期工作业绩建立的职业声誉。经理市场的"供方"为经营者候选人，"需方"作为独立市场经济主体的企业，在供需双方存在大量提供企业信息、评估经营者候选人能力和业绩的市场中介机构。如果把经营者的报酬作为经理市场上经营者的"价格"信号的话，那么经营者的声誉则是经理市场上经营者的"质量"信号。在经理市场上，经营者的声誉既是经营者长期成功经营企业的结果，又是经营者拥有的创新、开拓、经营管理能力的一种重要的证明。没有长期化的行为，也就没有职业声誉。没有良好的职业声誉，经理人员将不得不结束其职业经理生涯，因为没有人会信任他，把企业交给他去经营。

2. 管理层股权激励

在所有权和经营权分离的现代企业中，所有者必须通过薪酬契约的设计，激励经理在追求自身利益的同时，使所有者利益最大化，对管理层起激励作用的薪酬契约有利于解决两权分离产生的代理问题（Rehnert，1985）。

第3章 理论基础与制度背景分析

在信息不对称前提下，运用委托代理理论对代理人报酬进行的研究大多是从霍姆斯特姆（1979）经典的委托代理理论模型开始的。委托代理关系中，代理人选择努力水平①，$a \in A \subseteq \Re$，自然状态 θ 外生不受委托人和代理人的控制，代理人选择努力水平后自然状态随之确定。公司产出 x 取决于高管人员努力程度 a 和随机的自然状态 θ，即 $x = x(a, \theta)$，$\theta \sim N(0, \sigma_\varepsilon^2)$。$x = x(a, \theta)$ 的特征：其直接所有权属于委托人所有，假设 x 是 a 的严格递增凹函数（即给定 θ，代理人工作越努力，产出越高，但是努力的边际产出率递减），x 是 θ 的严格增函数（即较高的 θ 代表较有利的自然状态）。

委托人不能观测到代理人努力 a 和真实产出 x，它们无法成为代理人激励合约的基础变量，但是 x 可以通过业绩指标 p（包括股票市场指标和会计收益指标）进行计量。而业绩指标 p 受到代理人努力程度 a 和噪音项 θ 的共同影响。委托人向代理人支付报酬 $S(x) = S + bP(e, \varepsilon)$，委托人所得部分 $r(x) = x - S(x)$。委托人的效用函数是财富最大化，表示为：$G(w) = G\{x - S(x)\}$，代理人的效用函数：$H(w, a) = U(w) - V(a)$；且 $V' > 0$，$x_a \geq 0$，（$V(a)$ 是代理人努力的成本）。

最优方案应该是委托人提供的激励合同能够使代理人（经理人）在最大化自身效用的同时又最大化委托人的效用（激励约束），同时代理人从这一方案中获得的效用不能低于其在外部劳动力市场上所能够获得的效用（参与约束）。即：

$$\max_{S(x), a} E\{G(x - S(x))\} \tag{1}$$

$$\text{Subject to} \quad E\{H(S(x), a)\} \geq \overline{H} \tag{2}$$

$$a \in \arg\max_{a' \in A} E\{H(S(x), a')\} \tag{3}$$

代理人的两个约束（2）和（3），其中：约束（2）是参与约束，含义是代理人从接受合同中所得到的期望效用不能小于不接受合同时的最大期望效用 $\overline{H}$，$\overline{H}$ 的大小由代理人可选择的其他市场机会决定，称为保留效用。约束（3）是激励相容约束，含义是委托人只能观测到 x，不能观测到 a 和 θ，如果委托人能够观测到 a 就表示对称信息，可以设计一个强制合同，给定代理人 $S(x)$，代理人会选择努力工作，此时无须考虑约束（3），称为最优风险分担合同。但是，事实上委托人不能观测到代理人的

---

① 为了方便理解，本书在文献综述中对文献以及其主要思想的述评中，凡是用到公式或者符号的，都以原文的符号来表示。所以，会出现同样是代理人的努力程度，在霍姆斯特姆的文章中用 a 表示，而在 Baker 的文章中用 e 表示，但是在评述中都会进行说明。

努力水平 a，因此，帕累托最优风险分担是不可能实现的，为了使代理人有足够的积极性去努力工作，委托人必须放弃帕累托最优风险分担合同，考虑约束·(3)。

股东和经理人之间的信息是不对称的，经理人（代理人）拥有更多的信息或者说有信息优势，这种信息优势体现在事前（即签约之前）表现为经理人更了解自己的才能，体现在事后（即签约之后）表现为经理人更清楚自己的努力程度和是否履行了合约的要求等，而股东（委托人）处于信息劣势。由于信息不对称，经营者凭借其掌握的专门知识和垄断的经营信息，有可能违背所有者的意愿而谋取个人利益。管理层[①]长期股权薪酬是不对称信息治理的有效机制之一。其治理作用表现为通过让管理层持有一定数量的公司股票来使管理层和股东的利益趋于一致，从而解决委托人和代理人之间的利益冲突问题，并将减少其可能侵害外部股东利益的行为。这种理论解释被称之为利益一致性假说（Convergence of Interests Hypothesis，Jensen and Meckling，1976）。

但是与利益一致性假说同时存在的还有经营者防御性假说。如果管理层长期股权水平过高会让管理层的地位变得更加牢固，使得市场无法通过购并的方式进行资源的有效分配，撤换无效率的管理层，从而导致公司长期利益受损。这种理论解释称之为经营者防御假说（Managerial Entrenchment Hypothesis，Fama and Jensen，1983；Morck，Shleifer and Vishny，1988；McConnell and Servaes，1990）。该假说表明：当管理层薪酬中长期股权在一定比例之内时，长期股权激励与公司长远利益一致；而当管理层薪酬中长期股权超过一定比例时，过高的长期股权激励比例不符合公司长期利益。

3. 评论

市场机制在治理委托代理冲突中发挥着重要的作用，但是受制度环境和法律环境的制约较大。而以股权激励来解决代理问题具有坚实的理论基础。国外有关股权激励机制有效性的实证研究结果也支持了该理论。在西方，管理层股权激励机制在公司治理机制中发挥了重要的作用，并在实践中获得了普遍的运用。

---

① 在典型的上市公司中，委托人和代理人之间的关系，体现为股东和管理层（或者说是经理人）之间，本书中提到的代理人在经典委托代理关系评述中，经常出现的是经理人；在涉及我国制度背景和后面章节中的实证检验时，我们用到的概念是管理层，即不仅指经理人，还包括在公司财务政策制定和选择中具有决策权的高层管理人员。

3.2.2 我国企业委托代理问题治理

1. 管理层持有股份尝试

管理层持有股份是协调管理层与股东利益、降低代理成本的有效途径，因此，许多地方相继出台了对管理层进行长期激励（例如持有公司股份）的法规。修改后的《公司法》，以及《关于进一步规范国有企业改制工作有关问题的通知》，为国有企业管理层增量持股奠定了基础。

（1）管理层收购（Management Buy-outs，简称MBO）。MBO自20世纪70年代出现以来，英国、东欧、日本等国家的MBO实践证明：MBO作为一种制度创新，在激励内部人积极性、降低代理成本、提高公司治理绩效等方面都起到了积极的作用。西方学者们有关MBO的实证研究也得出一致的结论，即MBO可以增加企业的价值，提高资源使用效率。

为了缓解委托人和经营者之间的代理冲突，国家有关部门进行了多种尝试，其中包括1997~2002年，在我国部分上市公司实行的MBO。我国自1997年大众公用事业首例MBO案以来，已有几十家上市或非上市公司成功实施了MBO。从已发生的MBO案例来看，我国经济转型时期的MBO与国际流行的MBO有很大不同，如我国的被收购公司不退市、收购价格以净资产为参考等等。这种有中国特色的MBO能否与西方国家的MBO一样通过管理层控制权与经营权的统一，激励管理者，提升企业的经营效率和业绩受到广泛的质疑。

实行MBO后调动了管理层的积极性，除年薪收入外，还有大量的来自企业盈利的股权收益，但是由于MBO存在着定价过低、涉嫌国有资产流失等问题而受到广泛的质疑。通过MBO方式对管理层实行激励降低了代理成本，实行MBO后管理层股份增加缓解了股东与管理层之间的代理冲突。

（2）股权分置改革。在正常的股票市场中，绝大多数上市公司股票都是全流通的。股权分置这一制度安排是与我国公司股份制改造同时存在的，中国股票市场发展的初衷是为了帮助国有企业"脱贫解困"，国有企业从股份制改造（简称"改制"）到公开募集资金上市时，国家（或国有法人）投资兴建的企业经资产评估后按一定比例折股，在符合上市条件后向社会公众溢价发行，改制企业股票上市后，发行在外的股票则分为可流通部分（即公众股）和不可流通部分（国家股、国有法人股或社会法人股)。公司的总股本人为地划分为流通股与非流通股,呈现流通股与非流通股共存的股权分置状态,其中特别规定:上市的企业只允许其少部分股份(通常不到1/3),在市场公开发行及交易,其余的股份则暂时不允许进入市场流通,并只能由一个或几个法人持有。这样的安排显然是一个权宜之计,主要是希望一方面保证国家对上市国有企业具有绝对的控股权;另一方面避免中国刚刚建立的股票市场无法承担全流通的市场压力。而股权分置造成的市场供需失衡、大股东与小股东之间明显的长期利益冲突成为阻碍上市公司健康发展的瓶颈。改革股权分置这一制度安排在2005年已经成熟,证监会要求上市公司进行"股权分置"改革,即全流通(截至2008年初,大部分的上市公司都已经完成了股权分置改革,国有股通过向流通股股东支付对价,取得流通权),同时证监会明确规定,实行股权分置改革的上市公司可以对管理层实行股权激励。

按照证监会公布的《上市公司股权激励试行办法》[1],上市公司在股权激励计划有效期内授予的总量累计不得超过公司股本总额的10%;首次股权授予数量应控制在上市公司股本总额的1%以内;上市公司任何一名激励对象通过全部有效的股权激励计划获授的本公司股权,累计不得超过公司股本总额的1%。

2006年8月,国资委正在定稿中的《国有控股上市公司(境内)实施股权激励试行办法》[2]中,也对可以实行股权激励的国有控股上市公司[3]

---

[1] 为了贯彻落实《国务院关于推进资本市场改革开放和稳定发展的若干意见》(国发〔2004〕3号)和《国务院批转证监会〈关于提高上市公司质量意见〉的通知》(国发〔2005〕34号),进一步完善上市公司治理结构,促进上市公司规范运作与持续发展,中国证监会于2005年12月31日发布《上市公司股权激励管理办法》(试行)。已完成股权分置改革的上市公司,可遵照本办法的要求实施股权激励,建立健全激励与约束机制。《上市公司股权激励管理办法》于2006年1月1日起开始执行。

[2] 《试行办法》规定,国有控股上市公司实施股权激励,外部董事(含独立董事)应占董事会成员半数以上,同时公司薪酬委员会应全部由外部董事构成;上市公司监事、独立董事员及由上市公司控股公司以外的人员担任的外部董事,暂不纳入股权激励计划,而证监会此前只规定,独立董事不在激励范围之列;高级管理人员个人股权激励预期收益水平,应控制在其薪酬总水平的30%以内;股权授予价格应不低于股权激励计划草案摘要公布前一个交易日公司标的股票的收盘价或前30个交易日内标的股票的平均收盘价。激励对象已经获授的限制性股票,如果业绩考核不达标,该部分激励将被取消;禁止大股东提供激励股票来源,实施股权激励计划所需标的股票来源,可以通过向激励对象发行股份、回购本公司股份及法律行政法规允许的其他方式确定,不得由单一国有股股东支付或无偿量化国有股权。

[3] 国有控股上市公司是指政府或国有企业(单位)拥有50%以上股本,以及持有股份的比例虽然不足50%,但拥有实际控制权(能够支配企业的经营决策和资产财务状况,并以此获取资本收益的权利)或依其持有的股份已足以对股东会、股东大会的决议产生重大影响的上市公司。

主体给出了一些限制①。总之，从制度层面上，对企业经营者激励已经成为国家相关部门的一项重要工作，并已经在制度上得到了认可；从执行层面上，随着大部分上市公司股权分置改革的完成，越来越多的公司对管理层实行了长期激励。

2. 管理层长期股权激励最新进展

2002 年 1 月《上市公司治理准则》颁布，确立了上市公司治理结构的基本框架和原则，但在实际运作中，上市公司治理结构中仍存在一些问题，距离真正意义上的现代企业制度还有很大的差距，且对资本市场基础性制度建设造成了影响。为推进上市公司适应新修订的《公司法》、《证券法》实施和股权分置改革后新的形势和要求，提高上市公司质量，中国证监会于 2007 年 3 月 9 日发布了《关于开展加强上市公司治理专项活动有关事项的通知》，在上市公司中分三个阶段开展加强上市公司治理专项活动。第一阶段为自查阶段，自查报告和整改计划经董事会讨论通过后，报送当地证监局和证券交易所，并在中国证监会指定的互联网网站上予以公布。第二阶段为公众评议阶段，投资者和社会公众对各公司的治理情况和整改计划进行分析评议，上市公司要设立专门的电话和网络平台听取投资者和社会公众的意见和建议，也可以聘请中介机构协助公司改进治理工作。上市公司接受评议时间不少于 15 天。证监局对上市公司治理情况进行全面检查。第三阶段为整改提高阶段，各上市公司根据当地证监局、证券交易所提出的整改建议和投资者、社会公众提出的意见建议落实整改责任，切实进行整改，提高治理水平。整改报告经董事会讨论通过后，报送当地证监局和证券交易所，并在中国证监会指定的互联网网站上予以公布。治理工作在 2007 年 10 月底前完成全部三个阶段的工作。

特别是对上市公司实施股权激励计划做了特别的规定，即需要在：（1）已召开股东大会，并已授予股份或期权的，需要在行权或解锁前完成；（2）已召开股东大会，但未授予股份或期权的，需要在授予股份或期权前完成；（3）未召开股东大会，但已发召开股东大会通知，需要在

---

① 限制包括：（1）公司治理结构规范，股东会、董事会、经理层组织健全，职责明确。外部董事及独立董事占董事会成员 1/2 以上。董事、监事和高级管理人员忠诚守信，勤勉尽责；（2）建立了以独立董事为主任委员、外部董事占多数的薪酬委员会，且薪酬委员会的制度健全、议事规则完善、运行规范；（3）内部控制制度和业绩考核体系健全，基础管理制度规范，建立了符合市场经济和现代企业制度要求的劳动用工、薪酬福利等项制度；（4）发展战略明确，资产质量和财务状况良好；企业经营稳健、业绩未出现异常波动；近三年企业在遵守国家法律法规及资本市场相关规则等方面无违法违规行为和不良记录。

授予股份或期权前完成；(4) 未召开股东大会，且未发召开股东大会通知，需要发出股东大会通知前完成。上市公司在报送股权激励材料时，应同时报送公司自查报告、整改计划、当地证监局及证券交易所对公司治理情况的综合评价以及整改建议、整改报告。

规定的自查问题董事会方面包括 20 个问题，其中：董事会是否设立了下属委员会，如提名委员会、薪酬委员会、审计委员会等专门委员会，以及各委员会职责分工及运作情况。根据我们对上市公司公布的自查报告的了解，上市公司认为公司治理中存在的问题之一就是各个委员会的建立不是很完善，特别是薪酬委员会基本上是处于空缺状态，长期激励机制有待于进一步落实。

3.3 管理层薪酬契约制度演变

公司的管理层作为股东的代理人，管理层决策的视野对公司投资和融资行为影响举足轻重，特别是在我国特殊的制度背景下更是如此。而公司的投资和融资行为，更是成为链接管理层既得利益（薪酬）与公司长期利益的桥梁，因为管理层薪酬中长期股权薪酬所占比例的多少决定管理层在做出投资和融资决策时的视野以及利益分配的多少，而投资作为公司成长的主要动因和未来现金流量增长的重要基础，它将直接影响公司的融资决策和股利决策，由此影响公司的经营风险、盈利水平以及资本市场对其经营业绩和发展前景的评价，从而影响公司未来的发展前景。对于管理层薪酬契约、公司投资行为和融资行为演变的制度背景的分析，目的在于揭示在公司微观层面上存在的代理冲突，并运用委托代理理论对代理冲突进行解释，寻找治理代理冲突的途径，即在管理层薪酬结构中加入长期股权薪酬。这种制度背景分析为后续实证分析奠定了制度和理论方面的基础。

3.3.1 管理层薪酬契约管制制度

20 世纪 90 年代我国资本市场建立初期，现代企业制度建设还不完善，缺乏激励制度，管理层薪酬和员工薪酬差异不大，管理层更多的关心其职务消费等隐性收入以及政治升迁等声誉影响。随着现代企业制度的建立和改革的深入，政府在对企业"放权"使得企业的经营者获得剩余控制权的同时也强调"让利",即赋予企业经营人员剩余索取权,从改善企业经营者(如总经理)报酬的角度展开,管理层薪酬从单纯的固定薪酬转换到多种形式的薪酬契约,如岗位津贴制、风险工资制、年薪制等。然而,在改善企业管理层薪酬结构的改革中,政府对国有企业经营者聘用和经营者薪酬仍然进行政策性的管制。在国有企业,理论上承认经营者的价值,但在实践中政府采用将经营者收入与企业职工工资水平挂钩的管制手段对经营者的薪酬进行管制。相关具体的管制政策有:1986年,国务院发布的《国务院关于深化企业改革增强企业活力的若干规定》规定:"凡全面完成任期年度目标的经营者个人收入可以高出职工收入的1~3倍,做出突出贡献的还可以再高一些。"1988年国务院发布的《全民所有制工业企业承包经营责任制暂行条例》和1992年劳动部、国务院经济贸易办公室发布的《关于改进完善全民所有制企业经营者收入分配办法的意见》进一步具体规定,全面完成任期内承包经营合同年度指标的,经营者年收入可高于本企业职工年人均收入,一般不超过1倍;达到省内同行业先进水平或超过本企业历史最好水平的,可高于1~2倍;居全国同行业领先地位的,可高于2~3倍。这些文件至今仍是当前确定大多数国有企业经营者收入的主要政策依据。2000年,劳动和社会保障部发布《进一步深化企业内部分配制度改革的指导意见》,对"经营者持股数额"作出规定,以本企业职工平均持股数的5~15倍为宜,但"企业股份不能过分集中在少数人手里"。文件没有对经营者年收入水平做出新的规定,因此,实践中,各地基本上仍执行以前的规定,其控制的倍率一般掌握在3~5倍,少数地方略高一些[①]。

国务院发展研究中心、国家经贸委、财政部、中国证监会等权威部门于2001年公布的抽样调查显示,从年收入的水平看,国有企业89%的经营者收入在10万元人民币以下,其中2万元以下的占41%左右,2万~4万元的占27%左右,4万~10万元的占19%。相比之下,非国有企业、上市公司和高新技术经营者的收入水平较高,年收入在10万元以上的占21%左右。总之,我国企业经营者货币性收入与世界上主要发达国家相比相对偏低,政府在企业经营者薪酬上的管制使得我国上市公司经营者的薪酬受到的影响具有其特殊性,经营者会偏好于豪华的办公条件、在边际收益递减状态下的规模扩张、听话但不很能干的下属等,而这些非货币性的

---

① 从这些具体的规定来看,经营者的收益除了薪金以外,最多表现为在职消费,而若指其个人财富是不成立的,因为会涉及贪污行为,要受到法律的制裁。

消费并不利于企业委托人效用的最大化。国有企业经营者的薪酬管制是我国转轨经济环境下的特有现象，由于薪酬的管制，导致薪酬水平被限制在一定范围内，制度对管理层薪酬契约结构具有决定性的影响（刘凤委、孙铮、李增泉，2007）

2001年3月九届全国人大四次会议通过的《国民经济和社会发展第十个五年发展纲要》指出，可以在国有企业高层管理人员和技术人员中实行年薪制，对国有企业上市公司负责人和技术骨干，还可以实行期权制。这是我国对国有企业管理层激励机制制度性改革的一步。

在我国企业中普遍存在的年薪制，受到行业内其他管理层薪酬水平的影响。也就是说企业的年薪激励制度并不一定反映经理人真正的努力程度。从当前我国上市公司对高管人员的考评机制来看，大多数公司都将净资产收益率视作最为关键的业绩指标，如嘉宝实业规定，在ROE大于6%时公司才可以计提激励基金，类似的还有佛山照明，也将6%的ROE水平作为公司计提股权激励基金的最低标准。此外，ROE也是证监会对上市公司融资监管的重要指标，"关于做好上市公司新股发行工作的通知"规定，上市公司配股或增发新股，除符合《上市公司新股发行管理办法》外，最近三个会计年度加权平均ROE不得低于6%。因此，上市公司及其管理层可能会更加关注自身ROE水平的高低。也正是由于ROE地位的特殊性，使得它极易成为公司高管人员操纵的对象。

3.3.2 管理层薪酬契约业绩评价制度演变

大部分上市公司管理层薪酬契约是以衡量管理层努力的两种指标——净收益和股价为基础的。管理层薪酬契约中长期股权激励部分密切地与公司股票的市场价格相关，在有效资本市场上，股价会恰当地反映管理层努力所带来的回报，当然股价包含净收益的信息同时，也不可避免的受"噪声"的影响，因此将二者结合在制定管理层薪酬契约时尤为重要。

以净收益指标为基础的评价起源于财务指标评价，而非财务指标由于具有信息含量，因此，在管理层薪酬契约制定中同样占有重要的地位。

3.3.2.1 业绩评价指标

1. 财务评价指标

（1）财务评价指标的起源。早期的业绩评价研究，主要是运用财务指标进行评价。从19世纪初开始,企业生产规模不断扩大、经营地域不断拓展,至19世纪末,各行业的经营者根据各自行业的经营特点先后建立了相应的业绩衡量指标用于激励和评价企业内部的生产效率。在股份公司出现以前,所有者和经营者以利润为衡量指标,外部主要是企业债权人对企业偿债能力的衡量。19世纪40年代以后,评价动力来自外部债权人和投资者,评价限于资产、负债、权益和利润。20世纪后,资本市场的发展使评价内容开始深化,美国会计工作者哈瑞1911年设计的标准成本制度最具影响力,开创了业绩评价指标的先河。

20世纪初,多元化经营和分权化管理为业绩评价的进一步创新提供了机会。杜邦家族,特别是在皮埃尔·杜邦担任董事长时努力扩大泰罗成本概念的应用范围,不仅用来衡量生产效率,而且也用来衡量整体业绩。早在1903年,杜邦火药公司就开始执行投资报酬率法来评价公司业绩,"显然这是第一次使用这种重要的手段"。杜邦公司在19世纪60年代推出了杜邦分析体系(The Du Pont System),杜邦公司的财务主管唐纳森·布朗将投资报酬率法发展成为一个评价各个部门业绩的手段。将投资报酬率分解为两个重要的财务指标——销售利润率和资产周转率,由此成为企业财务经营绩效的主要依据;布朗建立了杜邦公式,即投资报酬率=资产周转率×销售利润率,并发明了至今仍广泛应用的"杜邦系统图"。根据杜邦公式和杜邦系统图,投资报酬率指标发挥了重要的作用,相应的预测和控制方法被建立起来用以规划和协调各个分部的经营活动。1923年,通用公司的董事长小阿尔弗雷德·斯隆提出的分权管理就是利用了布朗的理论。

杜邦分析系统在企业管理中发挥的巨大作用也奠定了财务指标作为评价指标的统治地位。应用最为广泛的评价指标有投资报酬率、权益报酬率和利润等财务指标。会计数据易于获取,可比性强也使业绩评价更具可操作性。1929~1933年的经济危机之后,来自企业外部的会计准则和各种规范越来越多,这些要求使企业将越来越多的注意力集中在编制对外财务报告上。霍尔·麦尔尼斯(Melnnes)对30家美国跨国公司1971年的效绩进行评价后,发表了《跨国公司财务控制系统——实证调查》一文,强调最常用的业绩评价指标为投资报酬率,其中包括净资产回报率;帕森(Persen)和莱西格(Lezzing)对美国400多家跨国公司1979年经营状况的调查分析中,对业绩评价的财务指标进行了扩展,不仅仅局限于杜邦体系的分析指标,还强调了每股收益、现金流量和内部报酬率(IRR)等相关的财务指标。

鉴于信息收集、处理及编报的高成本,使得企业把向外部利益集团报告的信息也用于指导企业的内部经营，而忽视了用于改善企业内部管理决策的信息系统建设。因此，业绩评价指标以财务指标为主是外部环境和内部条件共同作用的必然结果，并且这种局面一直持续到20世纪80年代。

（2）财务评价指标构成要素。业绩评价就是按照企业目标设计相应的评价指标体系，根据特定的评价标准，采用特定的评价方法，对企业一定经营期间的经营业绩做出客观、公正和准确的综合判断。一个完善的业绩评价系统的构成要素包括业绩评价主体、业绩评价客体、业绩评价目标、业绩评价指标、业绩评价标准、业绩评价方法和业绩评价报告。业绩评价的主客体随着委托代理关系的不同而不同。对企业来讲，委托代理关系包括股东与董事会、董事会与总经理、总经理与部门经理、部门经理与员工。杜邦公司对各部门进行的业绩评价体现了总经理与部门经理之间的委托代理关系，企业总部及总经理是评价主体，部门及部门经理是评价客体。业绩评价的目标就是为了适应多元化经营和分权管理的需要，最终目的是为了实现企业整体利润最大化。业绩评价指标为财务指标。因为不同的部门特点不同，因而所使用的财务评价指标也不同。根据责权利一致的原则，企业通常划分了三种典型的责任中心，即成本中心、利润中心和投资中心。总部分别使用成本指标、利润指标和投资报酬率指标来评价成本中心、利润中心和投资中心的业绩。业绩评价标准一般采用预算标准。根据各责任中心实际执行结果与预算标准进行对比，找出差异，提出改进措施，最终形成各个部门的业绩评价报告。

（3）与财务评价系统配套的制度安排。从管理的角度来看，业绩评价只是企业管理控制流程中的一个环节，其作用是保证企业战略规划得以顺利实施。因而，在设计业绩评价系统时，必须系统地考虑业绩评价系统与其他管理环节的协调与配套。

对财务评价系统来讲，它以全面预算管理和责任会计制度的实施为前提，并将业绩评价结果与激励制度相结合。这样安排的结果是，将企业的总目标层层分解为每个责任中心的子目标。这些子目标常常直接用财务报表中的数据或根据财务报表计算的财务指标来表示，如成本、利润、投资报酬率等，并且与总目标共同构成一个具有量化关系的逻辑分析体系（如杜邦分析系统）。这些子目标一旦被分解，公司总部常给予各部门充分的自由以保证各部门目标的实现，进而保证公司总目标的实现。这个过程通常以年度预算的形式来实现。年末时，根据预算标准与预算实际执行结果进行比较，对各部门的业绩进行评价，并根据评价结果进行奖惩。此外，为保证企业目标的实现，企业还需要建立健全与投资决策制度、资金管理制度等相关的财务管理制度。

2. 非财务评价指标

业绩评价系统在制定战略、评价公司目标的实现情况和给管理人员付酬方面起着关键性的作用。选择业绩评价指标是对公司的一种挑战。无论从实践方面还是从理论方面来讲，急需用非财务指标来补充财务指标。

一般情况下，财务指标无法涵盖影响企业业绩的所有因素，尤其是不能涵盖那些对企业业绩具有重要影响却又难以量化的因素。我国目前的会计信息披露制度尚不完善，企业财务报表存在着信息不对称问题，在企业会计信息发生严重异常情况（如数据失真、部分资料丢失等）或企业受外部环境因素影响程度提高的情况下，如果单纯采用财务指标评价，所得结果必然带有很大片面性。采用非财务指标进行评价，可以从外部环境和非财务角度对财务指标评价结果进行修正和补充。

美国波士顿安永商业创新中心进行的一项调查表明，非财务指标与股票价值评价相关。"典型的"机构投资者确实对非财务指标给予了重要关注，他们在做出投资决策时，会积极地运用有关企业的非财务指标。研究人员通过使用建模技术，不仅给出了非财务指标对股价冲击的证据，而且给出了估计数值。

非财务指标一方面可以与财务指标相结合，对企业业绩给出综合全面、科学严谨的评价；另一方面，对于某些特殊企业，如缺乏必要的基础会计资料、会计信息失真或无须进行定量评价的企业，可单独利用非财务评价指标直接对企业进行定性评价。

非财务评价指标体系的建立，有助于客观全面地对企业业绩做出评价，有利于克服企业的短期行为，促进与市场经济相适应的企业管理机制和管理方式的形成，促进企业激励机制和约束机制的建立，使企业更加注重长远和全面发展。

3. 绩效考核评价指标体系

1999年财政部、国家经贸委、人事部和国家计委联合发布了《国有资本金效绩评价规则》和《国有资本效绩评价操作细则》。1999年颁布的业绩评价指标体系包括8项基本指标、16项修正指标和8项评议指标，分别从财务效益状况、资产营运状况、偿债能力状况和发展能力状况四个方面对企业业绩进行了综合评价，开始实施国有资产保值增值考核，并将国有资产保值增值完成情况与企业提取新增效益工资挂钩。2002年3月，财政部、国家经贸委、中央企业工委、劳动保障部和国家计委在认真总结3年评价实践经验的基础上，对1999年颁布的进行了修订，发布了《企业绩效评价操作细则（修订）》。修订后的操作细则包括8项基本指标、12项修正指标和8项评议指标。我国企业绩效评价制度充分考虑了客观业绩指标和主观业绩指标的作用。

工商类企业效绩评价内容按竞争性企业、非竞争性企业分别制定，其中：竞争性企业主要包括财务效益状况、资产营运状况，偿债能力状况和发展能力状况四个方面，表3-1是1999年颁布的工商类企业绩效评价指标体系。

表3-1　　　　　　　　1999年工商类企业绩效评价体系

内　容	基本指标	修正指标	评议指标
财务效益状况（42）	净资产收益率（30） 总资产收益率（12）	资本保值增值率（16） 销售利润率（14） 成本费用利润率（12）	领导班子基本素质（20） 产品市场占有率（18） 基础管理水平（20） 在岗员工素质状况（12） 技术装备更新能力（10） 行业区域影响力（5） 行业经营发展策略（5） 长期发展能力预测（10）
资产运营状况（18）	总资产周转率（9） 流动资产周转率（9）	存货周转率（4） 应收账款周转率（4） 不良资产比率（6） 资产损失比率（4）	
偿债能力状况（22）	资产负债率（12） 已获利息倍数（10）	流动比率（6） 速动比率（4） 现金流动负债率（4） 长期资产适合率（5） 经营亏损挂账率（3）	
发展能力状况（18）	销售增长率（9） 资本积累率（9）	总资产增长率（7） 固定资产更新率（5） 三年利润平均增长率（3） 三年资本平均增长率（3）	
合计	100	100	100

资料来源：财政部《国有资本金绩效评价规则》国务院公告1999年6月：第1599~1607页。
注：括号中为各个指标的权重。

2002年3月，财政部等五部委联合印发了《企业绩效评价操作细则（修订）》。修订后的评价内容与修订前的大致相同。修订后指标体系对第2层次的修正指标进行了一定的增减，而且还对评议指标以及各指标权重进行了修正。提高了对企业偿债能力和发展创新能力的评价，使该评价体系更为客观公正，更具有可操作性。表3-2是2002年修订后工商类竞争性企业效绩评价指标体系。

表 3-2　　2002 年修订后工商类竞争性企业效绩评价指标体系

内　容	基本指标	修正指标	评议指标
财务效益状况 (38)	净资产收益率 (25) 总资产收益率 (13)	资本保值增值率 (12) 主营业务利润率 (8) 成本费用利润率 (10) 盈余现金保障倍数 (8)	经营者基本素质 (18) 产品市场占有能力 (服务满意度) (16) 基础管理水平 (12) 发展创新能力 (14) 经营发展战略 (12) 在岗员工素质 (10) 技术装备更新水平 (服务硬环境) (10) 综合贡献指标 (8)
资产运营状况 (18)	总资产周转率 (9) 流动资产周转率 (9)	存货周转率 (5) 应收账款周转率 (5) 不良资产比率 (8)	
偿债能力状况 (20)	资产负债率 (12) 已获利息倍数 (8)	流动比率 (10) 现金流动负债率 (10)	
发展能力状况 (24)	销售增长率 (12) 资本积累率 (12)	三年销售平均增长率 (8) 技术投入比率 (7) 三年资本平均增长率 (9)	
合计		80%	20%

注：括号中为各个指标的权重。

（1）客观业绩评价指标。以 2002 年修订后工商类竞争性企业效绩评价指标体系为基础，其主要内容说明如下。基本指标是评价业效绩的核心指标，由反映企业财务效益状况、资产营运状况、资产营运状况、偿债能力状况、发展能力状况的四类 8 项计量指标构成，用以产生企业效绩评价的初步结果。其主要计量公式如表 3-3 所示。

表 3-3　　　　　　　　　基本指标计算公式

评价内容	基本指标	计算公式
财务效益状况 (38)	净资产收益率 (25) 总资产报酬率 (13)	净资产收益率 $= \dfrac{净利润}{平均净资产} \times 100\%$ 总资产报酬率 $= \dfrac{利润总额 + 利息支出}{平均总资产} \times 100\%$
资产营运状况 (18)	总资产周转率 (9) 流动资产周转率 (9)	总资产周转率（次）$= \dfrac{主营业务收入净额}{平均资产总额} \times 100\%$ 流动资产周转率（次）$= \dfrac{主营业务收入总额}{平均流动资产总额} \times 100\%$
偿债能力状况 (20)	资产负债率 (12) 已获利息倍数 (8)	资产负债率 $= \dfrac{负债总额}{资产总额} \times 100\%$ 已获利息倍数 $= \dfrac{息税前利润}{利息支出}$
发展能力状况 (24)	销售（营业）增长率 (12) 资本积累率 (12)	销售（营业）增长率 $= \dfrac{本年主营业务收入增长额}{上年主营业务收入净额} \times 100\%$ 资本积累率 $= \dfrac{本年所有者权益增长额}{年初所有者权益} \times 100\%$

注：括号中为各个指标的权重。

修正指标用以对基本指标评价形成的财务效益状况、资产营运状况、偿债能力状况和发展能力状况的初步评价结果进行修正，以产生较为全面的企业效益评价基本结果，具体由 12 项计量指标构成，如表 3-4 所示。

表 3-4　　　　　　　　　　修正指标计量公式

评价内容	修正指标	计算公式
财务效益状况 (38)	资本保值增值率 (12) 主营业务利润率 (8) 成本费用利润率 (10) 盈余现金保障倍数 (8)	资本保值增值率 = $\dfrac{\text{扣除客观因素后的所有者权益增长额}}{\text{年初所有者权益}} \times 100\%$ 主营业务利润率 = $\dfrac{\text{营业利润}}{\text{主营业务收入净额}} \times 100\%$ 成本费用利润率 = $\dfrac{\text{利润总额}}{\text{成本费用总额}} \times 100\%$ 盈余现金保障倍数 = $\dfrac{\text{经营现金净流量}}{\text{净利润}}$
资产营运状况 (18)	存货周转率 (5) 应收账款周转率 (5) 不良资产比率 (8)	存货周转率（次）= $\dfrac{\text{主营业务成本}}{\text{平均存货余额}} \times 100\%$ 应收账款周转率（次）= $\dfrac{\text{主营业务收入净额}}{\text{应收账款平均余额}} \times 100\%$ 不良资产比率 = $\dfrac{\text{年末不良资产总额}}{\text{年末资产总额}} \times 100\%$
偿债能力状况 (20)	流动比率 (10) 现金流动负债比率 (10)	流动比率 = $\dfrac{\text{流动资产}}{\text{流动负债}} \times 100\%$ 现金流动负债比率 = $\dfrac{\text{经营现金净流量}}{\text{流动负债}} \times 100\%$
发展能力状况 (24)	三年销售平均增长率 (8) 技术投入比率 (7) 三年资本平均增长率 (9)	三年销售平均增长率 = $\left(\sqrt[3]{\dfrac{\text{当年主营业务收入净额}}{\text{三年前主营业务收入净额}}} - 1\right) \times 100\%$ 技术投入比率 = $\dfrac{\text{当年技术转让费支出与研发投入}}{\text{当年主营业务收入净额}} \times 100\%$ 三年资本平均增长率 = $\left(\sqrt[3]{\dfrac{\text{年末所有者权益}}{\text{三年前年末所有者权益}}} - 1\right) \times 100\%$

注：括号中为各个指标的权重。

(2) 主观评议指标。评议指标是用于对基本指标和修正指标评价形成的评价结果进行定性分析验证，以进一步修正定量评价结果，使企业效绩评价结论更加全面、准确。评议指标主要由以下 8 项非计量指标构成。包括：经营者基本素质；产品市场占有能力（服务满意度）；基础管理水平；发展创新能力；经营发展战略；在岗员工素质；技术装备更新水平（服务硬环境）和综合社会贡献。

评议指标计分方法是根据评价工作需要；运用评议指标对影响企业经

营效绩的相关非计量因素进行深入分析；作出企业经营状况的定性分析判断。具体根据评议指标所考核的内容，由不少于 5 名的评议人员依据评价参考标准判定指标达到的等级，然后计算评议指标得分。公式为：

$$评议指标总分 = \sum 单项指标分数$$

$$单项指标分数 = \sum (单项指标权数 \times 每位评议人员选定的等级参数) / 评议人员总数$$

如果被评价企业会计信息发生严重失真、丢失或因客观原因无法提供真实、合法会计数据资料等异常情况，以及受国家政策、市场环境等因素的重大影响，利用企业提供的会计数据已无法形成客观、公正的评价结论时，经相关的评价组织机构批准，可单独运用评议指标进行定性评价，得出评价结论。

（3）客观与主观业绩评价指标协调。企业效绩评价指标的三大组成部分中，基本指标、修正指标主要依据经审计后的企业财务报表及相关资料进行评价量分，评价结果较为客观；而评议指标属定性分析指标，是对影响企业经营效绩的非计量因素，诸如经营者的基本素质、经营管理水平、职员素质、企业发展创新能力等的评价，这类指标的量分主要依靠评估专家的职业判断。采取由评议团（主管部门成员、协管部门成员、外部专家）通过问卷调查、内部座谈等方式进行调研后打分汇总，评议指标属于定性分析，受主观因素影响较大。

客观与主观相结合计分方法是将客观指标评价分数和主观指标评议分数按照规定的权重拟合形成综合评价结果，即根据评议指标得分对客观评价结论进行校正，计算出综合评价得分，其计算公式为：

$$客观与主观结合评价得分 = 客观指标分数 \times 80\% + 主观指标分数 \times 20\%$$

4. 其他评价指标

（1）平衡计分卡（The Balaned Scorecard，简称 BSC）。20 世纪 90 年代初由美国哈佛大学罗伯特·卡普兰和复兴方案公司总裁戴维·诺顿带领下的研究小组在"衡量未来组织的业绩"的研究课题中提出"平衡计分卡"。"平衡计分卡"是与企业长远目标紧密联系，体现企业关键成功因素的财务指标和非财务指标所组成的一种业绩衡量系统。平衡计分卡成功使业绩评价走出了传统业绩评价的只重财务指标和短期目标的误区，将长期与短期因素、财务与非财务因素、外部与内部因素等多方面引入业绩评价体系。

平衡计分卡业绩评价体系是1992年由哈佛大学商学院教授罗伯特·卡普兰教授和复兴国际方案总裁戴维·诺顿在总结了十二家大型企业的业绩评价体系的成功经验的基础上，提出的一种战略管理及业绩评价工具，已在世界很多国家大型企业获得成功应用。平衡计分卡是一种以信息为基础的管理工具，这一评价体系将影响企业最终收益的因素分为财务、客户、内部经营过程、学习和成长等四个方面。在这个体系内，不同企业可根据不同情况设计不同评价指标，不同的评价指标体系要能够体现企业在这一时期的经营目标、战略选择、技术特征和企业文化等方面的特征。"平衡计分卡"在将财务目标作为企业最终目标的同时，始终强调一个系统的管理理念，事实上，计分卡的四个方面使一种平衡得以建立，这就是兼顾短期和长期目标、理想的结果和结果的绩效驱动因素、硬的客观目标和较软的主观目标。也正是因为平衡计分法不仅强调短期目标与长期目标间的平衡、内部因素与外部因素间的平衡，也强调结果的趋动因素，因此平衡计分卡评价体系是一个十分复杂的系统，在其指标的创建和量化方面以及确定结果与趋动因素间的关系方面难度很大，有效实施的成本高，对企业的管理基础与管理手段要求很高。

(2) 经济增加值（Economic Value Added，简称EVA）。1990年美国纽约斯特恩·斯图尔特咨询公司（Sten Stewart）提出了一种业绩评价与激励体系——经济增加值，简单地说，EVA就是税后净营运利润减去投入资本的机会成本后的所得。注重资本费用是EVA的明显特征，管理人员在运用资本时，必须为资本付费。"经济增加值"的特点在于用经济利润代替了会计利润，将研究开发费用（促进企业增加开发投入，对习惯了仿制、当前面临创新瓶颈的中国企业很有意义）、顾客与市场开发、人力资源培养等方面支出由费用化调整为资本化，并在受益年限内摊销。同时，向管理者灌输了新的资本增值理念，即强调只有当投资于现有资产上的实际收益大于资本供应者的预期收益时，资本才得到了增值。企业管理人员必须明白增加价值只有三条基本途径：一是更有效地经营现有的业务和资本；二是投资那些回报超过资本成本的项目（国有企业的经营者就不会一味地追求资产的规模和无限制的投入）；三是解放资本沉淀（便于国有资产的有效流动）。当企业以经济增加值为基础建立特有的报酬计划时，将使管理者和员工在为投资者着想的同时也像投资者一样得到了回报，引导管理者更注重企业的长远发展。由于EVA在计算企业的资本成本时，不仅考虑负债的资本成本，而且考虑了股权的资本成本，从而克服了传统的业绩评价指标未能扣除股权资本的缺陷，使得业绩评价结果更合理、准确。因此，世界上许多大公司都采用了这种业绩评价方法。

在此基础上，美国学者杰弗瑞（Jeffry）又提出了 REVA（修正的经济增加值，Refined Economic Value Added）的概念。其后，又有学者提出了 MVA（Market Value Added）的概念。这样，使得以 EVA 作为一种业绩评价方法更加完善化、合理化。

可以说，20 世纪 80 年代前，企业绩效评价主要是财务评价，主要的方法有杜邦分析法，20 世纪 80 年代后期以来，企业绩效评价已开始从传统的财务评价向核心竞争力和持续发展以及与企业治理结构和资源合理配置的有机结合和相互影响来评价，将业绩评价的对象从内部生产效率扩展到企业整体业绩，评价方法也有所拓展，即在财务指标的基础上补充了非财务指标。

3.3.2.2 绩效评价制度

我国企业绩效考核制度，是随着经济体制的变化及国有企业的改革发展而渐进发展变化的。

1. 企业绩效考核评价沿革

我国企业绩效考核制度 20 世纪大致可分为三个阶段：一是 1949～1978 年实行的实物量考核阶段，适用于高度集中的计划经济管理体制；二是产值和利润考核阶段；三是投资报酬率考核阶段。

（1）1949～1978 年计划经济实行的实物量考核阶段。政府部门对国有企业采用的主要考核方法是指令性生产计划的完成情况，以产品产量和企业产值为核心考核内容。当时的绩效评价主要指标为"产量，质量，节约降耗"。因为当时国家的计划价格体系不能真实反映生产成本，产值利润不能反映企业真实绩效，该阶段的考核评价主导思想是以"实物产量和质量"为主。考核评价方法是简单的与计划目标和行业生产技术标准对照。这种以实物产量为主的企业考核方式导致国企缺乏效率，企业为扩大经营者业绩，都有总量扩张的冲动（争资金、争项目、争资源、生产不计算成本），产品创新和技术创新少、生产产品积压过多等一系列问题限制了国有企业的进一步发展。

（2）改革开放初期以产值和利润等价值指标考核阶段。随着企业的发展，对企业的考核评价逐步由以实物量指标为主转化为用价值量指标衡量为主，国家对企业的经营考核逐步过渡到以"实现产值"和"上缴利税"为主要内容，逐步将企业管理纳入到以效益为核心的轨道。在强调经济效益方面，开始注重企业的利润、成本、产值等价值指标的考核，并以企业利润的完成决定企业的报酬和激励方式。但是，单纯的利润指标，使得企业为完成任期内业绩，将大量损失长期挂在账目上。引发了经营者牺牲企业长远利益的巨额代价，导致多数国有企业包袱加重，陷入经营困境。

（3）投资报酬率考核阶段。1991年中央提出经济工作重点转移到调整结构和提高经济效益上来，工业企业考核要淡化产值指标，强化效益指标。财政部、国家经贸委、国家计委等部门分别于1992年、1993年、1995年、1997年颁布了相应的业绩评价体系。效益指标体系主要从投资者、债权人和社会贡献三个方面评价企业绩效，从而对企业经营管理水平做出正确评价。1997年国家统计局和国家计委、国家经贸委将1992年颁布的工业经济效益评价体系调整为：总资产贡献率、资产保值增值率、资产负债率、流动资产周转率、成本费用利润率、全员劳动生产率和产品销售率等7项指标，并对指标权重进行重新分配，评价标准按照前四年全国平均值确定，计分方法基本未变，只是规定资产负债率指标按照功效系数法计分。财政部的企业经济效益综合评价体系和统计局颁布的工业经济效益评价体系比以前有明显进步。但仍存在一定局限性，诸如缺乏企业成长性指标，无法避免短期行为；没有反映企业知识与智力资本方面的评价指标；没有考虑现金流，忽视非财务指标；行业评价标准划分粗，降低了评价标准的适应性。

从上述企业绩效评价的历史看出，随着企业改革的不断发展，绩效评价方法和内容也在不断演进。

2. 绩效评价对管理层财务行为影响

企业是物质资本和人力资本的一系列契约的集合，公司治理是处理这种契约关系的制度安排，而激励机制是公司治理的核心内容，业绩评价是激励机制的前提，是执行报酬契约的依据（周仁俊、喻天舒、杨站兵，2005）。绩效评价的作用表现在：一是对于经营者的业绩评价是经营者报酬契约和激励机制的基础；二是经营者可以利用绩效评价的结果选择企业下一步的财务行为和经营战略，改善经营管理，提高经济效益。

对管理层的绩效评价会对管理者的财务行为选择产生两方面的影响——激励作用和盈余管理（操纵）的动机。管理层薪酬契约的实施和执行需要依赖对管理层的绩效评价，绩效评价指标应该能够反映高管层工作努力程度和恰当反映管理层面临的风险,起到督促和监督管理层决策行为的作用。信息不对称下管理层会利用其控制权优势,为达到报酬激励标准而进行盈余管理(操纵)以使得自身利益最大化。绩效评价对管理层产生以下两方面的影响。

(1)激励作用。激励是通过对管理层个人需求的满足来激发其为所有者利益而努力的积极性。对管理层的激励主要来自经营者的聘任、业绩的评价和特定的报酬方式。其中激励的最主要环节就是业绩评价。业绩评价是激励机制的前提,是执行报酬契约的依据,公正的业绩评价是报酬契约发挥激励功能的基础;同时,有效的激励机制会促使激励客体的业绩提高,形成良性循环。业绩评价将委托人和代理人的利益有机地连接在一起,使得经理人的行动最大程度地达到委托人和代理人效用最大化。

对管理层的短期激励。经营者薪酬契约的年薪制就是一种短期激励办法,一般包括基本年薪和风险收入。其中基本年薪是使经营者维持生活的基本保证,这种薪资水平的高低与经营者本身的业绩没有直接关系,它属于双因素理论中的保健因素,而风险收入则与经营者短期的经营业绩有着直接的关系,如果经营者实现预期的经营目标或更好的业绩,就会按照事先的合同规定获得一定数额的年度奖金。风险收入基本上属于短期激励方式。

对管理层的长期激励。长期激励与短期激励相比,多了股权激励,它主要是对企业高管层的激励。使经营者的利益与公司股票的价格进而使公司的利润和股东价值挂钩,在经营者努力追求自身价值最大化的同时确保企业价值以及其他股东价值的最大化。股权激励有利于减少代理成本、减少管理层的短期行为、鼓励管理层负担必要的风险。因此,上市公司在设计经营者薪酬契约制度时引入长期激励因素非常的重要。

(2)盈余管理。国外学者对盈余管理的定义如下:"盈余管理发生在管理当局运用职业判断编制财务报告和通过规划交易以变更财务报告时,旨在误导那些以公司的经济业绩为基础的利益关系人的决策或影响那些以会计报告为基础的契约的后果(威廉姆·司可脱,2005)。"管理层进行盈余管理的动因主要有追求自身利益最大化的动因、政治动因、税收动因、其他契约动因、高级管理人员变动的动因以及首次公开发行证券的动因等。因为在管理层薪酬契约中财务指标是业绩考核的基础指标,追求自身利益最大化就成为管理层进行盈余管理的首要动因。在现代企业制度下，所有权和经营权已经高度分离，所有者权利不断弱化，管理层成为企业事实上的控制者，由此造成的结果是企业管理层成为会计信息的垄断提供者，而其他人要获得这类信息的代价过高，因此他们为了达到自己的预期目的就在会计准则允许的范围内选择最为有利的会计政策，以实现其自身效益的最大化。从客观上看，在一定范围内的盈余管理，不仅会降低契约成本，而且还可以使管理层对预期或突发事件作出快速反应，从而较好地克服合约的不完备性和固定性，保护企业及经营者自身的利益。但是盈余管理仍然存在较大的弊端，比如会降低财务报表信息的可靠性、对企业的发展具有一定的风险性、会损害投资者、债权人与国家的利益等。正如希珀（Schipper，1989）指出的："只有相对于存在的契约，经营者的行为带有过多的机会主义成分时，它才是无利的（威廉姆·司可脱，2005）。"存在着个人利益最大化动机时，会使管理层在选择财务行为时偏向于最大化自身利益的财务行为。

3. 上市公司对管理层的绩效考核

通过对上市公司公司章程以及年报中披露的董事会报告内容的查询，一般的，公司董事会下设报酬与管理发展委员会，或者薪酬委员会，在其监督下，公司制订并贯彻薪酬政策、计划和方案。上市公司中公司董事、监事、高级管理人员薪酬决策程序一般为：董事、监事薪酬由公司股东大会审议决定；高级管理人员薪酬由公司董事会决定。有相当一部分上市公司管理层薪酬确定依据是：以公司职工年浮动平均收入的倍数分别确定董事、监事、高级管理人员不同职位的薪酬标准。

在国务院国资委等有关部门出台的《国有控股上市公司股权激励试行办法》中，规定可以对已经实行股权分置改革的上市公司实行长期股票期权激励，同时规定对已经授予的期权在行权时可根据年度绩效考核情况进行动态调整，对已经实行或正将实行股票期权激励的上市公司的激励办法中也都提到了绩效考核。所以，年度绩效考核的监督作用和重要性可略见一斑。根据我们的访谈，企业内部考评机构或者上级主管部门（如各级国资委）都对上市公司管理层的激励实行年度绩效考核，制定有一系列的考核指标。

高管层薪酬的制定由公司董事会执行，同时董事会也承担着对高管层薪酬进行修订和监督的职能，而其基础就是高管层的绩效评价。

3.4 我国企业投融资体系演变制度背景

3.4.1 我国企业投融资体制演变

理论上企业投融资体制[①]是由经济体制所决定的，它的变革由经济制度变革而引致。经济体制改革的方向和深度，决定了企业投融资体制改革的方向和存在的形式。中国的经济体制改革贯穿了两大主旋律：即分权化和市场化，这一主旋律对中国经济制度带来的变化是巨大的，同时也由此决定了我国企业在投资和融资上的制度变迁。企业投融资体制改革的目标是，实现投资主体多元化、融资渠道商业化、投资决策程序化、项目管理专业化、政府调控透明化以及中介服务社会化，建立以市场为导向的新型投融资体制（陈建华，2003）。

投融资体制是经济体制的重要组成部分，它是经济模式及其所决定的一定的经济体制、财政体制和金融体制的集中表现。投融资体制必然受制于经济模式，经济模式是经济运行的现实基础。投融资体制决定着社会扩大再生产过程中资源配置方式，实际上投融资体制还担负着所有制的组织与执行的作用。现实的经济体制以及与之相适应的经济结构、企业结构和技术结构、产业结构，一直都是通过投资体制以及与之相适应的投资结构来维系和支撑的（魏峰，2004）。

经过30年的改革开放，我国投融资体制已发生了重大变化。在投融资决策方面，由过去的中央集权决策体制转变为中央、地方、部门、企业和个人的多级分权决策体制。在投融资资金来源方面，由过去的单一财政拨款渠道转变为财政、银行、地方政府、部门、企业和个人的多元资金来源渠道。在投融资方式方面，由过去的财政直接投资形式转变为银行贷款、发行债券与股票、企业内部积累等多样化的自由竞争的筹资格局（殷成东，2005）。总体上说，我国企业投融资体制的演变可以分为三个阶段：初步改革投融资体制阶段；企业投融资体制稳步推进阶段和企业投

---

① 刘慧勇（1988）认为，投资体制由三个要素组成，即（1）投资决策主体的层次和结构；（2）由此决定的资金筹集与运用方式；（3）受上述两方面制约的投资领域内各类经济实体之间的关系。

融资体制多元化发展阶段。

1. 初步改革企业投融资体制阶段（1979～1987年）

从新中国成立以来到改革开放，我国实行的是高度集中的计划经济体制。这一时期我国一直执行以财政为主导的高度集权的投融资经济体制，在传统计划经济体制和集权主导型的投融资体制下，企业不是经营活动的主体，它只是政府部门的附属物，企业的投融资决策权掌握在政府手中，由国家统一安排，企业投资所需资金主要由国家财政预算拨付，无偿使用。这种高度集中的投融资体制，对建国初期集中有限财力保证国家重点建设，扭转国民经济比例失调的状况都曾取得了明显的效果，但这是取决于当时特定的政治经济条件的，随着我国生产力水平的提高，这种高度集中管理、完全指令性计划、控制过死的企业投融资体制很快成为生产经营者的羁绊，限制了企业经营者的积极性。

1978年党的十一届三中全会确立了改革开放的方针政策之后，我国的经济体制和运行环境发生了深刻变化。相应地，企业投融资体制的改革也拉开了序幕。1979年8月国务院批准了国家计委、国家建委和财政部《关于基本建设投资试行贷款办法的报告》及《基本建设贷款试行条例》，我国开始基本建设"拨改贷"的试点。同时，政府鼓励银行信贷资金进入投资领域，提倡企业自筹资金。随后各专业银行纷纷开办了长期投资贷款业务，企业投资的资金来源中国家预算内拨款份额日益减少，而银行信贷和企业自筹资金日趋增多。在1978～1984年间，基本建设投资资金来源于国家预算内拨款的比重由77.69%，下降到48.4%；银行信贷和自筹资金从22.31%，上升到42.6%。从1985年起，凡是国家预算内拨款安排的投资项目，一律改为银行贷款。

这一阶段企业投融资体制改革，在一定程度上促使企业审慎选择投资项目、节约资金使用和提高项目的投资效益，简化固定资产投资项目的审批程序，适当放宽地方政府的投资决策权和对企业的放权让利，调动了各方面的积极性。但是由于计划经济思想的长期影响，一方面，"拨改贷"试点及推广后的一段时期，并没有将企业作为独立经营的主体，在国家颁布的一些法律法规中都明确规定银行发放贷款必须在国家统一计划指导下按照行业归口切块划分；另一方面，"拨改贷"政策和企业自主权扩大的投融资体制改革，在一定程度上提高企业投资效益的同时，也引发了投资决策主体和企业经营者之间诸多新的问题，例如地方政府和企业在投资中为了获得更多贷款而导致的投资饥渴和信贷膨胀等，1983～1984年出现了改革开放以来第一次投资膨胀,与之相伴随的是1984~1985年的信贷膨胀。

2. 企业投融资体制稳步推进阶段（1988~1991年）

1988~1991年是我国投资体制改革的全面展开时期。1988年7月16日,国务院颁发《关于投资管理体制的近期改革方案》,第一次系统地提出了中国投资体制改革的基本任务和措施。该方案进一步扩大了企业的投资决策权,使企业明确成为一般性建设项目的投资主体。在该方案的指引下,我国的企业投融资体制改革得到了稳步推进,主要措施有:这一时期的改革以建立基本建设基金制、成立国家投资公司为核心。主要内容包括:（1）建立国家基本建设基金制,稳定建设资金来源。（2）确立投资主体,划分投资范围。（3）进一步改革投资项目组织领导体制。（4）继续实行包干责任制,在1992年颁布实施的《全民所有制工业企业转换经营机制条例》中,明确规定企业在一定范围内拥有投资自主权,使国有企业逐步成为重要的投资主体。（5）个体经济、各种集体经济和乡镇企业等非国有投资主体逐步涌现,并得到了快速发展。尤其是经济特区的建立和沿海城市及地区的对外开放政策,吸引了一大批国外、港澳台投资者。投资主体的多元化格局已显雏形。（6）构建证券市场,为企业开辟了新的融资渠道。（7）国务院颁布了《关于当前产业政策要点的决定》,第一次用产业政策的形式明确了国民经济各个领域中重点支持和限制的产业及产品,提出产业发展序列,并以此作为调整产业结构,进行宏观调控的依据。

对该阶段投融资体制改革的评价。从上述投资领域各个主要方面的改革中可以看出,改革开放十多年来,传统的投资体制模式已发生了很大变化,以多种经济成分、多元投资主体、多种投资渠道、多种投资方式以及多层次投资决策为特征的投资新格局已经形成,改革中已开始探索运用经济、法律和行政相结合的手段,对投资建设活动进行间接管理。我国企业的投资决策主体、出资机制和投资管理体制等发生了重大变化,基本上形成了计划调节与市场调节相结合的投融资体制。然而,由于受传统计划经济惯性思维的影响,市场机制还远未发挥资源配置的基础性作用。企业的投融资领域还存在诸如投资规模偏大、投融资结构不合理、投资效益差等问题。

3. 企业投融资体制多元化发展阶段（1992年至今）

1992年至今是我国投资体制改革的深化和创新时期。1992年春,邓小平同志视察南方重要谈话发表后,中国的改革开放进入了一个新时代,我国企业投融资体制的改革也进入多元化发展阶段。企业逐步成为制度创新和投融资主体,摆脱了政府的行政性干预,企业经营者产生了自主捕捉市场盈利机会的行为。这一阶段企业投融资体制改革的主要内容有:(1) 1992年8月,国家开始实施我国投资体制改革措施:建立健全项目法人责任制。(2) 企业投融资方式的转变,按照不同投资主体的投资范围以及不同类型建设项目的经济效益、社会效益和市场需求等情况,划分投资项目性质与投资主体。(3) 试行项目资本金制度,实施建设项目法人责任制和固定资产投资项目资本金制度,强化投资主体的风险约束机制。(4) 继续拓展投资项目融资渠道,努力发展资本市场,扩大企业的融资渠道,培育多元化的投资主体。上海和深圳两个证券交易市场的建立,为企业开辟了新的融资渠道。国家颁布了《股份制试点企业宏观管理暂行规定》、《股票发行与交易管理暂行条例》等文件,上市公司数量迅速增加,股票、债券发行规模不断扩大,资本市场发育与发展明显加快。资本市场的发展为拓宽企业融资渠道、改变经营方式与培育多元化的投资主体创造了有利条件,这些都对企业投融资体制产生了积极影响。

迈入21世纪后,我国进入全面建设小康社会、加快推进社会主义现代化建设的新发展阶段。党的十六大确立了国资国企"分级所有、政资分开"的体制性基础,揭开了企业投融资体制深层次改革的序幕。具体措施有:(1) 2001年11月,原国家计委取消第一批五大类行政审批事项,包括城市基础设施建设项目、不需要中央投资的农林水利项目、地方和企业自筹资金建设的社会事业项目、房地产开发建设项目和商贸设施项目。(2) 按照党的十六届三中全会关于深化投资体制改革的要求,2004年7月,国务院颁发了《关于投资体制改革的决定》。这是我国投资体制改革取得突破性进展的重要标志,其新举措主要体现在:确立企业的投资主体地位。对于企业不使用政府投资建设的项目,一律不再实行审批制,区别不同情况实行核准制和备案制。政府将主要从行使公共管理职能的角度,对企业投资项目进行管理,而项目的市场前景、经济效益、资金来源和产品技术方案等均由企业自主决策、自担风险,政府不能再以市场前景不明、经济效益不理想、资金来源不落实、技术方案不合理等理由否决企业的投资项目。放宽了企业投资特别是社会资本的准入领域。允许社会资本进入法律法规未禁入的基础设施、公用事业及其他行业和领域。采取多种措施,鼓励和引导社会资本参与经营性的公益事业、基础设施项目建设。

对该阶段投融资体制改革的评价。经过20多年来在建立投资责任机制、开辟多种投资渠道、稳定资金来源、实行资金有偿使用、简化项目审批手续和放宽审批权限、改进计划管理等方面的改革和探索，已初步形成投资主体多元化、资金来源多渠道、融资方式多样化的格局。我国的融资制度仍存在着一定程度的扭曲，导致企业融资行为出现变异，上市公司存在股权融资偏好、非上市企业预算约束软化。我国的政府主导型融资制度主要体现在：拟上市公司上市之前，有着极其强烈的冲动去谋求公司首次公开发行股票并成功上市；公司上市之后，在再融资方式的选择上，往往不顾一切地选择配股或增发等股权融资方式，以致在过去的不同时期一度形成所谓的上市公司集中性的"配股热"或"增发热"。由于我国融资制度属于典型的政府导向型融资制度，种种因素的特殊性决定了中国企业特殊的融资行为模式：上市公司存在股权融资偏好；而非上市公司尤其国有企业有存在债务融资偏好。

3.4.2 我国上市公司投融资相关法律与制度环境分析

目前，《公司法》、《证券法》、《破产法》、《商业银行法》中的相关条款以及国务院和证监会等政府部门所制定的有关股票发行、公司配股、增发、企业债券发行与管理和募集资金的使用方面的法规是制约上市公司投融资行为的主要法律法规。这些法律法规通过界定政府、股东和债权人、金融机构以及企业的权力与义务，构成了制约上市公司投融资行为的主要法律框架。

3.4.2.1　上市公司固定资产投资法规体制

1. 招股说明书和上市公告书中关于固定资产投资信息披露的规定

2001年中国证监会重新发布了《公开发行股票公司信息披露的内容与格式准则第1号（招股说明书的内容与格式）》，其中详细规定了"募股资金的运用"。对于募集资金直接投资于固定资产项目的，发起人根据重要性原则披露以下内容：(1) 各投资项目的轻重缓急及立项审批情况。(2) 固定资产投资概算情况，预计投资规模，募股资金的具体用项及其依据。(3) 所投资项目的技术含量。(4) 项目主要原材料、辅助材料及燃料等的供应情况。(5) 投资项目的产出和营销情况。(6) 投资项目可能存在的环保问题及采取的措施。(7) 闲置资金的利用计划，或资金缺口的补充来源。(8) 投资项目的选址，拟占用土地的面积、取得及处置方式。(9) 投资项目的效益分析。(10) 项目的组织方式，项目的实施进展情况。其中特别指出需要披露关于募股资金投向风险方面的信息，应说明投资项目因市场、技术、环保、财务等因素引致的风险。按照《股票发行与交易暂行条例》的规定，上市公告书的内容应包括招股说明书的主要内容。

2. 定期报告中关于固定资产投资披露信息的规定

证监会发布的《公开发行股票公司信息披露的内容与格式准则第2号（年度报告）》和《公开发行股票公司信息披露的内容与格式准则第3号（中期报告）》中详细规定了有关年度报告和中期报告的内容与格式。这两个披露准则对于固定资产投资的信息披露分别在"董事会报告"和"管理层讨论与分析"中。具体规定如下：对于募集资金的使用需要披露：(1) 募集资金时承诺的投资项目、项目进度与实际投资项目、进度的异同。尚未使用的募集资金，应说明资金用途及去向。(2) 实际投资项目没有变更，公司应介绍项目资金的投入情况、项目的进度及预计收益；若项目已产生收益，应说明收益情况；未达到计划进度和收益的，应当解释原因。(3) 实际投资项目如有变更，公司应介绍项目变更原因、变更程序及其披露情况，项目资金的投入情况，项目的进度及预计收益；若项目已产生收益，应说明收益情况；未达到计划进度和收益的应说明原因。同时，还需要说明原项目的预计收益情况。对报告期内非募集资金投资的重大项目、项目进度及收益情况进行说明。

3.4.2.2 上市公司股权融资法规

证券市场的基本功能之一就是融通资金，而作为市场主体的上市公司在获得证券市场的初始融资（首次公开发行，Initial Public Offering，简称IPO）之后，因产业发展或者资本运作的需要，选择在证券市场上再融资是其最佳的备选方案之一。我国证券市场发展的时间较短，我国上市公司的股权再融资行为也具有自身的特点。目前，中国上市公司的股权再融资行为主要由配股（Share Placement）和增发（Additional Issue）行为两部分构成。配股是指上市公司向其股东以一定的价格和按照股东持有公司现有股份一定的比例发行股份的融资行为；增发是指上市公司向社会公开募集股份的融资行为。1990年9月延中实业（600601）实施中国证券市场的第一次配股再融资，之后，上市公司配股和增发融资行为不断增加。与计划经济色彩极其浓厚的首次发行股票制度相比，上市公司的股权再融资机制从一开始就试图朝着市场化的方向迈进。市场监管部门试图通过制定并不断修订上市公司的股权再融资政策（集中体现在配股和增发政策上），以降低市场选择成本和误选风险，优化资本市场资源配置功能。表3-5列示了我国证券市场股权再融资政策的变迁过程。

表3-5　　　　　我国上市公司历次配股和增发政策变迁

时间	法规名称	再融资条件	信息披露
配股政策的历次变迁			
1992年12月第一次	《关于上市公司送配股的暂行规定》	连续两年实现盈利，以这两年税后利润是否连续增长为准。	配股说明书；股本变动公告书等；最近三年内财务会计文件无虚假记载或者重大遗漏。
1994年9月第二次	《关于执行〈公司法〉规范上市公司配股的通知》	近三年平均ROE不低于10%，特别行业可以略低；配股总额不超过原有总股本的30%。	配股说明书；股本变动公告书等；最近三年内财务会计文件无虚假记载或者重大遗漏。
1996年1月第三次	《关于1996年上市公司配股工作的通知》	近三年每年ROE不低于10%；配股总额不超过原有总股本的30%，重点项目酌情放松。	配股说明书；提示性公告；股本变动公告书；法律意见书等；最近三年内财务会计文件无虚假记载或者重大遗漏。
1999年3月第四次	《关于上市公司配股工作有关问题的通知》	近三个完整会计年度的ROE平均不低于10%，特别行业不低于9%，其中任何一年的ROE不低于6%；配股总额不超过原有总股本的30%，重点项目除外。	前次募集资金使用情况专项报告；配股说明书；提示性公告；股本变动公告书；证券公司承销配股尽职调查报告等；最近三年内财务会计文件无虚假记载或者重大遗漏。
2001年3月第五次	《关于做好上市公司新股发行工作的通知》	近三个会计年度的ROE平均不低于6%；扣除非经常性损益后的净利润与扣除前的净利润相比，以低者作为ROE的计算依据；配股总额不超过原有总股本的30%，控股股东全额认购除外。	是否获准发行新股的公告；配股说明书；提示性公告；盈利预测或者特别风险警示；本次募集资金效益情况预测等；近三年无重大违法行为；无虚假记载、误导性陈述或者重大遗漏的信息披露。
增发政策的历次变迁			
2000年4月第一次	《上市公司向社会公开募集股份暂行办法》	实行增发上市公司的主体限制；最近三年内连续盈利，本次发行完成当年的ROE不低于同期银行存款利率水平，且预测本次发行当年加权计算的ROE不低于配股规定的ROE平均水平，或与增发前基本相当等。	募集资金的招股说明书；发行公告；法律意见书；公募增发后，利润实现未达到盈利预测80%的，如无合理解释，相关人员应在指定报刊公开道歉等。

续表

时间	法规名称	再融资条件	信息披露
2001年3月第二次	《上市公司新股发行管理办法》	取消了主体限制；前三个会计年度加权平均ROE不低于6%；特许情况下，前三年加权平均ROE低于6%的公司也可以增发等。	增发招股意向书和招股说明书；发行公告；法律意见书；主承销商提供分析报告；披露现金分红信息等。
2002年7月第三次	《关于上市公司增发新股有关条件的通知》	最近三年加权平均ROE平均不低于10%；增发新股募集资金量不超过公司上年度末经审计的净资产值。发行前最近一年及一期财务报表中的资产负债率不低于同行业上市公司的平均水平；前次募集资金投资项目的完工进度不低于70%等等；重大资产重组的公司除外。	增发招股意向书和招股说明书；发行公告；法律意见书；主承销商尽职调查报告；增发募集资金运用的可行性报告；披露现金分红信息等。

从我国上市公司股权再融资政策的变迁看，上市公司的融资行为很大程度上取决于再融资制度环境。

3.4.2.3 上市公司负债融资法规

我国上市公司负债融资方式主要包括银行贷款和企业债券。

改革开放以来，我国企业融资制度经历了财政主导型融资制度、银行主导型融资制度到多元化融资制度的演变。与企业负债相关，主要介绍银行主导型融资制度。在1979年以前，我国实行的是单一银行体制，中国人民银行除了负责货币发行外，还经办几乎所有商业银行业务。随着社会主义经济体制的改革，金融体制也在不断演变和完善。20世纪80年代初期，我国开始着手银行体系的构建。银行体系的建立起步于中国人民银行专司中央银行职能的改革以及四大国有独资商业银行的组建。此后，10家全国性股份制商业银行、近100家地方性商业银行、三大政策性银行的组建使该体系得到了进一步的完善。至此，以上述四类银行为支撑，中国形成了一个间接金融主导下的健全型银行机构体系。该金融市场在四大国有商业银行主导下，银行业形成了典型的寡头垄断结构。与此同时，非国有商业银行及其他金融机构也得到了相当大的发展，从而使中国的银行业又呈现出一定的不完全竞争型市场结构特点。商业银行在借贷过程中存在明显的信贷配给机制。与典型市场经济中的信贷配给不同，长期以来，我国信贷资金的配给受到行政性制度安排的影响。从1998年开始，国家取消了信贷规模管理，但由于国有商业银行的企业化改革并不彻底，加上其他制度因素的约束，信贷资金配给的市场化原则难以形成，信贷配给规则仍然带有许多行政化色彩。受这种信贷资金配给原则的支配，我国的信贷资金配给结构呈现出明显的体制特征，一方面是信贷资金配给主体的类型单一性，使资金配给市场缺乏有效的竞争机制，市场高度集中；另一方面是信贷资金配给客体的属性不同所享受的"待遇"也迥然不同。国有商业银行始终是我国信贷资金配给的主体，占有大部分市场份额，使信贷市场的供给机制带有明显的垄断特征。近年来，虽然股份制银行和非正规金融机构得到了一定的发展，但是并没有打破信贷主体高度垄断的局面。

对上市公司负债融资的法律约束条款主要集中在《公司法》、《商业银行法》以及《破产法》中。企业债券融资相对于银行贷款而言更为严格，但由于我国企业债券市场并不发达，因此主要探讨银行贷款的法律约束。《商业银行法》的制定是为了保护商业银行、存款人以及其他客户的利益，该法对商业银行贷款和其他业务的基本规则进行了较为详细的规定，不仅规范了商业银行的行为，而且通过约束商业银行的业务也间接实现了对上市公司信贷融资的约束。该法第35条和第36条分别规定："商业银行贷款，应当对借款人的借款用途、偿还能力、还款方式等情况进行严格审查。商业银行贷款，应当实现审贷分离和分级审批的制度和借款人应当提供担保。商业银行应当对保证人的偿还能力、抵押物、质押物的权属和价值以及实现抵押权、质权的可行性进行严格审查。但经商业银行审查、评估，确认借款人资信良好，确能偿还贷款的，可以不提供担保。"第37条详细规范了贷款合同和合同条款："商业银行贷款，应当与借款人订立书面合同。合同应当约定贷款种类、借款用途、金额、利率、还款期限、还款方式、违约责任和双方认为需要约定的其他事项。"这些条款为商业银行贷款业务的开展做出了基本的规范，各个商业银行在该法的指导下都制定了适合本行的贷款业务的具体规定。《破产法》是保护债权人利益的重要法律保障，破产法律制度的完善与否是衡量一个国家市场经济成熟程度的重要标志。

股权融资逐步降低了上市公司的资产负债率，但由于其市场经济尚不发达，我国上市公司相对于非上市公司来说，资产负债率较低，但是整体资产负债仍然保持在50%左右。由此可知，负债融资在公司融资结构中占有绝对优势地位。具体来说，在我国上市公司的负债融资中，就其期限结构来看，短期负债占据了大部分，平均达到85%，长期负债融资只有15%；就其来源类型结构来看，首先是银行信贷融资，其仍然是上市公司主要来源之一，平均达到45.1%；其次是商业信用，其在上市公司的负债融资中占到了23.9%；而企业债券融资只占0.5%；其他类型负债占30.5%。

3.4.2.4 我国重要的金融体制改革措施

金融领域的改革内容主要包括利率政策、金融机构及其服务政策、证券政策、汇率政策和资本移动政策等。

从20世纪80年代中期开始，我国的金融领域开始了渐进式的改革。1993年12月国务院发布了《关于金融体制改革的决定》，这标志着金融领域内改革力度的增强和改革深度的延伸。从1994年至今的重要改革措施包括以下几项。

1. 中央银行职能的转变

从1994年开始，中央银行的职能确定为由行政手段控制信贷规模转向通过利率杠杆控制货币供应量和社会信用总量。1998年存款准备金制度的重大改革；1998年取消信贷规模控制等，标志着中央银行的宏观金融调控已经变为间接调控。自1998年底开始，人民银行按经济区划在全国设置9大分行，这将有利于减少行政干预、推进区域经济和金融发展。

2. 国有银行的商业化改革

1994年先后成立国家开发银行、中国进出口银行、中国农业发展银行三大政策性银行，为国有独资银行剥离政策性业务、专门从事商业性经营创造了条件。1994年开始在国有商业银行范围内改革信贷资金管理体制，实行限额下的资产负债比例管理和风险管理；1996年开始实行以资产负债比例管理为基础的贷款规模管理，1998年国有商业银行全面实行资产负债比例管理和风险管理；1998年财政部增发2700亿特别国债以充实国有银行的资本金，四大银行建立专门处理不良资产的资产管理公司以剥离不良资产。2001年12月11日，中国正式加入WTO。这意味着经过5年的过渡期到2006年底，外资银行将全面进入中国市场。2004年1月6日，国务院决定中国银行、中国建设银行实施股份制改造试点，并动用450亿美元国家外汇储备等为其补充资本金。2004年9月17日，中国建设银行股份有限公司在北京成立。公司通过引入多家发起人股东，建立起多元化的股权结构，标志着已成立半个世纪的国有独资商业银行从此成为国家控股的股份制商业银行。2005年4月18日,国务院正式批准工商银行股份制改革方案。2005年12月25日,财政部和中央汇金投资有限责任公司共同发起设立中国工商银行股份有限公司,并召开创立大会。到2008年,中国建设银行、中国银行、中国工商银行三家国有银行已经全部公开上市。

3. 双重政策

对外资银行的引进和开放采取税收优惠和业务限制的双重政策,1997年先后在上海浦东、深圳特区批准少数外资银行试营人民币业务。1998年增加试营人民币业务的外资银行数量;1999年取消外资银行在国内增设分支机构的地域限制。

4. 利率市场化

我国利率市场化大体上经历了以下几个阶段:(1)1992~1995年由于经济过热而调高利率;(2)1996~2002年针对物价回落的状况,旨在减轻企业的利息负担的调低利率政策,1996年6月放开银行间同业拆借市场利率开始,1998逐步扩大贷款利率浮动幅度,同时简化贷款利率种类;1999年10月对保险公司大额定期存款实行协议利率;2000年9月放开外币贷款利率和大额外币存款利率;2000年9月,进一步放开了外币贷款利率。(3)2004年至今,利率市场化信号日益明朗,2004年10月29日,央行9年来首次加息,中国人民银行基准的一年期贷款利率由5.31%上调到5.58%,存款利率则从现行的1.98%上调到2.25%,是中国自1995年7月和1993年7月以来第一次分别上调贷款利率和存款利率。2005年7月,我国开始实行以市场供求为基础、参考一篮子货币进行调节、有管理的浮动汇率制度。中国人民银行于2006年2月9日宣布,允许国内商业银行开展人民币利率互换交易试点。央行同时指出,将在推动利率互换交易试点的基础上,逐步扩大试点范围;争取尽早全面推出人民币利率互换交易。利率市场化改革的进程进一步得到推进。

3.4.2.5 证券市场

从股票的品种看,1991年我国开始发行B股,即境内上市的外资股;1992年我国首次在境外成功地发行了H股;1993年则发行了在纽约证券交易所上市的N股;2004年5月起深交所在主板市场内设立中小企业板块,一个国际化的多层次的中国证券市场初现端倪。境内上市公司的数量由1991年的14家上升为2008年5月底的1552家。2002年12月,我国发布《合格境外机构投资者境内证券投资管理暂行办法》，QFII制度将会起到进一步吸引外资及促进有序的资本跨境流通作用。

金融市场化的特征主要表现为放松利率和汇率限制、放松对市场准入的限制、放宽金融机构业务范围的限制和统一金融监管标准等。如果以此为标准，1998年是我国金融市场化措施颁布最多的年份，这一点在银行业改革中尤为明显。

从理论上而言，我国的金融体制改革至少应从以下三个方面影响企业的资金来源：（1）非正规融资（企业向其他企业、家庭或者个人的借款）减少，正规融资增加；（2）间接融资减少，直接融资增加；（3）对内源融资的依赖减少，对外部融资的依赖增加。

3.5 制度背景分析对本书后续研究的意义

我国制度背景的最大特点在于，政府行为对经济的控制极为显著。这在上市公司中体现得尤为明显，因为建立股票市场的初衷是为了服务于国有企业。政府对上市国有公司的控制主要体现在两个方面：一是通过持有上市公司股权来获得对上市公司的控制权，并且通过国有股权的高度集中和股权分置的方式使国有控股的地位保持不变；二是政府通过对国有上市公司的大多数高管人员实行任命制来获得对上市公司人力资本市场的控制。因此，对于我国上市公司的高管人员来说，并不存在像美国那样真正意义上的竞争性经理人市场，即公司的绝大多数高管人员并不是通过竞争性的经理人市场遴选出而是由上级政府任命。

政府对上市公司人力资本市场进行控制，影响了股权激励机制的有效性。首先，我国行政任命制的干部管理体制，国有企业高管由政府任命，并和政府官员一样享受行政待遇。他们的收入和所享受的待遇由其行政级别所决定。出现了经理人在一个企业经营业绩平平，甚至严重亏损，上级主管部门会重新配备领导班子，甚至该经理人会提升到另外企业继续其高管生涯。特别是我国的企业隶属历来归不同的部门管理，例如：中央直属企业、省属企业、市属企业等，而不同隶属企业的负责人也具有不同的行政级别，其任命归不同部门管理（各级组织部门等），其他关键高管层也由其主管部门负责任命；在这种体制下，管理层的效用函数就不单纯是薪酬所得，其经营企业的目标也不单纯是股东财富的最大化，在国外资本市场发挥有效监督作用的经理人市场在我国就失去了其发挥作用的环境。经济目标并不是上市公司管理人员最重要的激励目标。政治目标，职位的提升成为他们最重要的目标。

其次，作为政府官员的上市公司管理人员，工资收入仅仅只是他们全部收入和所享受的待遇中的一部分，灰色收入和各种福利待遇占据了他们全部收入中的大部分。因此，工资收入，以及所持股票产生的资本利得的经济激励效果并不像在西方国家中那样明显。导致经济目标的激励效应减低。

从以上分析可以看出，管理层薪酬管制、面临的内外部监督机制、管理层人力资本不可分散性所承受的风险、制度变迁中引致的股东和管理层之间的代理冲突，都使得管理层的行为以及财务行为选择会偏离股东财富最大化目标。而缓解代理冲突是企业微观层面上的重大课题，我们待验证的问题是：将管理层薪酬契约与公司长期利益联系在一起，是治理代理冲突的有效途径。例如：授予管理层参与公司剩余收益分配的权利，使得管理层持有公司股份；在其薪酬契约中考虑长期股权薪酬占收入的比重，如果管理层长期股权收入在其薪酬中占的比重较大时，对管理层的激励程度不同，引致管理层对薪酬契约不同部分具有不同的关心度，进而影响其决策的视野。理论上分析得出的这种关系，在实践中是否存在，在第 4 章中运用调查研究的方法研究管理层对薪酬契约的关心度，管理层对薪酬契约中长期股权薪酬的关心度与薪酬契约中货币性薪酬是否显著的不同，如果这种关系存在，管理层长期股权薪酬占收入比重对管理层决策视野至关重要，其与投融资财务行为之间的关系就成为进一步研究的内容。

本 章 小 结

本章运用委托代理理论，分析了我国上市公司管理层薪酬契约与企业投融资体制的制度演变，主要的研究观点有：

（1）在从计划经济向市场经济的转换过程中，国有企业委托代理冲突进一步的显现出来，在进行投资决策时，当管理层能够从未来投资中获取其个人利益时，他们更容易追求公司的长期发展目标；相反，如果管理层个人利益与公司长期发展没有任何直接联系，管理层更容易追求自身效用最大化，注重短期目标。

（2）西方经济学界有两种机制缓解管理层和股东之间的代理冲突：一是竞争性的市场机制，包括并购接管的压力和经理人市场的重新定价；二是通过设计经理人薪酬契约，协调经理人和股东之间的利益。在我国主要是通过管理层薪酬契约缓解代理冲突。

（3）长期以来我国企业管理层薪酬受到政府的管制，管理层薪酬与公司业绩和发展关系不大，导致了严重的委托代理冲突。

（4）管理层业绩评价指标包括财务指标和非财务指标，管理层绩效评价指标的构成会对管理者的财务行为选择产生两方面的影响——激励作用和盈余管理（操纵）的动机。

（5）我国企业投融资体制的演变可以分为三个阶段：初步改革投融资体制阶段；企业投融资体制稳步推进阶段；企业投融资体制多元化发展阶段。《公司法》、《证券法》、《破产法》、《商业银行法》中的相关条款以及国务院和证监会等政府部门所制定的有关股票发行、公司配股、增发、企业债券发行与管理和募集资金的使用方面的法规是制约上市公司投融资行为的主要法律法规。

第 4 章

管理层薪酬契约激励度调查分析

本章运用调查研究的方法检验管理层对薪酬契约关心度，以及薪酬契约不同部分对管理层的激励度。当薪酬契约激励度具有显著差异时，管理层长期股权薪酬占收入比重对管理层决策视野至关重要[①]。

4.1 研 究 设 计

我国上市公司年报公开披露的信息中对管理层薪酬契约的披露仅限于货币性薪酬和持股比例，为了全面和准确地掌握管理层薪酬契约及管理层主观对不同契约部分的关心度和认知度，为了验证在制度背景分析中的推测，即管理层对薪酬契约的关心度，管理层对薪酬契约中长期股权薪酬的关心度与薪酬契约中货币性薪酬是否存在着显著的差异，如果这种差异存在，那么，管理层薪酬契约激励度不同。本着研究目的，2005 年 11 月开始，接触了不同类型企业的管理者，包括中央直属公司、地方国资委管辖企业和企业集团、大型企业集团以及民营企业的总经理、董事长及中层管理者和国资委相关部门的管理人员，在与他们的接触和对他们的访谈中，

---

① 2007 年 3 月 22 日在复旦大学举办的第二届"五校"青年学者论坛上，中国人民大学的卢闯博士对本章内容进行了点评，并提出了宝贵的完善和修改建议，在此感谢卢闯博士的点评和"五校"青年学者论坛提供的机会。

广泛掌握了不同类型企业管理层薪酬契约情况,以及管理层对于公司目前实施的管理层薪酬契约的关心度和薪酬契约激励度与公司财务行为之间关系,得到了大量的一手资料,对访谈内容的加工和提炼以及问卷设计和分析构成了本章的主要内容。

主要采用访谈和问卷方法来获取研究中所需要的信息。

4.1.1 访谈研究设计

1. 访谈研究设计和研究过程

访谈研究方法在第1章1.3研究方法中已经做过论述,访谈对象来源渠道在表4-1中做了说明,对访谈对象进行访谈时,运用的访谈方法是结构性访谈(表4-1中注明的访谈对象,在访谈之前,根据研究目的准备了访谈提纲)。

通过访谈,初步掌握了不同公司管理层薪酬契约以及管理层对于公司现有薪酬契约的关心度和薪酬契约激励度。访谈的对象构成和公司简况如表4-1所示。

表4-1　　　　　　　访谈企业简况表

企业名称[①]	企业性质	企业隶属	企业简介	访谈对象	访谈方式
1. 济南ZQ集团	国有企业	省国资委	1935年成立,2005年行业排名15位	总经理助理分厂厂长	面对面访谈
2. 济南KC公司	国有企业	省国资委	2003年重组,资产51亿元	总经理助理	面对面访谈
3. LK集团	国有企业	省国资委	1960年成立,资产1亿元,职工5056人	集团副总人力资源部部长	访谈、实地调研
4. 泰安TK集团	民营企业	私营股份公司	1983年成立,资产5.1亿元,员工2000人,行业前5位	人力资源部部长	访谈、实地调研
5. 中国WT集团山东分公司	国有企业	集团公司	2002年成立,资产74.9亿元,收入过百亿元	公司总经理、地区分公司副总经理	面对面访谈
6. 济南MJ厂	国有企业	集团公司	1965年成立,职工80人	厂长	面对面访谈
7. 泰安MT厂	国有企业	集团公司	1958年成立,职工1600人,年销售收入2.6亿元	厂长	面对面访谈

[①] 根据访问对象的要求和企业保密的要求,对访问对象做了匿名处理。

续表

企业名称[①]	企业性质	企业隶属	企业简介	访谈对象	访谈方式
8. 莱芜JX厂	国有企业	集团公司	1963年成立，资产总额3亿元，职工1727人	厂长	面对面访谈
9. 泰安SH	国有企业	集团公司	1993年成立，资产102亿元	董事会秘书 财务总监	访谈、实地调研
10. 济南KG公司	国有控股公司	省国资委	2005年成立，控股国有企业	人力资源部部长	访谈、实地调研

2. 访谈研究内容

在上述研究设计框架下，从2005年11月底开始，广泛地与公司的相关人员进行了接触，并对管理层薪酬契约等情况进行了调研。

4.1.2 问卷研究设计

在访谈中，我们对企业管理层（特别是经理人员）薪酬契约、制定过程以及考核有了一个全面的掌握，在此基础上，按照研究思路，从2006年5月份开始，着手进行调查问卷的设计和修改。

1. 问卷设计过程

为了保证问卷的可读性，让被访者尽量全面、准确理解问卷中每个问题的意义并认真做出回答，问卷设计以后，征询了部分学者的意见，修改后又重新返回部分公司找到相关人员进行试填，试填后根据这些人员提出的建议和意见进行了修改，例如，控制问卷篇幅、设计全面有效的备选项、并且在问卷格式以及文字表达上尽量做到不产生歧义等，这样反复几次后，于2006年10月确立了正式问卷，以上措施使得最终的问卷项目质量比较理想。问卷分为三个部分，即管理层薪酬契约、管理层薪酬业绩考核和管理层薪酬契约与企业财务行为关系等。问卷设计流程和问卷内容如图4-1所示。

2. 问卷的信度

问卷的信度分析是一种测度综合评价体系是否具有一定的稳定性和可靠性的有效性分析方法。信度分析是对量表的有效性（信度）进行研究。量表的信度分析包括内在信度分析和外部信度分析。内在信度分析重在考察一组评估项目是否测量的是同一个特征，这些项目之间是否具有较高的内在一致性，内在信度高意味着一组评估项目的一致性程度高，相应的评

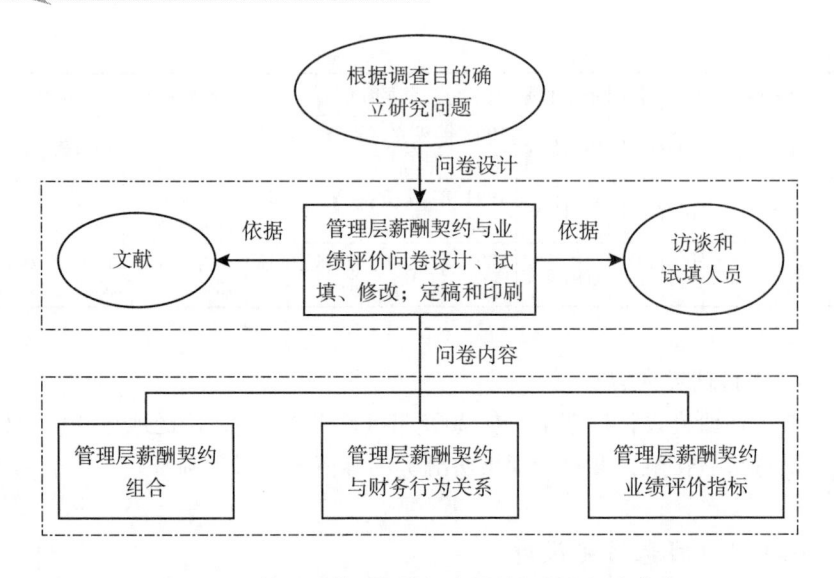

```
                        ┌─────────────┐
                        │ 根据调查目的确│
                        │ 立研究问题   │
                        └──────┬──────┘
                               │ 问卷设计
        ┌──────┐  依据  ┌─────────────┐  依据  ┌──────┐
        │ 文献 │◄──────│管理层薪酬契约与│──────►│访谈和│
        │      │       │业绩评价问卷设计、│      │试填人员│
        └──────┘       │试填、修改；定稿│      └──────┘
                       │和印刷        │
                       └──────┬──────┘
                              │ 问卷内容
         ┌────────────┬───────┴────────┬────────────┐
         │管理层薪酬契约│管理层薪酬契约   │管理层薪酬契约│
         │组合        │与财务行为关系   │业绩评价指标 │
         └────────────┴────────────────┴────────────┘
```

图 4-1　管理层薪酬契约问卷设计逻辑和问卷内容

估项目有意义，所得的评估结果可信；外在信度分析是指在不同时间对同一批被评估对象实施重复测量时，评估结构是否具有一致性，如果两次评估的结果相关性较强，则说明所得评估结果是可信的。利用 SPSS13.0 进行内在信度分析。按照问卷设计结构将问卷分为三部分，即管理层薪酬契约、管理层薪酬业绩评价指标以及管理层薪酬契约与公司财务行为选择等，分别考核三部分的信度。

表 4-2　　　　　　　　　　问卷信度测量

组别	项目总数	Cronbach's Alpha 信度系数[①]
管理层薪酬契约组合	22	0.853
管理层薪酬业绩评价指标	17	0.903
管理层薪酬契约与财务行为关系	10	0.781

[①]Cronbach's Alpha 信度系数，即克朗巴哈 Alpha 系数，主要用于测度量表内部一致性，其数学定义为：$\alpha = \frac{k\bar{r}}{1+(k-1)\bar{r}}$。经验上，如果系数大于 0.9，则认为量表的内在信度很高，大于 0.8 小于 0.9，则认为内在信度可以接受，大于 0.7 小于 0.8，量表具有一定参考价值。
资料来源：笔者根据 SPSS 输出结果整理。

统计结果显示，问卷各部分信度测量的克朗巴哈 Alpha 系数信度值较高，克朗巴哈 Alpha 系数高于 0.7，可以说明多测项变量有较好的内在一致性信度，特别是薪酬契约和薪酬业绩评价指标两个一阶因子，说明问卷设计较合理，能够较好地反映所研究的问题。

3. 问卷发放及样本特征

问卷的发放选择某省的企业，包括国有和民营的大型企业作为发放对象，通过 E-mail、邮局寄发、集中发放填答等方式，共发放问卷 280 份，回收 112 份，有效问卷 109 份，问卷回收率为 40%。

其中有 73 份问卷填写了企业类型，省属国有企业或者国有参股企业比重最大（34 份），占到了 47.95%，民营企业占 49.31%，其他企业为 2.74%。

参与问卷填答的人员符合我们的研究目的，即由总经理（总裁）、财务副总经理、副总经理以及部分分公司总经理等构成。

4. 分析方法

为了全面反映问卷调查结果，揭示上市公司管理层薪酬契约组合以及业绩评价相关问题，我们对所研究问题分别进行描述性统计分析和深入分析。

（1）描述性统计分析方法。运用描述性统计分析方法，对相关问题的回答情况做了概括分析，以期准确揭示管理层对薪酬契约的关心度和薪酬契约激励度，并揭示管理层薪酬契约以及与财务行为关系的基本概况。

（2）非参数检验。由于问卷中的变量无法采用具体的数量来度量，而是采用定序变量来分析，在调查中从不重要到最重要设定 7 个等级。根据定序变量的特点，我们进行了以下检验：Friedman（弗利德曼）检验和 Wilcoxon（威尔柯克森秩和）符号平均秩检验法。

本章的数据来源于问卷调查，数据分析全部运用统计分析软件 SPSS13.0 实现。

4.2 管理层对薪酬契约关心度分析

在对国资委、部分上市公司高管人员和非上市国有企业总经理以及中层管理人员的访谈中，大多数企业中管理层薪酬契约包括固定的薪酬（现金报酬）、效益薪酬（与公司年度效益挂钩的薪酬部分）或者股权性薪酬（通过分红或者股权形式参与剩余收益分配）。

固定薪酬（基薪）是企业负责人年度基本收入，主要根据企业所承担的责任、经营规模、经营管理难度和行业职工平均工资、本企业职工平均工资等因素综合确定，且不与业绩考核结果挂钩，但是需要每年核定一次。

效益薪酬是通过奖金和其他利润分享的方式，与公司年度业绩挂钩，基于过去一段时期内管理层的工作业绩或突出成就，而额外支付的奖励性报酬。这种短期奖酬是与过去特定时期的工作表现或绩效直接挂钩的，大多具有一次性、短期临时性的激励效应。对高级管理层人员的年度奖金主要是根据公司的年度经营目标及公司的实际经营业绩进行核定的。年薪制就是在一定程度上把经营者的收入与企业绩效紧密联系在一起，在一定程度上提高了经营者的工作积极性，但激励作用有待提高。

股权激励是通过让高级管理层持有公司的股票参与剩余收益分配的一种激励方式，随工作努力程度或工作绩效不同而获得一定比例的剩余价值，是一种带有不确定性的风险收入，如果公司业绩提高，股价上升，管理层自身财富和价值与企业长期发展而非目前工作成果紧密联系起来，在一定程度上就可以协调管理层与组织目标的一致性，减少其机会主义行为，提高管理层承担经营风险的意愿，避免企业陷入"单边风险危机"之中。

西方学者的实证研究结果表明：与基本工资和年度奖金等传统薪酬机制相比，股权等长期激励机制的激励效果较好；随着股权等长期激励机制使用规模的扩大，整体薪酬业绩弹性增大，整体薪酬的激励效果增强。目前，美国有50%以上的公司使用长期股权激励计划。

由于管理层的职务消费（在职消费）在量化上的困难性，在考察管理层薪酬契约不同部分对管理层财务行为影响程度时，忽略职务消费部分。

根据问卷设计中的内容，考察管理层对薪酬契约不同部分关心度，和薪酬契约对管理层的激励度。

4.2.1 管理层薪酬契约内部结构调查

管理层[①]长期股权薪酬是不对称信息治理的有效机制之一。该机制通过让管理层持有一定数量的公司股票来使管理层和股东的利益趋于一致，从而解决委托人和代理人之间的利益冲突问题。麦哈兰（Mehran，1995）对1979～1980年间制造业中153家公司的薪酬结构进行了研究，指出薪

---

① 在典型的上市公司中，委托人和代理人之间的关系，体现为股东和管理层（或者说是经理人）之间，本节中提到的代理人在经典委托代理关系评述中，经常出现的是经理人；在涉及我国制度背景和后面章节中的实证检验时，我们用到的概念是管理层，即不仅指经理人，还包括在公司财务政策制定和选择中具有决策权的高层管理人员。

第4章 管理层薪酬契约激励度调查分析

酬的形式、而非其水平更能激励经理人选择有利于公司长期发展的财务行为。前文述及布林迪森（Brindisi）作了1966年、1971年、1981年薪酬计划比例统计，股票期权的比例不断上升，而奖金的比例在不断下降，到20世纪80年代股票期权已经占到报酬计划的40%以上，到1998年占到53%（张先治，2002）。

访谈对象中凡是实行长期股权激励的公司，在回答"管理层薪酬不同契约部分对管理层财务行为影响"的调查问题时，被访谈对象普遍认同长期股权薪酬在薪酬中所占比例影响到管理层财务行为。管理层普遍认同薪酬中长期股权部分的重要作用以及长期性质激励在全部收入中所占比例的重要性，管理层是否参与剩余收益分配影响到其财务行为的选择，如我们的访谈对象之一，在国家试行试点破产时实行了政策性重组，公司从高层到中层都参股企业股份，总比例占相当大的份额，管理层薪酬契约中长期股权部分占到收入总额的90%以上，公司在对资本预算的资本融资来源严格地利用自有资本来源，谨慎地利用负债融资。

访谈对象中管理层没有长期股份的企业，国有企业管理层薪酬严格地控制在职工薪酬的倍数之内，管理层对于公司财务行为与自身利益的相关性方面缺乏认同度。访谈对象中，管理层薪酬契约调查情况如表4-3所示。

表4-3　　　　　　　　管理层薪酬契约内部结构调查表

企业分类[①]	企业性质	管理（高管）层薪酬契约中不同部分所占比重（%）			
^	^	货币性薪酬部分			长期股权薪酬部分
^	^	固定薪酬	福利[②]	效益薪酬[③]	股权性薪酬
有长期股权薪酬类	国有企业 民营企业	10~20	有，不清楚所占比例	无	80~90
仅有货币性薪酬类	国有企业	50	10	30~40	无

①我们对访问对象按照管理层薪酬契约的结构做了分类处理，有长期股权性薪酬（股份）和仅有货币性薪酬类。

②这里所说的福利部分是指公司职工全部享有的货币性和非货币性的收入部分，例如有的公司按照年度给职工统一报销汽油费、书报费和资料费等，不是指管理层的职务消费，不同公司对职务消费的理解不同，实证研究中经常使用管理费用的一定比例作为管理层职务消费替代变量，但是其准确性受到质疑。管理层的职务性消费包括车辆、公务费用等，在我们的访谈对象中有的公司实行了车改，由管理层自己买车，公司实行车补，但是仅限于上下班，其他公务还是用公车，由于职务消费很难具体量化，所以不在我们的研究范围之内。

③利用效益薪酬来表示管理层收入中的一个组成部分，是利用访谈信息总结出来的，在相当一部分公司中管理层没有明确的剩余收益分配权，但是国资委在对公司管理层进行薪酬契约设计时，其中薪酬的组成部分之一的效益性薪酬，按照业绩指标考核，完成业绩指标，在第二年的上半年兑现，如果没有完成，则按照规定扣掉效益性薪酬部分。

4.2.2 对问卷样本的进一步分类

在管理层薪酬契约组合部分，问卷中共设计了2道是否问题，对这些问题进行描述性统计分析。有效109份问卷回答了管理层薪酬契约是否由有关部门制定，其中，有11%的被调查单位没有专门的机构负责制定管理层的薪酬契约，有89%的被调查单位有专门的机构负责制定管理层的薪酬契约。

有109份问卷回答了管理层是否参与企业剩余收益分配，其中，有42%的单位管理层参与企业剩余收益的分配，不参与剩余收益分配的高达58%。

在后面分析中，按照管理层是否拥有剩余收益的分配权，分为样本组1：仅有货币性薪酬样本组；样本组2：管理层薪酬契约包括货币性薪酬与长期股权性薪酬样本组，如图4-2所示。

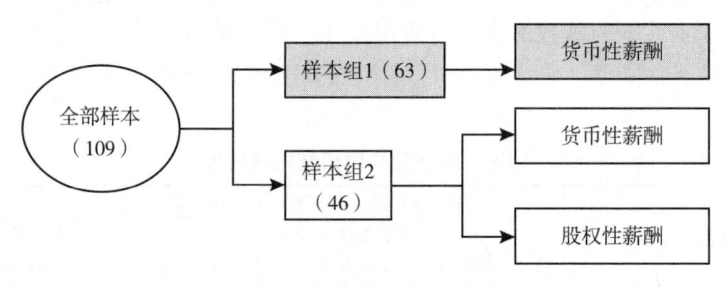

图4-2 样本分组构成

鉴于问卷中其他大部分问题答案赋值分为（1，2，3，4，5，6和7）共7个等级。因此，在描述性统计分析中，主要对问题及选择的结果采用百分比分布的方式进行直观描述，并附以均值和极大值反映样本的平均状态。

在具体的分析中，我们按照图4-2中的分类，对问卷调查的内容考察管理层对薪酬契约的关心度，和薪酬契约激励度否具有差异，以及薪酬契约对公司财务行为的影响。

4.2.3 薪酬契约中仅有货币性薪酬样本组

在全部109个有效样本中回答了管理层薪酬契约组合状况，其中有

63个样本企业管理层薪酬契约仅仅包括货币性薪酬部分，即图4-2中的样本组1；货币性薪酬包括固定薪酬和效益薪酬，如图4-3中所示，其中效益薪酬是按照公司年度效益进行核算和考核。

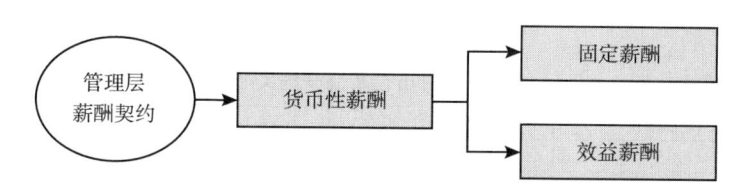

图4-3　管理层货币性薪酬组合

1. 管理层货币性薪酬组合描述性统计分析

当管理层薪酬契约仅包括货币性薪酬时，进一步对管理层货币性薪酬契约进行差异分析，以便发现管理层货币性薪酬契约组成部分之间是否存在着显著的差异。表4-4是管理层货币性薪酬契约的描述性统计分析结果，效益薪酬的均值为5.70，众数为7，频数为27，占样本的百分比是42.90%；而固定薪酬的均值为4.10，众数为4，频数为21，占样本组的百分比是33.90%。

表4-4　　管理层货币性薪酬契约描述性统计

	有效值	均值	中值	众数	频数	标准差	最小值	最大值
效益薪酬	63	5.70	6.00	7.00	27	1.21	2.00	7.00
固定薪酬	62	4.10	4.00	4.00	21	1.33	1.00	7.00

	\multicolumn{7}{c}{重要程度从"不重要"到"重要"，频数（百分比）}
	1	2	3	4	5	6	7
效益薪酬		1(1.6)	2(3.2)	2(3.2)	11(17.5)	20(31.7)	27(42.9)
固定薪酬	3(4.8)	6(9.5)	13(21.0)	21(33.9)	11(17.8)	7(11.3)	1(1.6)

注：提供的描述性统计结果中，按照均值从大到小的顺序排序，下同。
资料来源：根据SPSS结果整理得，下同。

2. 管理层对货币性薪酬契约关心度分析

（1）管理层更加关注效益薪酬。委托代理理论认为管理层薪酬契约不同部分对管理层决策视野影响不同，进而影响到管理层财务行为，那么，管理层必然对薪酬的不同契约部分有不同的态度，样本公司管理层对薪酬契约不同部分关心程度统计如表4-5所示，管理层最关心效益薪酬，均值为6.08，最大值为7，最小值为3，中值为6，众数为7，频数为28，占样本的百分比是 43.50%；而固定薪酬的均值为 4.59，最大值为 7，最小值为 1，中值为 4.5，众数为 4，频数为 21，占样本的百分比是 23.40%。在管理层可得利益中，对效益薪酬的关心度高于对固定薪酬的关心度。

表 4-5　　　　　　　　管理层对货币性薪酬契约关心度

	有效值	均值	中值	众数	频数	标准差	最小值	最大值
效益薪酬	63	6.08	6.00	7.00	28	1.01	3.00	7.00
固定薪酬	63	4.59	4.50	4.00	21	1.25	1.00	7.00
	重要程度从"不重要"到"重要"，频数（百分比）							
	1	2	3	4	5	6	7	
效益薪酬			1(1.6)	3(4.7)	11(17.5)	20(31.7)	28(43.5)	
固定薪酬	2(3.2)	2(3.2)	10(15.9)	21(23.4)	18(28.5)	6(9.6)	4(6.3)	

（2）管理层对货币性薪酬契约关心度差异分析。管理层货币性薪酬契约中按照均值从大排序是效益薪酬和固定薪酬，进一步检验管理层对薪酬契约关心度的差异。对效益薪酬和固定薪酬变量之间的差异采用 Wilcoxon 符号平均秩检验法[①]，进行差异检验，结果如表 4-6 和表 4-7 所示。

管理层对薪酬契约关心度存在明显的顺序差异，Wilcoxon 符号平均秩检验的结果表明在 1% 显著性水平下拒绝无显著性差异的原假设，效益薪酬和固定薪酬对管理层决策视野的影响具有显著性差异，当管理层薪酬契约中仅仅包含货币性薪酬时，根据年度业绩考核的效益薪酬对在管理层财务行为影响显著大于固定薪酬的影响。

表 4-6　　管理层对薪酬契约关心度 Wilcoxon 符号平均秩检验（1）

		样本量	均秩	秩和
固定薪酬-效益薪酬	Negative Ranks[a]	50	28.75	1437.50
	Positive Ranks[b]	4	11.88	47.50
	Ties[c]	9		
	合计	63		

注：a. 固定薪酬小于效益薪酬；b. 固定薪酬大于效益薪酬；c. 固定薪酬等于效益薪酬。

---

① Wilcoxon 符号平均秩检验结果解释：如果概率 P 值 < 给定的显著性水平，则应该拒绝零假设，认为两配对样本来自的两总体的分布有显著差异；如果概率 P 值 > 给定的显著性水平，则不能拒绝零假设，可认为两配对样本来自的两总体的分布无显著差异。

表4-7 管理层对货币性薪酬契约关心度 Wilcoxon 符号平均秩检验（2）

问题		数值
管理层关心度	固定薪酬－效益薪酬	Z 统计量	6.000[a]
		双侧近视概率	0.0000

注：a. 根据正号秩（Based on Positive Ranks）

4.2.4 薪酬契约中包括货币性和长期股权性薪酬样本组

109个有效样本中有46个样本企业管理层薪酬契约包括货币性薪酬和长期股权薪酬，即图4-2中的样本组2；管理层薪酬契约如图4-4所示。

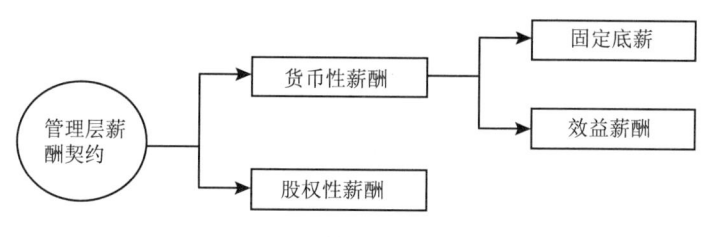

图4-4 管理层薪酬契约

1. 管理层薪酬契约描述性统计分析

当管理层薪酬契约包括货币性薪酬和长期股权性薪酬时，管理层薪酬契约的描述性统计分析结果如表4-8所示，股权薪酬的均值为4.84，众数为7，频数为13，占样本的百分比是29.50%；而效益薪酬的均值为4.44，众数为4，频数为17，占样本组的百分比是37.80%。

表4-8 管理层薪酬契约描述性统计

	有效值	均值	中值	众数	频数	标准差	最小值	最大值
股权薪酬	44	4.84	5.00	7.00	13	1.79	1.00	7.00
货币性薪酬	45	4.44	4.67	4.00	17	1.07	2.00	7.00
	重要程度从"不重要"到"重要"，频数（百分比）							
	1	2	3	4	5	6	7	
股权薪酬	1(2.3)	4(9.1)	5(11.4)	11(25.0)	6(13.6)	4(9.1)	13(29.5)	
货币性薪酬		3(6.6)	9(20.0)	17(37.8)	11(24.4)	5(11.1)		

2. 管理层对货币性薪酬和股权性薪酬契约关心度分析

(1) 管理层更加关注长期股权薪酬。样本公司管理层对薪酬契约不同部分关心程度统计如表4-9所示,当管理层薪酬契约包括货币性薪酬和长期股权性薪酬时,管理层关心长期股权性薪酬的程度远远大于货币性薪酬,股权性薪酬的均值为5.47,最大值为7,最小值为1,中值为6,众数为7,频数为16,占样本的百分比是35.60%;而货币性薪酬的均值为4.97,最大值为7,最小值为2,中值为5,众数为5,频数为23,占样本的百分比是50.0%。在管理层可得利益中,对长期股权薪酬的关心度大于对货币性薪酬的关心度。

表4-9　　　　　　　　管理层对薪酬契约关心度

	有效值	均值	中值	众数	频数	标准差	最小值	最大值
股权薪酬	44	5.47	6.00	7.00	16	1.79	1.00	7.00
货币性薪酬	45	4.97	5.00	5.00	23	1.07	2.00	7.00
	重要程度从"不重要"到"重要",频数(百分比)							
	1	2	3	4	5	6	7	
股权薪酬	2(4.4)	1(2.2)	4(8.9)	4(8.9)	6(13.3)	12(26.1)	16(35.6)	
货币性薪酬		1(2.2)	1(2.2)	15(32.6)	23(50.0)	6(13.3)		

(2) 管理层对货币性薪酬和长期股权薪酬契约关心度差异分析。管理层对不同部分薪酬的关心程度的Wilcoxon符号平均秩检验的结果表明在1%显著性水平下拒绝无显著性差异的原假设,表4-10和表4-11结果表明,在5%显著性水平下,样本中货币性薪酬和长期股权二者之间存在着显著性的差异。

表4-10　管理层对薪酬契约关心度Wilcoxon符号平均秩检验(1)

		样本量	均秩	秩和
股权薪酬-货币性薪酬	Negative Ranks[a]	13	21.88	284.50
	Positive Ranks[b]	30	22.05	661.50
	Ties[c]	2		
	合计	45		

注:a. 股权薪酬小于货币性薪酬;b. 股权薪酬大于货币性薪酬;c. 股权薪酬等于货币性薪酬。

表4-11　管理层对薪酬契约关心度Wilcoxon符号平均秩检验（2）

问题		数值	
管理层关心度	股权薪酬－货币性薪酬	Z统计量	2.282[a]
		双侧近视概率	0.023

注：a. 根据正号秩（Based on Positive Ranks）

4.3 管理层薪酬契约激励度分析

通过4.2节的分析，可以看出，管理层对薪酬契约的不同部分关心度不同，本节按照4.2节中对样本的分类，检验管理层薪酬契约对管理层的激励度是否具有显著的差异。

4.3.1 薪酬契约中仅有货币性薪酬样本组

1. 效益薪酬对管理层激励度高于固定薪酬

当管理层薪酬契约仅包括货币性薪酬时，进一步对管理层货币性薪酬契约激励度进行差异分析，以便发现管理层货币性薪酬契约部分之间是否存在着显著的差异。表4-12是管理层货币性薪酬契约激励度描述性统计分析结果，效益薪酬的均值为5.69，众数为6，频数为24，占样本的百分比是38.10%；而固定薪酬的均值为3.90，众数为4，频数为21，占样本组的百分比是33.30%。

表4-12　　　　管理层货币性薪酬契约激励度描述性分析

	有效值	均值	中值	众数	频数	标准差	最小值	最大值
效益薪酬	63	5.69	6.00	6.00	24	1.21	2.00	7.00
固定薪酬	62	3.90	4.00	4.00	21	1.35	1.00	7.00
	重要程度从"不重要"到"重要"，频数（百分比）							
	1	2	3	4	5	6	7	
效益薪酬		2(3.2)	2(3.2)	4(6.3)	14(22.2)	24(38.1)	17(27.0)	
固定薪酬	3(4.8)	6(9.5)	13(20.6)	21(33.3)	11(17.5)	7(11.1)	1(1.6)	

2. 管理层货币性薪酬契约激励度差异

管理层货币性薪酬契约激励度按照均值从大到小排序是效益薪酬和固定薪酬，进一步检验管理层薪酬契约激励度的差异。按照描述性统计均值排序结果对效益薪酬和固定薪酬变量之间的差异采用Wilcoxon符号平均秩检验法，进行差异检验，结果如表4-13和表4-14所示。

Wilcoxon符号平均秩检验的结果表明在1%显著性水平下拒绝无显著性差异的原假设，效益薪酬和固定薪酬对管理层决策视野的影响具有显著性差异，当管理层薪酬契约中仅仅包含货币性薪酬时，根据年度业绩考核的效益薪酬对在管理层财务行为影响显著大于固定薪酬的影响。

表4-13　管理层薪酬契约激励度Wilcoxon符号平均秩检验（1）

		样本量	均秩	秩和
股权薪酬-货币性薪酬	Negative Ranks[a]	10	14.60	146.00
	Positive Ranks[b]	25	19.36	484.00
	Ties[c]	10		
	合计	45		

注：a. 股权薪酬小于货币性薪酬；b. 股权薪酬大于货币性薪酬；c. 股权薪酬等于货币性薪酬。

表4-14　管理层货币性薪酬契约激励度Wilcoxon符号平均秩检验（2）

问题			数值
管理层认知度	固定薪酬-效益薪酬	Z统计量	6.000[a]
		双侧近视概率	0.0000

注：a. 根据正号秩（Based on Positive Ranks）

4.3.2 薪酬契约中包括货币性和长期股权性薪酬样本组

1. 长期股权激励度高于货币性薪酬

样本公司薪酬契约不同部分激励度统计如表4-15所示。股权薪酬的均值为4.90，众数为7，频数为14，占样本的百分比是30.40%；货币性薪酬的均值为4.16，众数为3，频数为18，占样本组的百分比是39.10%。在管理层薪酬契约中，长期股权性薪酬激励程度高于货币性薪酬。

表4-15　管理层薪酬契约激励度描述性统计

	有效值	均值	中值	众数	频数	标准差	最小值	最大值
股权薪酬	45	4.90	5.00	7.00	14	1.79	1.00	7.00
货币性薪酬	45	4.16	4.00	3.00	18	1.06	2.00	6.00

重要程度从"不重要"到"重要"，频数（百分比）
	1	2	3	4	5	6	7
---	---	---	---	---	---	---	---
股权薪酬	1(2.2)	4(8.7)	5(10.9)	11(23.9)	6(13.0)	4(8.7)	14(30.4)
货币性薪酬		3(6.5)	8(17.4)	18(39.1)	11(23.9)	5(10.9)	

2. 管理层薪酬契约激励度差异分析

管理层薪酬契约不同部分激励程度的 Wilcoxon 符号平均秩检验如表 4-16 和表 4-17 所示，结果表明在 5% 显著性水平下，样本中货币性薪酬和长期股权二者之间存在着显著性的差异。

表 4-16　　管理层对薪酬契约关心度 Wilcoxon 符号平均秩检验（1）

		样本量	均秩	秩和
股权薪酬-货币性薪酬	Negative Ranks[a]	13	21.88	284.50
	Positive Ranks[b]	30	22.05	661.50
	Ties[c]	2		
	合计	45		

注：a. 股权薪酬小于货币性薪酬，b. 股权薪酬大于货币性薪酬，c. 股权薪酬等于货币性薪酬。

表 4-17　　管理层薪酬契约激励度 Wilcoxon 符号平均秩检验（2）

问	题		数值
薪酬激励度	股权薪酬-货币性薪酬	Z 统计量	2.819[a]
		双侧近视概率	0.005

注：a. 根据正号秩（Based on Positive Ranks）

3. 管理层长期股权薪酬对管理层努力工作激励度最大

样本公司长期股权薪酬激励度统计分析如表 4-18 所示。薪酬契约中增加长期股权薪酬对管理层努力工作激励度均值最大，为 5.00，众数为 7，频数为 14，占样本的百分比是 30.40%；企业效益的均值为 4.82，排在第二位，众数为 6，频数为 10，占样本组的百分比是 21.70%；决策科学性的均值为 4.60，排在第三位，众数为 5，频数为 11，占样本组的百分比是 23.90%；员工凝聚力的均值为 4.17，排在最后，众数为 4，频数为 12，占样本组的百分比是 26.10%。管理层长期股权薪酬对管理层工作努力程度的激励度最高。

表 4-18　　管理层长期股权薪酬激励度描述性分析

	有效值	均值	中值	众数	频数	标准差	最小值	最大值
管理层工作努力程度	46	5.00	5.00	7.00	14	1.78	1.00	7.00
企业效益	46	4.82	5.00	6.00	10	1.72	1.00	7.00
决策科学性	46	4.60	5.00	5.00	11	1.47	1.00	7.00

续表

	有效值	均值	中值	众数	频数	标准差	最小值	最大值
员工凝聚力	46	4.17	4.00	4.00	12	1.48	1.00	7.00

	重要程度从"不重要"到"重要",频数(百分比)						
	1	2	3	4	5	6	7
管理层工作努力程度	2(4.3)	1(2.2)	9(19.6)	5(10.9)	9(19.6)	6(13.0)	14(30.4)
企业效益	2(4.3)	3(6.5)	5(10.9)	9(19.6)	8(17.4)	10(21.7)	9(19.6)
决策科学性	1(2.2)	1(2.2)	10(21.7)	9(19.5)	11(23.9)	9(19.6)	5(10.9)
员工凝聚力	1(2.2)	7(15.2)	6(13.0)	12(26.1)	11(23.9)	7(15.2)	2(4.3)

管理层长期股权薪酬激励度的 Friedman 检验①如表 4-19 所示。从表中可以看出:Friedman 检验在1%显著性水平下具有显著性,管理层长期股权薪酬对管理层努力工作激励程度最高,其次依次为企业效益、决策科学性和员工凝聚力。

表 4-19   管理层长期股权薪酬激励度的 Friedman 检验

	问题	秩
管理层长期股权薪酬激励度	管理层工作努力程度	2.96
	企业效益	2.71
	决策科学性	2.45
	员工凝聚力	1.89
	有效值	45
	卡方(Chi-square)	23.89
	概率	0.000

4.4 管理层薪酬契约与财务行为关系调查分析

本节运用管理层薪酬包括货币性薪酬和长期股权性薪酬的样本组数据,检验管理层薪酬契约中长期股权薪酬对管理层的投资和融资行为的影响。

公司管理层需要做出的关系公司未来发展前途的重大决策,一般可分

---

① Friedman 检验结果解释:如果概率 P 值<给定的显著性水平,则应该拒绝零假设,认为各组样本的秩存在显著差异;如果概率 P 值>给定的显著性水平,则不能拒绝零假设,可认为各组样本的秩不存在显著差异。

为两种决策倾向：一种是保持现状型，这类决策一般属于公司日常的经营决策，不会给经营带来太大风险，可以保证管理层职位和薪酬的稳定，甚至可以得到提拔；另一种是风险创新型，这类决策未来的风险很大，一旦成功，公司未来现金流将大大增加，而一旦失败，公司管理层管理能力等会受到质疑，甚至失去政治上提升的机会。

当管理层薪酬契约中仅仅包含货币性报酬时，管理层进行风险创新型决策失败的间接成本需要管理层承担，而成功后带来的收益却不能够分享，此时，管理层决策的视野毫无疑问地会受到限制。而在管理层薪酬契约中引入股权薪酬激励后，只要风险创新型投资能获得成功，从长期来说，公司和管理层都能从中受益，在一定程度上缓解了代理冲突。当然如果一旦失败，对管理层人力资本价值会是巨大的影响。但如果管理层股权薪酬足够大时，对管理层的诱惑是巨大的，管理层长期股权薪酬决定了管理层决策的视野。

公司的投资决策、融资决策和股利政策被称为现代公司财务三大主要决策，本节研究的问题是管理层薪酬契约中长期股权薪酬是否影响到管理层投资和融资财务行为？

我们在问卷中设计了"在财务行为制定中，管理层拥有的股权所占比重越大，对决策的影响力越大"一题，在46份有效问卷中，回答是的有38人，占的比例为82.6%，可见，管理层在公司未来收益中的分享权影响到管理层的长期决策力。

4.4.1 管理层薪酬契约与投资行为分析

管理层的薪酬契约由货币性薪酬和长期股权性薪酬组成。我们分析管理层薪酬契约中长期股权薪酬对管理层投资和融资财务行为影响。

管理层薪酬契约中长期股权性薪酬对两种投资行为影响的描述性统计分析结果如表4-20所示，接管和并购行为的均值为4.87，中值为5，众数为4，频数为12，占样本的百分比是26.70%；固定资产投资的均值为4.48，中值为5，众数为5，频数为14，占样本组的百分比是31.80%。管理层长期股权薪酬对公司两种主要投资行为的影响按照均值排列差异较小，而从众数来看，被访问者对固定资产投资的认同度高于对于接管和并购行为的认同度。

表4-20　管理层薪酬契约与投资行为关系描述性统计分析

	有效值	均值	中值	众数	频数	标准差	最小值	最大值
接管和并购行为	45	4.87	5.00	4.00	12	1.60	1.00	7.00
增加固定资产投资	44	4.48	5.00	5.00	14	1.69	1.00	7.00
	重要程度从"不重要"到"重要",频数(百分比)							
	1	2	3	4	5	6	7	
接管和并购行为	2(4.4)	3(6.7)	1(2.2)	12(26.7)	9(20.0)	11(24.4)	7(15.6)	
增加固定资产投资	4(9.1)	3(6.8)	4(9.1)	6(13.6)	14(31.8)	10(22.7)	3(6.8)	

4.4.2 管理层薪酬契约与融资行为分析

运用管理层薪酬契约中包括货币性薪酬和长期股权薪酬样本组,对管理层长期股权薪酬对融资行为影响进行分析。

1. 描述性统计分析

描述性统计分析结果表明当管理层薪酬契约中具有长期股权薪酬时,管理层在融资时采用的融资方式按照均值从大到小依次为内部留存利润、负债和股票融资。内部留存利润的均值为4.80,中值为5,众数为4,频数为13,占44个有效样本的百分比是29.50%;负债融资方式的均值为4.29,中值为4,众数为4,频数为14,占45个有效样本的百分比是31.10%;股票融资方式的均值为3.68,中值为4,众数为4,频数为9,占44个有效样本的百分比是20.50%。如表4-21所示。当管理层薪酬包括长期股权薪酬时,其融资顺序偏好是内部现金流,而较少地利用负债和股票融资。

表4-21　管理层薪酬契约与融资财务行为关系描述性统计分析

	有效值	均值	中值	众数	频数	标准差	最小值	最大值
内部留存利润	44	4.80	5.00	4.00	13	1.44	2.00	7.00
负债	45	4.29	4.00	4.00	14	1.47	1.00	7.00
股票融资	44	3.68	4.00	4.00	9	1.83	1.00	7.00
	重要程度从"不重要"到"重要",频数(百分比)							
	1	2	3	4	5	6	7	
内部留存利润	3(6.8)	6(13.6)	8(18.2)	13(29.5)	8(18.2)	6(13.6)	3(6.8)	
负债	2(4.4)	4(8.9)	5(11.1)	14(31.1)	12(26.7)	5(11.1)	3(6.7)	
股票融资	7(15.9)	6(13.6)	7(15.9)	9(20.5)	7(15.9)	5(11.4)	3(6.8)	

2. Friedman 检验和 Wilcoxon 符号平均秩检验

管理层长期股权薪酬对融资行为影响的 Friedman 检验如表4-22所示,Wilcoxon 符号平均秩检验如表4-23和表4-24所示。从表中可以看出:

Friedman 检验在 5% 显著性水平下具有显著性，管理层采取的三种融资方式具有明显的顺序差异。Wilcoxon 符号平均秩检验表明内部留存利润和负债之间在 5% 显著性水平上具有显著差异，负债和股票融资之间在 10% 显著性水平上具有显著差异。当管理层薪酬契约中包含有长期股权性薪酬时，管理层会谨慎地采用负债和股票融资方式，负债融资增加了公司陷于财务困境的可能性，也使得管理层职位和薪酬受到一定程度的威胁，而股权融资稀释了公司的股份，会降低管理层所占公司股权的比例，这与理论分析相一致。

表 4-22　　管理层薪酬契约与融资财务行为关系 Friedman 检验

	问题	秩
融资行为	内部留存利润	2.28
	负债	1.99
	股票融资	1.73
	有效值	44
	卡方（Chi-square）	8.465
	概率	0.015

表 4-23　　管理层薪酬契约与融资财务行为关系 Wilcoxon 符号平均秩检验（1）

		样本量	均秩	秩和
内部留存利润 - 负债	Negative Ranks[a]	10	16.85	168.50
	Positive Ranks[b]	23	17.70	392.50
	Ties[c]	11		
	合计	44		
负债 - 股票融资	Negative Ranks[d]	12	18.10	231.50
	Positive Ranks[e]	24	22.05	434.50
	Ties[f]	8		
	合计	44		

注：a. 内部留存利润小于负债；b. 内部留存利润大于负债；c. 内部留存利润等于负债；d. 负债小于股票融资；e. 负债大于股票融资；f. 负债等于股票融资。

表 4-24　　管理层薪酬契约与融资财务行为关系 Wilcoxon 符号平均秩检验（2）

	问题		数值
融资行为	内部留存利润 - 负债	Z 统计量	2.088[a]
		双侧近视概率	0.037
	负债 - 股票融资	Z 统计量	1.615[a]
		双侧近视概率	0.098

注：a. 根据正号秩（Based on Positive Ranks）

本章小结

本章利用问卷调查资料，从管理层对薪酬契约不同部分的关心度以及管理层薪酬契约激励度角度，运用描述性统计分析、Friedman 检验和 Wilcoxon 符号平均秩检验等方法进行了分析，得出了以下研究结论：

（1）管理层薪酬契约组合是管理层普遍关心的问题，在管理层薪酬契约组合中，存在着有长期期权激励和没有实行长期期权激励的二元结构。调查结果表明具有激励管理层最大化股东财富行为选择的薪酬契约组合是长期股权激励，而没有实行剩余收益分配的公司中，效益薪酬部分替代了长期股权部分，发挥着激励管理层最大化股东财富的作用。

（2）管理层薪酬契约对管理层的激励度具有显著的差异，管理层在利益博弈中，最关心的是长期激励部分，而货币性薪酬部分虽然出于经常性的变动之中，但是不具有激励管理层努力工作的作用。

（3）管理层薪酬契约中包含长期股权激励时，影响到管理层的长期决策力；当管理层薪酬契约包括长期股权薪酬时，其融资顺序偏好是内部现金流，而较少地利用负债和股票融资。

第 5 章

管理层薪酬契约业绩评价指标研究

很多学者（Murphy，Jensen and Murphy，Holthausen and Larcker，李增泉，魏刚，陈志广）运用数据库的数据对管理层薪酬契约评价标准进行了研究，本章根据问卷调查的内容，对于制定管理层薪酬契约依据和标准进行分析，并通过模糊数学的方法将定性因素量化。

5.1 业绩评价指标

5.1.1 描述性统计分析

1. 描述性分析

根据访谈信息，考虑了管理层薪酬契约业绩评价指标的选择现状，设计了在制定管理层薪酬契约，并根据薪酬组合不同部分进行考核时的相关业绩评价指标，描述性统计分析如表 5-1 所示。

从表 5-1 中可以看出，公司利润水平的众数为 7，频数为 44，另外有 31 个被访问者回答为 6，即回答 6 和 7 的总人数是 75 人，占 69.40%。主营业务收入的众数为 7，频数为 29，另外，同样有 29 个被访问者回答为 6，即回答 6 和 7 的总人数是 58 人，占 53.20%。可以看出，公司利润水平和主营业务收入水平是考核管理层薪酬标准制定的主要参考指标。管理层上一年度薪酬水平的众数为6，说明相关部门在制定管理层薪酬时较多地参照了以前年度的薪酬。同时，公司隶属关系、所属行业和所属地区都对管理层薪酬有很大影响。

表 5-1　　　管理层薪酬契约业绩评价指标描述性统计分析

	有效值	均值	中值	众数	频数	标准差	最小值	最大值
公司利润水平	109	5.898	6.00	7.00	44	1.191	3.00	7.00
主营业务收入	109	5.376	6.00	7.00	29	1.445	1.00	7.00
前一年度薪酬水平	107	5.150	5.00	6.00	31	1.302	1.00	7.00
企业所属行业	109	4.991	5.00	6.00	33	1.506	1.00	7.00
企业所属地区	109	4.275	4.00	6.00	24	1.649	1.00	7.00
国有股比重	109	4.193	4.00	6.00	24	1.823	1.00	7.00
企业规模	108	4.157	4.00	4.00	27	1.670	1.00	7.00
企业隶属关系	109	4.018	4.00	6.00	18	1.991	1.00	7.00
董事会规模	106	3.349	3.50	4.00	33	1.525	1.00	7.00

	重要程度从"不重要"到"重要"，频数（百分比）						
	1	2	3	4	5	6	7
公司利润水平			5(4.6)	12(11.1)	16(14.8)	31(28.7)	44(40.7)
主营业务收入	2(1.8)	2(1.8)	7(6.4)	18(16.5)	27(20.2)	29(26.6)	29(26.6)
前一年度薪酬水平	1(0.9)	1(0.9)	11(10.3)	18(16.5)	29(27.1)	31(29)	16(15)
企业所属行业	3(2.8)	6(5.5)	8(7.3)	18(16.5)	26(23.9)	33(31.1)	15(13.8)
企业所属地区	8(7.3)	8(7.3)	19(17.4)	23(21.1)	20(18.3)	24(22)	7(6.7)
国有股比重	15(13.8)	6(5.5)	14(13)	21(19.3)	24(22.6)	19(22)	10(9.2)
企业规模	9(10.3)	11(10.2)	14(13)	27(25)	22(21)	17(15.7)	8(7.4)
企业隶属关系	16(14.7)	14(12.8)	15(13.8)	17(15.6)	15(13.8)	18(16.5)	14(12.8)
董事会规模	18(16.5)	11(10.3)	24(22.6)	33(31.1)	12(11.1)	5(4.7)	3(2.8)

说明：主营业务收入有多元众数，即主营业务收入回答为6的问卷同样有29人。
资料来源：作者根据 SPSS 输出结果整理。

2. 统计分析

管理层薪酬业绩评价指标中，描述性统计分析结果表明按照重要性程度依次排列为：公司利润水平、主营业务收入、前一年度薪酬水平、企业所属行业、企业所属地区、国有股比重、企业规模、企业隶属关系。管理层薪酬契约业绩评价指标的 Friedman 检验和 Wilcoxon 符号平均秩检验如

表5-2和表5-3所示。

(1) 从表5-2中可以看出，Friedman检验中总体样本前6个指标，即公司利润水平、主营业务收入、前一年度薪酬水平、企业所属行业、企业所属地区、国有股比重的顺序与描述性统计结果的顺序相同。样本1中企业隶属关系的秩明显高于企业所属地区，问卷设计中对于管理层业绩评价指标的设计之所以考虑这一指标，原因是我们在访谈中了解到不同隶属关系对管理层薪酬契约业绩评价的影响很大，例如，企业属于中央企业（国务院国资委）、省属企业（省国资委）还是市属企业（市国资委），直接影响到管理层的固定薪酬和长期性的激励①。根据现有的文献，实证研究中还没有考虑这一因素对管理层薪酬的影响，因此，在实证研究中可以把企业隶属关系作为管理层薪酬业绩评价指标之一。

样本2中国有股比重的影响程度要高于企业所在地区，根据我们的访谈，大部分国有控股企业中，管理层都没有期权性质的长期激励，在这些公司中，国有股的控制仍然是管理层薪酬契约的重要因素；另外，特别在中央企业中，严格地执行管理层薪酬与职工工资挂钩的做法。

值得重视的是，和实证研究文献中认为管理层薪酬与公司规模显著相关的结论不同，根据问卷结果，公司规模对管理层薪酬影响的重要性远远地排在其他因素之后，或者说根据问卷结果公司规模不是评价管理层薪酬契约的重要依据。可能的解释是问卷调查的样本选取问题，我们的样本中很大一部分属于省属国资委管辖的上市公司，而国资委对所有上市公司管理层的薪酬契约实行统一的管制，访谈中我们也发现一些规模非常大的上市公司管理层的薪酬和规模较小的管理层的薪酬没有差异，都是按照国有企业负责人的待遇。

(2) 从表5-3中可以看出，Wilcoxon符号平均秩检验结果表明，管理层薪酬契约业绩评价指标除了公司利润水平和主营业务收入、公司规模和董事会规模之间，拒绝无显著性差异的原假设，具有显著差异以外，其他的评价指标之间没有显著性差异。

---

① 我们在深度访谈中了解到，某一上市公司2005年按照主营业务收入排名在全国第8位，而另外一家公司排名在第20位，前者隶属于省国资委管辖的省属上市公司，而后者隶属于市属管辖的公司，其主要负责人的年度收入后者是前者的6倍。另外，据我们对某国务院国资委管辖的央企的了解，该公司高管层年度收入严格地按照职工工资倍数来执行。这也是我们在问卷中设计这一因素的原因。

表5-2　　管理层薪酬契约业绩评价指标的 Friedman 检验

问题		总体	按照是否参与剩余收益分配	
			是（样本1）	否（样本2）
管理层薪酬契约业绩评价指标	公司利润水平	7.27	7.30	7.26
	主营业务收入	6.43	6.75	6.19
	前一年度薪酬水平	5.81	6.02	5.65
	企业所属行业	5.58	5.60	5.56
	企业所属地区	4.36	4.19	4.48
	国有股比重	4.36	3.66	4.88
	企业隶属关系	4.30	4.34	4.28
	企业规模	3.95	3.97	3.93
	董事会规模	2.95	3.17	2.78
	有效值	104	44	60
	卡方（Chi-square）	81.926	116.960	130.467
	概率	0.000	0.000	0.000

表5-3　　管理层薪酬契约业绩评价指标的 Wilcoxon 符号平均秩检验

问题			总体	按照是否参与剩余收益分配	
				是（样本1）	否（样本2）
管理层薪酬契约业绩评价指标	公司利润水平-主营业务收入	Z统计量	4.288	2.283	3.583
		概率	0.000	0.022	0.000
	主营业务收入-前一年度薪酬水平	Z统计量	1.236	0.941	0.820
		概率	0.217	0.347	0.412
	前一年度薪酬水平-企业所属行业	Z统计量	0.992	0.729	0.712
		概率	0.321	0.466	0.476
	企业所属行业-企业所属地区	Z统计量	4.919	3.517	3.475
		概率	0.000	0.000	0.001
	企业所属地区-国有股比重	Z统计量	0.365	1.634	0.723
		概率	0.715	0.102	0.470
	国有股比重-企业隶属关系	Z统计量	0.505	1.402	1.881
		概率	0.614	0.161	0.060
	企业隶属关系-企业规模	Z统计量	0.302	0.008	1.881
		概率	0.763	0.994	0.060
	企业规模-董事会规模	Z统计量	3.710	2.182	1.881
		概率	0.000	0.029	0.060

资料来源：作者根据 SPSS 输出结果整理。

5.1.2　评价指标体系

在管理层薪酬契约业绩评价指标构成中，样本公司有 95.3% 的企业采取主观和客观相结合的薪酬契约业绩评价指标，这与文献的研究即有效的薪酬契约应该采取主观和客观相结合的评价指标相一致（Baker，Gibbons and Murphy，1994），与访谈所得到的信息相符合。顺着这一思路，我们设计了主观性和客观性评价指标，并希望通过问卷调查结果来进一步地厘清各项指标在管理层薪酬契约业绩评价中的地位和其重要程度。

1. 主观性评议指标

主观性指标指评议指标或称定性指标，是对上市公司管理层业绩考核的重要组合部分，通常对于管理层收益中可变部分，如效益薪酬，通过评价部门的评价后，再确定是否实际支付给管理层。目的之一是发挥内部监督的作用，之二是督促管理层勤勉尽责。

在问卷中，设计了以下几个有关主观性指标：（1）考评机构或上级主管部门的评价和态度；（2）民意测评结果；（3）管理层团结程度；（4）管理层与下属合作的程度；（5）其他。

表 5-4　　　　　　　　　主观性评议指标

	有效值	均值	中值	众数	频数	标准差	最小值	最大值
考评机构评价和态度	107	5.495	6.00	6.00	34	1.390	1.00	7.00
管理层团结程度	106	4.868	5.00	4.00	27	1.455	1.00	7.00
管理层与下属合作度	106	4.679	5.00	5.00	26	1.546	1.00	7.00
民意测评	106	4.321	4.00	4.00	27	1.522	3.00	7.00
其他	22	3.273	3.5	4.00	6	1.609	1.00	6.00
	重要程度从"不重要"到"重要"，频数（百分比）							
	1	2	3	4	5	6	7	
考评机构评价和态度	2(1.9)	1(0.9)	6(5.6)	16(15)	19(17.8)	34(31.8)	29(27.1)	
管理层团结程度	2(1.9)	6(5.7)	7(6.6)	27(25.5)	26(24.5)	23(21.7)	15(14.2)	
管理层与下属合作度	3(2.8)	7(6.6)	14(13.2)	21(19.8)	26(24.5)	22(20.8)	13(12.3)	
民意测评	6(5.7)	8(7.5)	14(13.2)	27(25.5)	25(23.6)	21(19.8)	5(4.7)	
其他	4(18.2)	4(18.2)	3(13.6)	6(27.3)	3(13.6)	2(9.1)		

从表 5-4 可以看出，考评机构或上级主管部门的评价和态度非常重要，众数为 6，频数为 34，另外有 29 个被访问者回答为 7，即回答 6 和 7 的总人数是 63 人，占 58.90%。其次是管理层团结的程度和管理层与下

属的合作程度，在访谈中我们发现，考评机构在对管理层可变部分薪酬进行考核并决定是否发放以及发放的比例时，非常重视整个管理层的团结程度以及与下属的沟通程度，说明一个好的集体在公司整个经营中的重要性。

在问卷中，我们还设计了"其他"一项内容，并要求回答者在答卷时注明，通过分析，有22个被访问者回答了该问题，集中在以下方面：工作方法、工作态度、公司员工的满意度、团队建设、集团各公司的横向比较等。从回答情况看，更注重于管理层的行为方式和行为特征及其后果等方面，也显示出管理层薪酬契约会影响到管理层的行为选择。

对上市公司管理层业绩评价中加入主观性评价指标的目的是弥补单纯定量指标的不完美性，同时也符合现实的实践。对主观性评价指标的定量化可以采用模糊数学中的多因素评价法，对管理层工作过程中的若干主观因素（如本调查中所考虑的因素）进行量化。若设评价上市公司管理层的主观业绩的指标为 T，U 为主观业绩指标的因素集，V 为评价集，R 为评价对象的单因素评价矩阵，则：

$$U = (U_1, U_2, U_3, U_4, U_5)$$

其中：U_1——考评机构或上级主管部门的评价和态度；

U_2——民意测评结果；

U_3——管理层团结程度；

U_4——管理层与下属合作的程度；

U_5——其他。

主观业绩评价集 U 中的各个因素应给予不同的权数，即：设 A 为因素 U 的权分配子集，则：

$$A = (a_1, a_2, a_3, a_4, a_5)$$

有：$\sum_{i=1}^{5} a_i = 1$，$a_i \geq 0$，$i = 1, 2, 3, 4, 5$

a 的具体取值应根据情况而定，必须指出，权数分配是评价中的关键，应尽可能地符合实际。

评价集 $V = (V_1, V_2, V_3, V_4, V_5)$

其中：V_1——最好；

V_2——良好；

V_3——较好；

V_4——一般；

V_5——较差。

考评机构对于管理层的主观业绩评价形式可以通过发放印有评价指标与评价等级的表格给评价人员，回收表格并整理，得出结果。例如：对"上级主管部门的评价和态度"进行评价时，评价人员中有30%的人认为"非常好"；40%的人认为"很好"；10%的人认为"较好"；10%的人认为"一般"；10%的人认为"较差"，则这个因素的评价向量为：

$$(0.3, 0.4, 0.1, 0.1, 0.1, 0.1);$$

用这种方法，可以得出"民意测评结果"、"管理层团结程度"、"管理层与下属合作的程度"、"其他"等另外4个因素的评价向量，从而得出模糊评价矩阵。

设 R 为评价对象的单因素矩阵，则：

$$R = (r_{ij})_{5 \times 5}$$

其中：$i = 1, 2, 3, 4, 5$；$j = 1, 2, 3, 4, 5$；r_{ij} 表示对第 i 个因素作第 j 种评价的评价结果。

则：

$$R = \begin{bmatrix} r_{11} & r_{12} & r_{13} & r_{14} & r_{15} \\ r_{21} & r_{22} & r_{23} & r_{24} & r_{25} \\ r_{31} & r_{32} & r_{33} & r_{34} & r_{35} \\ r_{41} & r_{42} & r_{43} & r_{44} & r_{45} \\ r_{51} & r_{52} & r_{53} & r_{54} & r_{55} \end{bmatrix}$$

综合评价模型为：

$$B = A \times R = (a_1, a_2, a_3, a_4, a_5) \begin{bmatrix} r_{11} & r_{12} & r_{13} & r_{14} & r_{15} \\ r_{21} & r_{22} & r_{23} & r_{24} & r_{25} \\ r_{31} & r_{32} & r_{33} & r_{34} & r_{35} \\ r_{41} & r_{42} & r_{43} & r_{44} & r_{45} \\ r_{51} & r_{52} & r_{53} & r_{54} & r_{55} \end{bmatrix}$$

$$= (b_1, b_2, b_3, b_4, b_5)$$

得：$T = \dfrac{b_1 + b_2}{\sum\limits_{i=1}^{5} b_i} \times 100\%$

2. 定量考核指标

定量考核指标分别选择财务指标和非财务指标，问卷中设计了财务指标和非财务指标,其中财务指标包括:(1)企业利润总额;(2)总资产收益率(净利润/总资产);(3)净资产收益率(净利润/净资产);(4)主营业务收入增长率;(5)国有资产保值增值率。非财务指标包括:(1)产品的市场占有率;(2)新产品开发(研发投入的比重);(3)顾客满意程度;(8)产品合格率;(9)就业指标(安排职工人数);(10)其他等。

在管理层薪酬契约业绩评价财务指标中,企业利润总额的众数为7,频数为47,另外有25个被访问者回答为6,即回答6和7的总人数是72人,占67.30%。主营业务收入增长率,众数为6,频数为36,另外有35个被访问者回答为7,即回答6和7的总人数是71人,占67.00%。净资产收益率的众数为6,频数为28,另外有18个被访问者回答为7,即回答6和7的总人数是46人,占43.40%。财务指标在管理层薪酬契约中的重要性程度依次为企业利润总额、主营业务收入增长率和净资产收益率。

表 5–5　　　　　　　　　　　　　财务指标

	有效值	均值	中值	众数	频数	标准差	最小值	最大值
企业利润总额	107	5.935	7.00	7.00	47	1.192	2.00	7.00
主营业务收入增长率	106	5.755	6.00	6.00	36	1.248	2.00	7.00
净资产收益率	106	5.076	6.00	6.00	28	1.392	2.00	7.00
总资产收益率	106	4.972	5.00	5.00	29	1.355	1.00	7.00
国有资产保值增值率	103	4.457	5.00	5.00	26	1.696	1.00	6.00
股价	106	2.764	3.00	3.00	36	1.100	1.00	4.00

	重要程度从"不重要"到"重要",频数(百分比)						
	1	2	3	4	5	6	7
企业利润总额		1(0.9)	3(2.8)	10(9.3)	21(19.6)	25(23.4)	47(43.9)
主营业务收入增长率		2(1.9)	5(4.7)	10(9.4)	18(17)	36(34)	35(33)
净资产收益率		5(4.9)	9(8.5)	23(21.7)	23(21.7)	28(26.4)	18(17)
总资产收益率	1(0.9)	4(3.8)	7(6.6)	27(25.5)	29(27.4)	22(20.8)	16(15.1)
国有资产保值增值率	7(6.8)	8(7.8)	13(12.6)	20(19.4)	26(25.2)	16(15.5)	13(12.6)
股价	21(19.8)	16(15)	36(34.0)	33(31.2)			

资料来源:作者根据 SPSS 输出结果整理。

在管理层薪酬契约业绩评价非财务指标中,产品合格率的众数为6,频数为27,另外有19个被访问者回答为6,即回答6和7的总人数是46人,占43.40%。顾客满意度的众数为6,频数为26,另外有18个被访问者回答为7,即回答6和7的总人数是44人,占41.50%。产品合格率的众数为6,频数为27,另外有19个被访问者回答为7,即回答6和7的总人数是46人,占43.40%。非财务指标在管理层薪酬契约业绩评价中的重要性程度依次为产品合格率、顾客满意度和新产品开发。

表5-6　　　　　　　　　　非财务指标

	有效值	均值	中值	众数	频数	标准差	最小值	最大值
产品合格率	106	4.953	5.00	6.00	27	1.552	1.00	7.00
顾客满意度	106	4.925	5.00	6.00	26	1.572	1.00	7.00
新产品开发	106	4.359	4.00	4.00	22	1.651	1.00	7.00
产品市场占有率	106	4.094	5.00	7.00	27	1.559	1.00	7.00
就业指标	106	3.057	3.00	3.00	25	1.485	1.00	7.00
其他	27	2.778	3.00	1.00	6	1.577	1.00	7.00
	重要程度从"不重要"到"重要",频数(百分比)								
	1	2	3	4	5	6	7
产品合格率	3(2.8)	3(2.8)	13(12.3)	23(21.7)	18(17)	27(25.5)	19(17.9)
顾客满意度	3(2.8)	6(5.7)	10(9.4)	20(18.9)	23(21.7)	26(24.5)	18(17)
新产品开发	4(3.8)	12(11.3)	18(17)	22(20.8)	19(17.9)	20(18.9)	11(10.4)
产品市场占有率	1(0.9)	6(5.7)	9(8.5)	23(21.7)	21(19.8)	19(17.9)	27(25.5)
就业指标	21(19.8)	18(17)	25(23.6)	25(23.6)	11(10.4)	5(4.7)	1(0.9)
其他	8(29.6)	4(14.8)	6(22.2)	6(22.2)	2(7.4)		1(3.7)

说明:就业指标有多元众数,即就业指标回答为4的问卷同样有25人。
资料来源:作者根据SPSS输出结果整理。

3. 综合评价

为了考察管理层薪酬契约业绩评价指标选择的有效性,我们设计了薪酬契约业绩评价指标是否有利于企业的长期发展,有86.10%的被访问者选择是,说明企业考核管理层薪酬契约业绩评价指标发挥了较好的作用。二项分布检验如表5-7所示。

表5-7　　　　　　二项分布检验(Binomial Test)

		分类	统计量	观测概率	检验概率	概率(双尾)
业绩评价指标的设计是否有利于企业长期发展	组1	是	93	0.86	0.50	0.000[a]
	组2	否	15	0.14		
	合计		108	1.00		

注:a. 根据Z统计量的近似值(Based on Z Approximation)。

业绩评价期限的选择,认为期限设定在1~2年和2~3年的各占

34.3%，总共占68.6%。17.63%选择3～4年，业绩评价期限在1年以上4年以下的问卷总共占86.23%。

业绩评价指标是否会导致管理层行为的偏差，更多地关注于个人的薪酬呢？我们试图通过管理层薪酬契约评价指标对有关情况的反映程度一项内容来进行调查，共设计了以下内容：（1）反映管理层不可控因素的程度；（2）反映企业总体业绩的程度；（3）导致管理层集中于短期目标的程度；（4）导致管理层为确保薪酬而操纵业绩程度；（5）反映公司战略执行情况；（6）对定量指标真实程度的反映情况等。其中：导致管理层集中于短期目标的程度的众数为6，频数为31，另外有17个被访问者回答为7，即回答6和7的总人数是48人，占44.90%。反映企业总体业绩程度的众数为5，频数为32，另外有31人回答为6，15人回答为7，总和为78人，占73.60%。导致管理层利润操纵程度的众数为6，频数为35，另外有17个被访问者回答为7，即回答6和7的总人数是52人，占49.00%。可以看出，由于管理层报酬契约的实现需要通过最后的考核，因此，管理层有为了达到业绩门槛而关注短期目标和利润操纵的情形。其他项目的结果如表5-8所示。

表5-8　　业绩评价指标对相关情况反映程度分析

	有效值	均值	中值	众数	频数	标准差	最小值	最大值
导致管理层集中于短期目标的程度	107	5.206	5.00	6.00	31	1.242	2.00	7.00
反映企业总体业绩程度	106	5.198	5.00	5.00	32	1.214	2.00	7.00
导致管理层利润操纵程度	106	5.160	5.00	6.00	35	1.429	1.00	7.00
对定量指标真实程度的反映情况	92	4.794	5.00	5.00	28	1.464	1.00	7.00
反映公司战略执行情况	107	4.692	5.00	5.00	35	1.328	1.00	7.00
反映管理层不可控因素	107	4.009	4.00	4.00	38	1.356	1.00	7.00
	重要程度从"不重要"到"重要"，频数（百分比）							
	1	2	3	4	5	6	7	
导致管理层集中于短期目标的程度		2(1.9)	7(6.5)	23(21.5)	27(25.2)	31(29)	17(15.9)	
反映企业总体业绩程度		2(1.9)	8(7.5)	18(17)	32(30.2)	31(29.2)	15(14.2)	
导致管理层利润操纵程度	3(2.8)	2(1.9)	7(6.6)	20(18.9)	22(20.8)	35(33)	17(16)	

续表

	重要程度从"不重要"到"重要",频数（百分比）						
	1	2	3	4	5	6	7
对定量指标真实程度的反映情况	3(3.3)	3(3.3)	9(9.8)	21(22.8)	28(30.4)	15(16.3)	13(14.1)
反映公司战略执行情况	2(1.9)	4(3.7)	13(3.7)	24(12.1)	35(32.7)	21(19.6)	8(7.5)
反映管理层不可控因素	7(6.5)	4(3.7)	22(20.6)	38(35.5)	25(23.4)	6(5.6)	5(4.7)

考评机构对于各项业绩评价指标的效果评价，我们在问卷中设计了三个题目进行调查，其结果如表5-9所示。可以看出，定量指标和评议指标的众数均为4，但是总体上还是比较集中在较高的程度上，即集中在重要程度为4以上。

表5-9　　　　　　　业绩评价指标有效性分析

	有效值	均值	中值	众数	频数	标准差	最小值	最大值
考评机构定量指标有效度	106	4.774	5.00	4.00	38	1.396	1.00	7.00
定量与主观考评所赋权重合理程度	104	4.615	5.00	5.00	31	1.302	2.00	7.00
考评机构主观评价有效度	105	4.429	4.00	4.00	32	1.322	2.00	7.00

	重要程度从"不重要"到"重要",频数（百分比）						
	1	2	3	4	5	6	7
考评机构定量指标有效度	2(1.9)	5(4.7)	8(7.5)	30(28.3)	29(27.4)	19(17.9)	13(12.3)
定量与主观考评所赋权重合理程度	2(1.9)	5(4.8)	9(8.7)	31(29.8)	32(30.8)	18(17.3)	7(6.7)
考评机构主观评价有效度	1(1)	9(8.6)	12(11.4)	33(31.4)	27(25.7)	18(17.1)	5(4.8)

除了上述指标以外，问卷中还设计了主观题，即"您认为应该采取什么样的方法评价管理层"，有37个被访问者回答了该问题，通过分类，按照出现的频率和重要程度依次为：公司可持续增长和发展潜力；下属的满意度与员工培训；管理层的团结以及能力；公司项目投资的成效；企业内部管理水平；同行业地位和竞争力等。

5.1.3 管理层薪酬契约业绩评价指标差异分析

1. 主观评议指标

管理层薪酬契约中除了固定底薪和福利之外,效益部分和长期期权性质的激励都需要根据企业的业绩情况进行考核后实施,业绩评价主观评议指标的 Friedman 检验和 Wilcoxon 符号平均秩检验如表 5-10 和表 5-11 所示。

(1) 从表 5-10 中可以看出,Friedman 检验总体样本和分样本与描述性统计检验的结果相同,主观性评议指标的重要性排序为考评机构评价和态度、管理层团结程度、管理层与下属合作度和民意测评。

(2) 从表 5-11 中可以看出,Wilcoxon 符号平均秩检验结果表明,总体样本相邻两因素之间代表的样本都具有显著性差异。

表 5-10　　　　主观评议指标的 Friedman 检验

	问题	总体	按照是否参与剩余收益分配	
			是（样本1）	否（样本2）
主观评议指标	考评机构评价和态度	3.01	3.09	2.95
	管理层团结程度	2.64	2.77	2.55
	管理层与下属合作度	2.38	2.30	2.44
	民意测评	1.97	1.84	2.06
	有效值	106	44	62
	卡方（Chi-square）	49.144	29.948	21.068
	概率	0.000	0.000	0.000

表 5-11　　　　主观评议指标的 Wilcoxon 符号平均秩检验

	问题		总体	按照是否参与剩余收益分配	
				是（样本1）	否（样本2）
主观评议指标	考评机构评价和态度-管理层团结程度	Z统计量	3.501	2.166	1.881
		概率	0.000	0.030	0.060
	管理层团结程度-管理层与下属合作度	Z统计量	1.882	2.486	0.351
		概率	0.000	0.013	0.725
	管理层与下属合作度-民意测评	Z统计量	2.602	1.615	2.063
		概率	0.000	0.106	0.039

资料来源:作者根据 SPSS 输出结果整理。

2. 客观评价指标

管理层薪酬契约业绩评价客观评议指标的 Friedman 检验和 Wilcoxon

符号平均秩检验如表 5-12 和表 5-13 所示。

（1）从表 5-12 Friedman 检验中可以看出，财务指标中股价不是管理层薪酬标准的一个重要因素。财务指标按照重要性排序依次为：企业利润总额、主营业务收入增长率、净资产收益率、总资产收益率、国有资产保值增值率和股价。这一排序结果给我们的启示是：在我国目前实证研究中，较少采用利润总额作为公司业绩的替代变量，而更多的是采用净资产收益率作为衡量公司业绩的指标。国外的文献中对公司账面业绩指标的选择通常也是净资产收益率。周嘉南、黄登仕（2006）采用净利润作为衡量公司业绩指标时得出了高管层报酬与公司业绩显著正相关的结论，而同时选择净资产收益率作为衡量公司业绩指标时，管理层报酬与公司业绩之间却不存在显著正相关关系。这与我们问卷调查的结论相同。

（2）从表 5-13 Wilcoxon 符号平均秩检验中可以看出，公司利润水平和主营业务收入增长率的两个样本之间，不能拒绝无显著性差异的原假设，因此，并不存在着显著性差异。在实证研究中通常采用公司利润水平作为公司业绩的替代变量，采用主营业务收入增长率作为公司成长性的指标。在访谈中我们了解到，管理层对于主营业务收入增长率的理解要远远地强势于其他公司经营业绩的替代指标，原因是：公司的主营业务收入反映了公司经营活动业务创造现金流的能力，公司很多考核指标是以主营业务收入增长率来进行衡量的，而且这一指标更恰当地反映了公司产品在市场上的价格和销量之间的线性关系，而公司在进行行业之间对比时，也往往按照主营业务收入来进行行业排序[①]。净资产收益率和总资产收益率指标代表的样本，不能拒绝无显著性差异的原假设，没有显著性差异。

（3）表 5-12 Friedman 检验中客观非财务指标按照重要性排序依次为：产品市场占有率、产品合格率、顾客满意度、新产品开发、就业指标和其他。表 5-13 Wilcoxon 符号平均秩检验中客观非财务指标产品市场占有率和产品合格率、产品合格率和顾客满意度代表的样本之间没有显著性差异。

[①] 例如：在我们进行深度访谈的一个大型企业中，该企业在全国同行业中主营业务收入排名第 6 位，公司从上层到中层直至基层，都是按照其对主营业务收入的贡献率来进行业绩考核和激励。另外据我们的了解，"中国行业研究网"每年都会对很多行业进行深度研究，出版有相关行业的年度市场深度调研报告，报告中对该行业的销售情况、销售费用成本状况以及行业排名前 10 位的企业的主要财务指标包括营运能力、偿债能力、获利能力和发展能力等进行分析。因此，主营业务收入增长率指标更加直接。

表 5－12　　　　　　　　客观指标的 Friedman 检验

问题		总体	按照是否参与剩余收益分配	
			是（样本1）	否（样本2）
客观财务指标	企业利润总额	4.75	4.76	4.75
	主营业务收入增长率	4.57	4.50	4.62
	净资产收益率	3.70	3.62	3.75
	总资产收益率	3.47	3.54	3.43
	国有资产保值增值率	3.02	3.06	2.99
	股价	1.49	1.52	1.46
	有效值	102	41	61
	卡方（Chi-square）	244.275	90.543	154.576
	概率	0.000	0.000	0.000
客观非财务指标	产品市场占有率	3.74	3.70	3.77
	产品合格率	3.47	3.41	3.52
	顾客满意度	3.41	3.39	3.42
	新产品开发	2.78	2.89	2.71
	就业指标	1.60	1.61	1.59
	有效值	106	44	62
	卡方（Chi-square）	158.243	59.193	100.096
	概率	0.000	0.000	0.000

表 5－13　　　　　客观指标的 Wilcoxon 符号平均秩检验

问题			总体	按照是否参与剩余收益分配	
				是（样本1）	否（样本2）
客观财务指标	企业利润总额－主营业务收入增长率	Z 统计量	1.438	1.470	0.607
		概率	0.150	0.142	0.544
	主营业务收入增长率－净资产收益率	Z 统计量	4.484	2.698	3.621
		概率	0.000	0.007	0.000
	净资产收益率－总资产收益率	Z 统计量	1.580	0.546	1.767
		概率	0.114	0.585	0.077
	总资产收益率－国有资产保值增值率	Z 统计量	2.832	1.730	2.239
		概率	0.005	0.084	0.025
	国有资产保值增值率－股价	Z 统计量	6.843	3.863	5.681
		概率	0.000	0.000	0.000

续表

问题		总体		按照是否参与剩余收益分配	
				是（样本1）	否（样本2）
客观非财务指标	产品市场占有率-产品合格率	Z统计量	1.491	1.017	1.081
		概率	0.136	0.309	0.280
	产品合格率-顾客满意度	Z统计量	0.032	0.077	0.078
		概率	0.974	0.938	0.937
	顾客满意度-新产品开发	Z统计量	3.835	1.869	3.351
		概率	0.000	0.062	0.001
	新产品开发-就业指标	Z统计量	6.396	4.181	4.846
		概率	0.000	0.000	0.000

资料来源：作者根据 SPSS 输出结果整理。

5.2 业绩评价指标的主成分分析

在前面分析的基础上，进一步对管理层薪酬契约业绩评价指标体系进行统计分析，统计分析的数据来源是问卷调查的数据。在问卷调查中设计了主观评议和客观测量两大类指标，其中客观测量指标包括财务指标和非财务指标，共16个变量。对于这些指标运用主成分分析方法进行进一步的分析，在分析中，删掉主观评议指标和非财务指标中的"其他"一项，还剩余14个变量。进行主成分分析的目的在于将上述14个变量进行降维，界定薪酬契约标准选择的主要考虑方面，以便能够对实际有指导作用。

主成分分析是多元分析方法的一种，适用于多指标综合评价，具有客观评价的优点。它通过降维的方法处理多变量，多指标之间的复杂的相互关系，以获得对原始信息更简单明了的认识。利用较少的几个变量来代替原来较多的变量，而这些较少的变量又能尽可能多地反映原来变量的原始信息。主成分分析能够较好地清除变量之间相关对评价结果的影响，从而减少评价指标维数，更容易地做出符合实际的解释。

5.2.1 考察变量是否适合进行主成分分析

在运用主成分分析之前，我们先对变量进行检验，以便确认是否适合使用主成分分析方法。变量相关系数矩阵如表5-14所示。从表5-14中可以看出，变量之间的相关系数较大，可以进行主成分分析。

表 5-14　各个变量的相关系数矩阵

	利润总额	ROA	ROE	主营业务收入增长率	国有资产保值增值率	产品市场占有率	新产品开发	顾客满意度	产品合格率	就业指标	上级部门评价和态度	民意测评	管理层团结程度	管理层与下属合作程度
(1) 利润总额	1.000													
(2) ROA	0.492	1.000												
(3) ROE	0.397	0.743	1.000											
(4) 主营业务收入增长率	0.472	0.436	0.390	1.000										
(5) 国有资产保值增值率	0.209	0.298	0.429	0.198	1.000									
(6) 产品市场占有率	0.284	0.187	0.395	0.367	0.232	1.000								
(7) 新产品开发	0.290	0.220	0.265	0.268	0.311	0.705	1.000							
(8) 顾客满意度	0.358	0.294	0.419	0.352	0.309	0.717	0.603	1.000						
(9) 产品合格率	0.345	0.300	0.245	0.399	0.147	0.558	0.544	0.710	1.000					
(10) 就业指标	0.202	0.195	0.232	0.133	0.271	0.337	0.412	0.439	0.455	1.000				
(11) 上级部门评价和态度	0.177	0.054	0.081	0.122	0.041	0.041	0.037	0.103	0.168	0.139	1.000			
(12) 民意测评	0.260	0.327	0.180	0.179	0.240	0.236	0.351	0.393	0.362	0.351	0.324	1.000		
(13) 管理层团结程度	0.251	0.357	0.306	0.286	0.308	0.328	0.339	0.477	0.480	0.486	0.247	0.634	1.000	
(14) 管理层与下属合作程度	0.275	0.380	0.313	0.299	0.211	0.334	0.314	0.489	0.479	0.367	0.331	0.636	0.758	1.000

进一步进行巴特利特球度检验和 KMO（Kaiser-Meyer-Olkin 检验，简称 KMO）检验，结果如表 5-15 所示。

表 5-15　巴特利特球度检验和 KMO 检验（KMO and Bartlett's Test）

	样本的 KMO 测量值	0.804
巴特利特球度检验	近似卡方（Chi-Square）	686.997
	自由度	91
	概率	0.000

从表 5-15 中可以看出，因素分析是有效的。巴特利特球度检验统计量近似卡方分布值为 686.997，相应的概率接近 0，适合进行因子分析。KMO 是用于比较观测相关系数值与偏相关系数值的一个指标，其值越接近于 1，表明对这些变量进行因子分析的效果越好。量表的取样适当性量数即 KMO 值为 0.804，根据 Kaiser 给出的 KMO 度量标准（大于 0.9，表示非常适合；0.80，表示适合；0.7，表示一般；0.6，表示不太适合；0.5 以下，表示极不适合）可知，现有变量适合进行因子分析。

5.2.2　因子提取

根据原有变量的相关系数矩阵，提取因子并选择特征根大于 0.5 的特征根，进行主成分分析，提取的因子解释原有变量总方差的详细情况，如表 5-16 所示，共由三组数据组成。

表 5-16 中第一组数据表明了初始因子解的情况，第一个因子的特征根是 5.494，解释了原有 14 个变量总方差的 39.24%；第二个因子的特征根是 1.616，解释了原有 14 个变量总方差的 11.54%；第三个因子的特征根是 1.520，解释了原有 14 个变量总方差的 10.858%；余下类推，详见表 5-16。由于初始解中所有变量全部被提取，因此原有变量的总方差全部被解释。

表 5-16 中第二组数据表明了因子解的情况，由于提取 8 个因子，总共解释了原有变量总方差的 88.025%。

表 5-16 中第三组数据表明了最终因子解的情况，因子旋转后，累计方差比并没有改变，即没有影响原有变量的共同度，但是重新分配了各个因子解释原有变量的方差，改变了各个因子的方差贡献，因子的解释更加容易。

表 5-16　因子解释原有变量总方差（Total Variance Explained）

因子	初始特征值 合计	方差百分比	累计百分比	提取平方和载入 合计	方差百分比	累计百分比	旋转平方和载入 合计	方差百分比	累计百分比
1	5.494	39.240	39.240	5.494	39.240	39.240	2.874	20.528	20.528
2	1.616	11.540	50.780	1.616	11.540	50.780	2.447	17.481	38.009
3	1.520	10.858	61.639	1.520	10.858	61.639	1.811	12.933	50.941
4	1.035	7.392	69.031	1.035	7.392	69.031	1.077	7.693	58.634
5	0.799	5.706	74.737	0.799	5.706	74.737	1.074	7.675	66.309
6	0.662	4.728	79.465	0.662	4.728	79.465	1.039	7.419	73.729
7	0.626	4.470	83.934	0.626	4.470	83.934	1.013	7.236	80.965
8	0.573	4.091	88.025	0.573	4.091	88.025	0.988	7.061	88.025
9	0.436	3.111	91.136						
10	0.393	2.806	93.942						
11	0.317	2.264	96.206						
12	0.219	1.563	97.770						
13	0.177	1.267	99.037						
14	0.135	0.963	100.00						

提取方法：主成分分析法。
资料来源：作者根据 SPSS 输出结果整理。

表 5-17 是因子载荷矩阵，可以据此写出因子分析模型。从表 5-17 中可以看出，14 个变量在第一个因子上的载荷都较高，说明变量与第一个因子的相关程度较高，第一个因子很重要。但是因子的实际含义比较模糊。

表 5-17　因子载荷矩阵（Component Matrix）

	因子 1	2	3	4	5	6	7	8
（8）顾客满意度	0.797	-0.133	-0.343	0.042	-0.008	-0.066	-0.100	0.036
（9）产品合格率	0.742	-0.206	-0.255	0.243	-0.116	0.155	-0.027	0.108
（13）管理层团结程度	0.726	-0.291	0.353	-0.146	-0.219	-0.061	0.107	0.143
（14）管理层与下属的合作程度	0.724	-0.264	0.391	0.020	-0.228	-0.171	-0.056	0.080
（6）产品市场占有率	0.688	-0.076	-0.546	0.101	0.083	-0.204	-0.159	-0.002
（7）新产品开发	0.676	-0.158	-0.483	-0.044	0.128	-0.110	0.024	-0.260
（12）民意测评	0.626	-0.332	0.424	-0.069	-0.081	-0.191	0.134	-0.304
（3）ROE	0.605	0.601	0.059	-0.219	0.000	0.009	-0.394	0.043
（1）利润总额	0.557	0.407	0.098	0.343	0.149	0.207	0.317	-0.379
（4）主营业务收入增长率	0.545	0.411	-0.004	0.415	-0.029	-0.063	0.316	0.419

续表

	因子							
	1	2	3	4	5	6	7	8
（2）ROA	0.593	0.596	0.263	-0.085	-0.234	0.093	-0.186	-0.137
（5）国有资产保值增值率	0.455	0.230	0.025	-0.607	0.449	-0.182	0.279	0.137
（11）上级主管部门评价和态度	0.272	-0.243	0.512	0.357	0.612	0.041	-0.295	0.070
（10）就业指标	0.571	-0.312	-0.062	-0.305	0.041	0.649	0.044	0.093

提取方法：主成分分析法。
资料来源：作者根据 SPSS 输出结果整理。

5.2.3 因子命名解释

由于因子的实际含义比较模糊，因此，进一步地采用方差最大法对因子载荷矩阵实施正交旋转，以便解释各个因子的含义。按照第一因子载荷降序输出旋转后的因子载荷矩阵如表 5-18 所示。

从表 5-18 中可以看出，变量（6）产品的市场占有率，（7）新产品开发（研发投入的比重），（8）顾客满意程度，（9）产品合格率等 4 个非财务指标在第一个因子上的载荷较高，所以把第一个因子解释为非财务指标。

变量（12）民意测评结果，（14）管理层与下属合作的程度，（13）管理层团结程度等 3 个指标在第二个因子上的载荷较高，而且这 3 个指标都属于评议指标中的内部评议部分，所以把第二个因子解释为内部评议指标。

变量（3）ROE，（2）ROA 等 2 个指标在第三个因子上的载荷较高，这 2 个指标都属于与财务比率有关的财务指标，所以把第三个因子解释为财务比率指标。

变量（4）主营业务收入增长率指标在第四个因子上的载荷较高，这个指标是反映企业增长性（或者成长性）的指标，所以把第四个因子解释为公司成长性指标。

变量（10）就业指标是为了考核国有企业的社会责任而设定的主观评议指标，这个指标在第五个因子上的载荷较高，所以把这个指标解释为社会责任指标。

变量（5）国有资产保值增值率是从国有资本角度评价企业管理层的

客观指标（该指标是在问卷试填阶段，通过试填人员的建议而增加的指标），该指标在第六个因子上的载荷较高，所以把这个指标解释为国有资本绩效指标。

变量（11）上级主管部门（考核机构）的评价和态度在第七个因子上的载荷较高，该指标实际上是在我国目前企业体制状况下，很多企业都有一个隶属部门或者行业，上级部门对公司管理层的薪酬进行统一协调和管理，因此，在制定管理层薪酬时通常需要对管理层的业绩进行评价，属于外部主观评议指标，所以把该因子解释为外部主观评议指标。

变量（1）利润总额在第八个因子上的载荷较高，利润总额属于绝对量的财务指标，所以把该指标解释为财务指标。

通过因子命名解释后，与旋转前相比，各个因子的实际含义清晰准确。

表 5-18　　旋转后因子载荷矩阵（Rotated Component Matrix）

	因子							
	1	2	3	4	5	6	7	8
（6）产品市场占有率	0.901	0.081	0.136	0.130	0.012	0.076	0.026	0.001
（7）新产品开发	0.827	0.160	0.028	-0.082	0.106	0.185	-0.053	0.220
（8）顾客满意度	0.778	0.282	0.181	0.165	0.191	0.068	0.033	0.030
（9）产品合格率	0.649	0.297	0.085	0.302	0.347	-0.161	0.063	0.094
（12）民间测评	0.179	0.832	0.034	-0.129	0.027	0.111	0.131	0.262
（14）管理层与下属合作程度	0.234	0.822	0.208	0.165	0.096	-0.018	0.164	-0.033
（13）管理层团结程度	0.187	0.815	0.135	0.182	0.267	0.130	0.047	-0.033
（3）ROE	0.240	0.061	0.897	0.115	0.051	0.220	0.066	0.031
（2）ROA	0.051	0.261	0.847	0.144	0.052	0.035	-0.065	0.289
（4）主营业务收入增长率	0.210	0.116	0.218	0.866	-0.028	0.083	0.037	0.234
（10）就业指标	0.264	0.233	0.069	-0.036	0.895	0.127	0.044	0.056
（5）国有资产保值增值率	0.146	0.134	0.201	0.068	0.105	0.929	0.010	0.047
（11）上级主管部门评价和态度	0.004	0.216	0.002	0.034	0.042	0.009	0.967	0.081
（1）利润总额	0.186	0.105	0.273	0.258	0.064	0.049	0.105	0.842

资料来源：作者根据 SPSS 输出结果整理。

进一步通过因子协方差矩阵进行了共线性检验，发现八个因子之间不存在共线性（不再列出因子协方差矩阵），排除了共线性问题。这样，通过主成分分析得出的因子，可以较好地从主观评议指标、财务指标以及非财务指标三个角度来考核管理层，并可以作为其薪酬契约制定和考核的标准，而且具有现实的意义。

本章小结

本章利用主成分分析方法对管理层薪酬契约业绩评价指标进行了分析，得出了以下研究结论：

（1）管理层薪酬契约业绩评价指标的选择与文献的研究相符合，有效的契约应该在客观业绩测量中加入主观业绩的权重，而将二者有效地结合在一起能够取得好的效果（Baker，Gibbons and Murphy，1994），即公司普遍地采用业绩评价的方式来确定管理层薪酬契约中与效益挂钩的部分，而业绩评价指标包括评议性指标和定量指标。问卷调查表明，评议指标具有显著的重要程度，依次为：上级主管部门（考核机构）的评价和态度、管理层团结程度、管理层与下属合作的程度和民意测评等。定量测评指标包括财务指标和非财务指标，财务指标重要性程度依次为：公司利润水平、主营业务收入增长率、ROE、ROA、国有资产保值增值率和股价，股价不是一个重要性指标；非财务指标重要性排序是：产品的市场占有率、产品合格率、顾客满意程度、新产品开发（研发投入的比重）和其他等。

（2）运用 SPSS 主成分分析法对管理层薪酬契约业绩评价指标进行因子界定和因子命名，问卷设计的 14 个指标界定为 8 个因子，分别是：非财务指标、内部评议指标、财务比率指标、公司成长性指标、社会责任指标、国有资本校绩指标、外部主观评议指标、财务利润总额指标。

（3）管理层薪酬契约业绩评价指标的重要性程度，描述性统计分析、Friedman 检验重要性程度排序相同的因素依次为：公司利润水平、主营业务收入、前一年度薪酬水平、企业所属行业、企业所属地区、国有股比重。Friedman 检验和 Wilcoxon 符号平均秩检验的结果表明，在管理层薪酬契约业绩评价指标设计时应该考虑公司隶属关系对管理层薪酬契约的制约和影响，公司规模不是制定管理层薪酬契约的重要因素。

第 6 章
管理层薪酬契约与固定资产投资行为实证分析

在第 4 章访谈和调查分析中，对管理层薪酬契约和管理层关心度以及管理层薪酬激励度进行了研究，得出了管理层对长期股权薪酬的关心度高于对货币性薪酬的关心度，长期股权薪酬的激励度高于货币性薪酬，在管理层薪酬契约中，长期股权薪酬影响管理层决策视野，是降低代理冲突的有效方式的研究结论。我国现有对投资的研究大多集中在负债融资与来源对企业投资行为的影响（童盼，陆正飞，2005；童盼，支晓强，2005），融资约束对投资的影响（杨亦民，2006）等方面，从管理层薪酬角度研究管理层薪酬契约与公司投资之间关系的较少，按照制度背景分析的思路，本章运用联立方程模型实证检验管理层薪酬契约与公司固定资产投资行为之间的关系。

6.1 企业投资财务理论

现代企业投资是为了未来收益、投放以资金为主要形式的资源、在企业生产经营领域开展的经济活动。企业投资的主流财务理论是由托宾（Tobin）提出、并经林（Hayashi）发展的 Q 理论和融资约束理论（叶蓓，袁建国，2007）。

6.1.1　Tobin's Q 理论

Tobin's Q 理论是由诺贝尔经济学奖获得者詹姆斯·托宾（James Tobin）于 1969 年提出的。詹姆斯·托宾把 Tobin's Q 定义为企业的市场价值与资本重置成本之比。它的经济含义是在信息对称、有效市场和理性人假设下提出：企业投资取决于以 Q 比率代表的项目盈利机会，Q 反映市场对于公司未来利润的预期，并对公司投资产生影响。企业投资与融资决策无关。

6.1.2　融资约束理论

融资约束理论认为在企业的投融资过程中，企业和投资者之间存在的信息不对称和契约的不完备会产生逆向选择和道德风险等委托代理问题。因此，将不对称信息引入资本市场，利用委托代理理论，能够对企业的投融资行为进行解释：企业的投融资方式的选择，就是各个利益相关者为了自身的利益最大化而对剩余索取权和控制权等利益分配及利益冲突的博弈过程，并由此导致了融资约束条件下企业投资行为的差异，即企业融资遵循优序融资理论（the Pecking Order Theory），内部现金流影响企业投资水平。委托代理理论进一步分析了由于管理层、股东与债权人利益冲突所形成的过度投资与投资不足等投资扭曲现象。这些理论极大地推动了企业投资理论的形成和发展。

关于融资约束和企业投资的全面研究开始于费扎尔，赫伯特和彼德森（Fazzari，Hubbard and Petersen，1988）的经典文献，这些实证研究验证了内外部融资约束对公司资本投资的影响。

6.2　管理层薪酬与固定资产投资影响因素分析

为了构建计量经济学模型，根据管理层薪酬契约和股权激励理论、投资理论及其影响因素经验研究，对影响管理层股权激励和固定资产投资行为的有关因素进行理论分析，并对各因素之间的关系进行理论预测。

6.2.1 管理层薪酬契约影响因素

本部分从理论上分析管理层薪酬契约中长期股权部分与相关因素之间的预期关系。根据文献回顾和国内外管理层薪酬理论经验研究，公司固定资产投资、公司市值账面比、CEO 年龄、股权结构特征、公司风险、资本结构和债务代理成本等因素影响管理层薪酬契约。

1. 公司固定资产投资

具有较高成长机会企业的价值更多地依赖于未来投资机会可能带来的盈利，而未来的投资机会又十分难以监督，因此史密斯和瓦茨（Smith and Watts, 1992）认为具有较高投资机会的企业应该在其管理层薪酬契约中包含更多的长期股权性质的部分，以便将管理层的利益与公司股东长期利益联系在一起，避免短期行为。理论预期固定资产投资与管理层股权关系为正。

戴维斯、希勒和麦科尔根（Davies, Hillier and McColgan, 2005）用资本性支出（计量单位为千元）来作为投资的替代变量[①]，卡尔·陈，郭唯宇和曼德（Chen, Guo and Mande, 2006）用资本性支出的增量占总资产的比例作为投资的替代变量，而 Cho (1998) 用的是资本性支出占总资产的比例作为投资的替代变量计量，借鉴 Cho (1998) 的方法，用固定资产投资占总资产的比例代表公司的投资机会，INVESTMENT，即：INVESTMENT = 固定资产净值、工程物资和在建工程三项之和/资产原价，代表公司实际投资。

2. 市值账面比

对于管理层股权与市值账面比关系的研究较少，管理层薪酬契约中股权激励对投资的影响为正（Cho, 1998），而投资通过影响市值账面比值，从而影响管理层股权（Chan, Martin and Kensinger, 1990），具有较高市值账面比值的公司能够给予管理层激励性的薪酬，即较高的管理层股权（Kole, 1996），因此，理论预期市值账面比值与管理层股权的关系为正相关。

3. CEO 任职年限和年龄

任职年限和 CEO 年龄影响着公司管理层薪酬契约中采取的激励方式，年龄较大的 CEO 由于任职期限的原因，应该给予更多的短期激励，而年轻的 CEO 由于任职期限的原因可以给予更多的长期激励。因此，理论预

[①] 戴维斯、希勒和麦科尔根（Davies, Hillier and McColgan, 2005）的文章中，运用的方法是借鉴 Cho (1998) 文章的方法，但是变量的选取与 Cho 有所不同。

期 CEO 年龄与股权激励关系为负相关。

4. 股权结构特征（公司治理机制）

对管理层的股权激励可以看做是一种内部监督机制，和外部监督机制即公司的大股东应该可以相互替代，因此二者之间应该存在着一种负相关的关系，但是实证研究发现股权结构对管理层薪酬契约的影响结果有两种：一是大股东与管理层股权激励负相关（Mehran，1995），原因是大股东能够发挥监督管理层的作用，二是股权激励与外部股东比例正相关。取三个股权结构的变量：外部股东占董事会的比例；第一大股东股权性质，如果第一大股东为国有股股东，则取值为 1，否则取值为 0；和持股超过 5% 以上的大股东持股比例之和。

李善民、王彩萍（2007）检验了我国机构投资者持股对上市公司高级管理层薪酬的影响，结果发现从机构投资者与上市公司薪酬机制关系的角度，仅有微弱的证据可以表明我国机构投资者能够积极参与公司治理并影响上市公司的薪酬水平。

管理层股权激励是公司治理中最重要的机制之一。一般意义上，管理层股权在保障股东利益中具有两种效应：一是利益一致性假说（Convergence of Interests Hypothesis）；二是经营者防御假说（Managerial Entrenchment Hypothesis，Fama and Jensen，1983；Morck，Shleifer and Vishny，1988；McConnell and Servaes，1990）。随着管理层持股比例增加，由于成本分担效应，股东与管理层之间的代理成本将降低，即利益一致性假说（Jensen and Meckling，1976）。但是随着管理层持股比例继续增加并超过某一水平，管理层的地位会变得更加牢固，使得市场无法通过购并的方式进行资源的有效分配，撤换无效率的管理层，管理层开始追求自身利益最大化，即经营者防御假说（Fama and Jensen，1983；Morck，Shleifer and Vishny，1988；McConnell and Servaes，1990）。

由于我国现阶段上市公司经理持股比例普遍较低，远没有达到使其自身地位牢固的程度，而且不存在使管理层与股东利益保持一致的其他激励约束机制，因此，管理层在公司持有的长期股份主要表现为利益一致假说。用管理层持股占公司总股份的比例代表管理层持股比例，理论预期管理层持有股份与管理层股权激励正相关。

5. 公司经营风险

公司中普遍存在着经营上的不确定性，伴随着不确定性的投资项目更难以进行监督和估价。德姆塞茨和雷恩（Demsetz and Lehn，1985）认为这种不确定性增加了外部监督的难度，从而使得管理层利益趋同效益更加重要，而增加管理层的股权激励部分是一种非常有效的途径。当管理层收入中股权比重大而管理层的人力资本风险又无法分散时，管理层会尽量避免那些高风险的投资项目。采用连续3年按照季度计算的净资产收益率的标准差，来代表公司特有的风险。理论预期公司经营的风险性与期权性质的长期激励正相关。

6. 资本结构和债务代理成本

管理层持股对管理层具有激励作用，管理层薪酬契约中的股权部分使得管理层的利益与股东的利益趋近于一致，这样公司债权人为了自身利益会增加债务成本或更为严格的债务契约来保护自己的利益，结果是股东自己承担了债务的代理成本，用资产负债率代表公司的资本结构，理论预期管理层薪酬契约中的股权激励与资本结构呈负相关关系。

6.2.2 公司固定资产投资行为影响因素

本部分分析公司固定资产投资相关影响因素以及各因素与固定资产投资行为之间的预期关系。根据文献回顾和国内外管理层薪酬契约理论和实证研究，公司管理股权比例、公司市值账面比、股权结构特征、公司规模、CEO年龄、公司现金流不确定性、资本结构和债务代理成本等因素影响固定资产投资。

1. 管理层薪酬契约和管理层股权

由于信息不对称，公司管理层在选择投资行为时，有可能损害股东的利益。在投资项目的决策上，两者利益冲突的主要表现形式之一是过度投资。管理者并不一定寻求股东利益最大化，而是以寻求在企业内最大范围的控制力为目标（Jensen，1986），因此出现营造王国（Empire Building）与势力投资（Entrenching Investment）等过度投资的管理机会主义行为，甚至于投资净现值为负的项目。

管理层薪酬契约中股权激励能够限制管理层的这种机会主义行为，此时内部监督机制替代外部监督机制。因为股权激励部分与股票价格密切相关，公司股票价格是公司未来现金流的公允反映，使得管理层更关注于公司未来的长期利益，克服管理者短视问题，更多地投资于正NPV的长期投资项目。因此，理论预期管理层股权收入比重与固定资产投资正相关。

2. 市值账面比

Q模型认为，高增长的公司在固定资产上的投资额会更多，市值账面比与固定资产投资正相关。加速模型（Accelerator Model）认为，企业的产出刺激了投资。增长型公司的价值更多地依赖于未来的现金流，而不是现在的资产，因此会增加在固定资产上的投资。星岳雄、卡什亚普和沙尔夫斯坦（1990），卡普兰和津加莱斯（1995）研究表明公司投资和市值账面比值显著正相关。费扎尔（1988）研究表明市值账面比值与公司投资支出显著正相关。理论预期市值账面比与公司投资支出正相关。

3. 公司规模

大公司由于经营业务复杂，固定资产的投资会相应地增加，公司规模是影响投资的一个重要因素。用公司期初总资产的对数控制公司规模的影响，预期公司规模与固定资产投资关系为正。

4. CEO 年龄

吉本斯和墨菲（1992）的研究表明，当 CEO 临近退休时，会更加专注于短期投资决策目标。赫舒拉发（Hirshleifer，1993）认为，除了投资扭曲外，年青的 CEO 为了建立自己的声誉也倾向于关注短期投资。为了测试在总经理年龄和固定资产投资之间是否存在着曲线关系，分别取 CEO 的年龄和年龄的平方，如果总经理年龄和固定资产投资之间仅仅存在着线性的关系，预期总经理年龄和固定资产投资系数为负，总经理年龄平方和固定资产投资的系数为 0；若管理层考虑声誉的话，二者之间存在着曲线关系，理论预期总经理年龄和固定资产投资系数为正，总经理年龄平方和固定资产投资的系数为负。

5. 股权结构

不同的股权结构导致股东对于管理层不同的监督行为。上市公司非理性投资行为的根源在于公司治理机制的不完善，必须从优化上市公司股权、重组董事会以及关联公司集团化治理方面完善治理机制（刘星，曾宏，2001）。由于监督管理层要付出成本，分散的小股东存在"搭便车"行为；而股权相对集中的公司，股东对于管理层进行监督有优势，当外部股东持股超过一定比例时，他就会有能力，也有经济动机实施监督。由于投资利益与股东利益有着直接的相关关系，股东更注重价值投资，有从事长期投资的动机。

国外文献中通常有把持股超过 5% 的股东看做大股东（在股权充分分散的证券市场上，流通股股东持股比例通常很小，因此习惯上大股东的划分标准是持股超过 5%）的惯例，借鉴这一划分方法，把大股东定义为持股超过 5% 的股东持股股份之和。通过分析，理论预期持有公司 5% 以上比例的股东持股比重与公司固定资产投资的关系为正。

6. 内部现金流不确定性

已有的研究发现，内部现金流是投资支出的重要影响因素（Fazzari, Hubbard and Peterson, 1988; Hoshi and Scharfstein, 1991; Lamont, 1997; Hadlock, 1998）。投资与内部现金流相关已有相关的理论解释和实证证据支持。

理论解释之一：投资不足。梅耶斯和马基卢夫（1984）提出的信息不对称理论认为当资本市场不够完善时，企业外部投资者与内部人之间存在信息不对称，这使得外部融资的成本高于内部融资成本，管理层在融资时更加倾向于优先使用内部现金流，特别是对于存在融资约束的公司，投资规模将对现金流十分敏感。由于外部融资的高成本，管理层会拒绝接受正的净现值的投资项目，从而导致投资不足问题。公司内部现金流能够缓解管理层投资不足的现象。

理论解释之二：投资过度。詹森（1986）提出的自由现金流假说认为由于企业的管理层存在谋求自身利益最大化的动机，比如通过扩大投资规模获得绩效奖励等，实际投资金额可能超过企业的最优投资规模，但是管理者并不需要为错误的投资决策支付成本或者只承担其中很少的一部分。而投资过度带来的风险和损失主要由股东来承担。这不仅损害了投资者的利益，而且也是社会经济资源的浪费。

我国制造业上市公司内部现金流能够缓解管理层投资不足的现象还是能够导致投资过度，用经营现金流代表内部现金流来进行检验。若经营现金流与固定资产投资系数为正，则对应投资过度的自由现金流假说成立存在过度投资；若经营现金流与固定资产投资系数为负，则对应投资不足的信息不对称理论成立。

7. 公司长期负债率

根据代理成本理论，由于股东和债权人的利益冲突，股东可能会通过管理层采取损害债权人利益的行为进行投资。法马（1990）认为如果资产是通过抵押债务融资，其专用性就更强，债权人的利益将得到更好的保障，有形资产的担保能够在一定程度上降低债务的代理成本。考察投资指标用的是固定资产投资，可以在公司发生财务困境时向贷款人提供安全性，因此，理论预期公司长期资产负债率与固定资产投资正相关。

8. 市场竞争结构

公司所处行业的市场结构会对公司的投资产生影响（Holthausen, Larcker and Sloan, 1995）。公司在行业中所占的市场份额越大，就越有可能进行更多的固定资产投资。由于样本由制造业上市公司构成,因此,市场份额的计算用单个公司营业收入总额除以行业总营业收入之比,作为公司所处行业的竞争程度。因此,理论预期公司所占市场份额与固定资产投资正相关。

6.3 研究设计

6.3.1 样本选择

样本数据选择方法:

(1) 从 CCER 数据库中选择 2004~2006 年财务数据和治理结构数据,从中选择制造业上市公司,并将财务数据和治理结构数据相匹配;(2) 删掉 ST 公司;(3) 删掉管理层零持股的上市公司;(4) 删掉数据缺失的样本公司。最后得到研究样本:2004 年 447 家,2005 年 457 家,2006 年 430 家,共 1334 家组成研究样本。

具体分类情况如表 6-1 所示。

表 6-1　　　　　　　　　　样本构成

CSRC 行业分类	2004 年样本量	2005 年样本量	2006 年样本量
C0 - 食品饮料	34	35	28
C1 - 纺织、服装皮毛	33	33	31
C2 - 木材家具	0	1	0
C3 - 造纸印刷	13	13	13
C4 - 石油化学塑胶	94	91	85
C5 - 电子	28	29	28
C6 - 金属和非金属	63	62	70
C7 - 机械设备仪表	113	119	112
C8 - 医药生物制品	61	64	52
C9 - 其他制造业	8	10	11
小计	447	457	430
合计		1334	

注:样本公司按照 CSRC 行业代码前 2 位分为 10 类,具体含义是:C - 制造业,其中:C0 - 食品饮料;C1 - 纺织、服装皮毛;C2 - 木材家具;C3 - 造纸印刷;C4 - 石油化学塑胶;C5 - 电子;C6 - 金属和非金属;C7 - 机械设备仪表;C8 - 医药生物制品;C9 - 其他制造业。在每一类上市公司中,选择实行股权激励的上市公司构成研究样本。其中 2004 年和 2006 年数据中 C2 - 木材家具类,实行股权激励的上市公司有 1 家,而其主营业务收入增长率和总资产增长率数据缺失,因此,2004 年和 2006 年数据中 C2 为零。

资料来源:北京大学中国经济研究中心主办的 CCER 数据库。运用 Eviews5.0 进行分析。

选择制造业的原因是：（1）制造业固定资产投资规模较大，回收期长，资产专用性强，体现实物投资的特点；（2）制造业在我国上市公司中占的比例较大，样本具有代表性；（3）制造业由于固定资产投资比例较大，面临财务困境时其变现能力较强，资本结构具有一致性的特点，受异常值的影响较小。

6.3.2 变量描述

对第一节理论分析中描述的各个因素，定义其含义及变量的计算方法，并作为实证检验的基础，变量定义如表6-2所示。

表6-2　　　　　　　　　　变量定义表

变量名称	变量代码	变量含义
管理层股权收入占全部薪酬收入比重	SHARRAT	管理层股权比例×年末股票价格/（管理层股权比例×年末股票价格＋货币性薪酬总额[1]）
投资指标	INVESTMENT	固定资产占总资产的比重[2]
市值账面比	P/E	P/E＝（A股年末流通市值＋B股年末流通市值＋每股净资产×非流通股年末股数＋负债的账面价值）/总资产年末账面值
管理层持股比例	CEOSHAR	管理层持股数量/流通在外股票数量
资产规模	LNASSET	公司期初总资产的对数
总经理年龄	CEOAGE	总经理年龄
监管变量	DLDONG	外部董事与董事会人数之比
第一大股东性质	TOP1DUMMY	第一大股东是国有股，取值为1，否则取值为0
大股东持股比例	BLOCK	持股超过5%以上大股东持股比例之和
公司风险	STANDEV	公司2003~2006年按照季度计算的净资产收益率标准差
内部现金流	OCHDFIA	经营活动产生的现金流量与固定资产投资总额的比例
资产负债率	DEBTR	衡量公司财务风险，负债与总资产之比
长期资产负债率	LDEBTR	长期负债与总资产之比
市场竞争指标	MARKETSR	企业主营业务收入与总营业收入之比
年度虚拟变量	YEARDUMMY	虚拟变量，如果属于2006年度，取值为1，否则为0

[1] 该指标即管理层薪酬契约内部结构的度量指标。其中，货币性薪酬总额的计算：按照金额最高的前三位董事的现金报酬和金额最高的前三位高级管理人员的现金报酬总和计算出平均薪酬，然后乘以公司董事会和监事会以及高管人员的人数得出公司管理层货币性薪酬总额。

[2] 戴维斯、希勒和麦科尔根（2005）用资本性支出（计量单位为千元）来代表投资变量，卡尔·陈、郭唯宇和曼德（2006）用资本性支出的增量占总资产的比例作为投资的替代变量，而Cho（1998）用的是资本性支出占总资产的比例作为投资的替代变量计量，借鉴Cho（1998）的方法，用固定资产投资占总资产的比例代表公司的投资机会，INVESTMENT，即：INVESTMENT＝固定资产净值、工程物资和在建工程三项之和/资产原价，代表公司实际投资。

根据第一节理论分析中的分析，对变量符号的预期和估计如表6-3所示。

表6-3　　　　　　　　　　变量理论估计符号

| 股权激励 || 固定资产投资 ||
变量名称	理论预期	变量名称	理论预期
INVESTMT	+	SHARRAT	+
P/E	+	P/E	+
CEOSHAR	+	CEOSHAR	-
CEOAGE	-/+	LNASSET	+
DLDONG	-/+	CEOAGE	-/+
BLOCK	-/+	SQUCEOAGE	-
STANDEV	+	BLOCK	+
DEBTR	-	OCHDFIA	+/-
		LDEBTR	+
		MARKETSR	+

6.3.3　联立方程模型设定

文献中瑞恩和威金斯（2002），卡尔·陈、郭唯宇和曼德（2006），Cho（1998），戴维斯、希勒和麦科尔根（2005）运用联立方程模型分别检验了薪酬契约中管理股权与R&D投资，公司价值、投资（资本性支出和R&D）和管理股权，管理股权、公司价值和投资（资本性支出和R&D），管理股权、公司价值和投资（资本性支出和R&D)①的关系，借鉴瑞恩和威金斯（2002）的研究方法，建立了以下联立方程模型，模型中包括两个方程，第一个方程检验管理层股权收入所占比重与固定资产投资之间的关系，第二个方程检验公司固定资产投资与管理层股权收入所占比重之间的关系。联立方程模型：

管理股权收入比重模型：
$$SHARRAT = \lambda_0 + \lambda_1 INVESTMENT + \lambda_i X_m + \upsilon$$

投资模型：
$$INVESTMENT = \delta_0 + \delta_1 SHARRAT + \delta_i X_n + \mu$$

在模型中，SHARRAT和INVESTMENT分别代表管理股权收入比重和

---

① 戴维斯、希勒和麦科尔根运用Cho在1998年研究中运用的方法进行的检验，其中控制变量和联立方程模型都与Cho在1998年研究中采用的一致。

固定资产投资,它们是系统内生变量;λ_0 和 δ_0 是截距;λ_1 和 δ_1 是系统内生变量的系数;X_m、X_n 是前定解释变量向量(其中有些解释变量是重叠的,但是不完全相同),X_m 包括公司市值账面比、管理层持股比例、总经理年龄、独立董事比例、第一大股东性质、持有公司5%以上股份股东所占的股权比例、公司特有风险、资产负债率以及年度虚拟变量;X_n 包括公司市值账面比、管理层持股比例、公司资产规模、总经理年龄、总经理年龄的平方、第一大股东性质、持有公司5%以上股份股东所占的股权比例、公司内部现金流的不确定性、长期资产负债率、公司市场份额以及年度虚拟变量;λ_i 和 δ_i 是前定解释变量向量 X_m 和 X_n 的系数。

因为管理层股权收入比重和投资变量是内生的,因此,采用 OLS (Ordinary Least Squares,简称 OLS,普通最小二乘法)单独估计会产生有偏的和不一致的估计量,因此采用 2SLS (Two-Stage Least Squares,简称 2SLS,两阶段最小二乘法)对联立方程进行估计,分别采用阶条件和秩条件对联立方程进行识别,方程符合可识别的条件。

6.4 实证结果分析

6.4.1 描述性统计分析

分别对管理层薪酬契约和固定资产投资绝对值和,以及管理层股权收入比重和投资方程中的变量进行分析。

1. 管理层薪酬契约和投资

首先把样本中我国制造业上市公司管理层薪酬契约和固定资产投资的情况进行简单的统计分析,在下面回归分析中用的是相对指标,但是为了对总体情况进行概览,这里列示一下绝对量指标情况。表6.4中是内生性变量管理层薪酬和投资绝对量的描述性统计结果。管理层年度平均货币性报酬为117万元;按照年末股票价格计算的管理层平均股权收入为2207万元,我国制造业上市公司中具有股权薪酬的公司中,管理层股权薪酬的差异巨大;描述性统计结果表明管理层薪酬契约组合具有较强的连续性,在我国目前薪酬管制的制度背景下,管理层持股比例相对较低,与徐向艺(2007)的研究结论相同。但是持股收益在管理层总收益中所占的比例并不低。

固定资产投资占总资产比重的均值为39%，最大值为86%，最小值为0.05%。

表6-4 管理层薪酬契约与固定资产投资描述性统计分析

	样本量	均值	中值	最大值	最小值	标准差
管理层平均货币性薪酬①	1334	1170422	147357	1.30E+09	10667	176788
管理层平均股票性薪酬②	1334	22077153	27098	1.22E+10	66	15598733
固定资产投资③	1334	0.39	0.36	0.86	0.0005	0.17

①管理层平均现金薪酬的计算方法：用金额最高的前三位高管人员和金额最高的前三位董事的年度现金报酬之和除以6。
②管理层平均股票性薪酬的计算方法：（公司管理层持股比例×公司总股数×年末股票价格）除以管理层人数，其中管理层构成包括公司董事会成员、监事会成员和不包括在董事和监事中的其他高管人员（资料来源于公司年报中披露的信息）。
③固定资产投资的计算方法：借鉴Cho（1998）的计算方法，（公司固定资产净额+工程物资+在建工程）除以资产总额。

2. 联立方程变量

表6-5中是所有变量的描述性统计分析结果。

（1）内生性变量

管理层股权收入在全部薪酬中所占比重的均值和中值分别是35%和23%，最大值为99%，最小值为0.02%。这与谌新民，刘善敏（2003）对于1999～2001年上市公司的分析结果一致，即经理人持股比例相对于公司总股本而言较低，但是经理由持股所带来的收益相对于经理个人报酬总额而言，所占份额并不低①；唐雪松，周晓苏，马茹静（2007）利用制造业上市公司的数据也得出了相同的结论。

固定资产投资占全部资产比重的均值和中值分别是36%和36%，最大值为86%，最小值为3%。

（2）外生变量

市值账面比的均值和中值分别是3.21和1.16，最大值和最小值分别是269和0.14。管理层持股占公司股份比例均值和中值分别是3%和0.02%，最大值是75%。企业规模用期初总资产对数表示，均值和中值分别是21.34和21.29，最大值和最小值分别是25.68和18.81。样本中

---

① 谌新民和刘善敏（2003）针对上市公司（1999～2001）的分析，经营者平均持股2.2万～5.3万股，而经营者平均年薪为3.82万～14.35万元，仅相当于当年全国职工平均工资的7.1～12.2倍。

总经理平均年龄的均值是 46 岁，中值是 45 岁，最大年龄是 68 岁，最小年龄是 27 岁。外部董事（指独立董事）占董事会比重均值为 32%，中值为 33%，最大值 60%，最小值为 0。持股比重占 5% 以上股东所持股份占公司总股份的比例均值为 51%，中值为 52%，最大值和最小值分别是 94% 和 10%。内部现金流与固定资产比例的均值和中值分别是 28% 和 15%，最高达到 153，最小值为 -282%，造成负值的主要原因是公司来源于经营活动的现金流为负。资产负债率的均值和中值分别是 48% 和 49%，最高达到 188%，最小值为 2%。长期负债率（长期负债占总资产比重）的均值和中值分别是 6% 和 3%，最大值为 64%，最小值为 0。用公司营业收入占整个制造业样本营业收入比重表示的市场份额均值为 0.2%，最大值为 4%。描述性结果显示，在公司的债务结构中，最大的构成是流动负债，因为长期负债率大大地低于流动负债率，同时也说明公司获取长期负债的困难性。

表 6-5　　　　　　　　　　描述性统计分析

	样本量	均值	中值	最大值	最小值	标准差
A. 内生性变量							
管理层股权收入占全部薪酬收入比重	1334	0.37	0.26	0.99	0.0002	0.34
投资指标	1334	0.38	0.36	0.86	0.0005	0.17
B. 管理层股权收入比重方程中的外生变量							
市值账面比	1334	3.21	1.16	269.82	0.14	16.68
管理层持股比例	1334	0.03	0.0002	0.75	5.00E-07	0.10
总经理年龄	1334	46	45.00	68.00	27.00	7.11
监管变量	1334	0.32	0.33	0.60	0.00	0.06
大股东持股比例	1334	0.51	0.52	0.94	0.10	0.15
公司风险	1334	1.50	1.29	16.82	0.00	1.23
资产负债率	1334	0.48	0.49	1.88	0.02	0.18
C. 投资方程中的外生变量							
市值账面比	1334	3.21	1.16	269.82	0.14	16.68
管理层持股比例	1334	0.03	0.0002	0.75	5.00E-07	0.10
资产规模	1334	21.34	21.29	25.68	18.81	0.97
总经理年龄	1334	46	45.00	68.00	27.00	7.11
大股东持股比例	1334	0.51	0.52	0.94	0.10	0.15
内部现金流	1334	0.28	0.15	153.96	-2.82	4.22
长期资产负债率	1334	0.06	0.03	0.64	0.00	0.08
市场竞争指标	1334	0.002	0.0006	0.04	3.63E-06	0.003

资料来源：作者根据 EVIEWS 输出结果整理。

3. 相关系数分析

相关系数矩阵表明，管理层股权收入占整个收入比重与公司市值账面比、管理层持股比例、外部董事所占比重、公司现金流的不确定性呈正相关关系；与公司投资、公司资产规模、总经理年龄、大股东持股比例、公司风险、负债率和市场竞争结构呈负相关关系。公司投资与公司规模、总经理年龄、大股东持股比例、资产负债率和市场竞争结构正相关，与公司市值面值比、管理层持股比例、外部董事所占比例、公司风险和现金流不确定性呈负相关关系。由于相关系数矩阵表表明的只是两两变量之间的相关关系，因此需要进一步的通过回归结果验证变量符号与理论预期的符合程度。

表 6-6　　　　　　　　　　相关系数矩阵表

	管理层股权收入占全部薪酬收入比重	投资指标	市值账面比	管理层持股比	资产规模	总经理年龄	监管变量	大股东持股比例	公司风险	内部现金流	资产负债率	长期资产负债率	市场竞争指标
管理层股权收入占全部薪酬收入比重	1.00												
投资指标	-0.04	1.00											
市值账面比	0.21	-0.03	1.00										
管理层持股比	0.54	-0.11	0.05	1.00									
资产规模	-0.14	0.17	-0.06	-0.20	1.00								
总经理年龄	-0.03	0.11	-0.001	-0.10	0.06	1.00							
监管变量	0.05	0.02	0.05	0.08	-0.06	0.01	1.00						
大股东持股比例	-0.11	0.04	0.07	0.01	0.05	-0.03	-0.09	1.00					
公司风险	-0.07	0.02	0.002	-0.05	0.05	0.02	0.06	-0.06	1.00				
内部现金流	0.05	-0.07	0.17	0.01	-0.02	-0.003	0.01	0.01	0.002	1.00			
资产负债率	-0.20	0.12	-0.07	-0.17	0.26	0.06	0.04	-0.08	0.09	-0.05	1.00		
长期资产负债率	-0.11	0.47	-0.05	-0.12	0.27	0.06	0.03	-0.06	0.04	-0.02	0.38	1.00	
市场竞争指标	0.04	-0.02	0.05	0.03	0.001	-0.05	0.003	0.03	-0.02	-0.01	0.02	0.01	1.00

资料来源：作者根据 EVIEWS 输出结果整理。

6.4.2 回归结果分析

分别运用 OLS 方法和 2SLS 对 6.2 中建立的联立方程模型进行分析，结果如表 6.7 所示。变量的含义详见 6.2 节的定义。

1. 管理股权收入比重方程

在管理股权收入比重方程中，OLS 和 2SLS 两种估计方法的结果基本上一致。投资（INVESTMT）与管理层薪酬契约中长期股权所占比重（SHARRAT）正相关，与代理成本的理论相符合，即当公司投资较高时，其未来现金流的不确定性大大增加，而且投资项目具有不确定性和难以监督的特性，因此在管理层薪酬中应该增加较多的股权比例（Myers, 1984）。

市值账面比与管理层薪酬契约中长期股权所占比重（SHARRAT）在 1% 显著性水平下正相关，表明高市值账面比的公司在管理层薪酬中会增加长期股权比例的部分，这些公司能够给予管理层激励性的薪酬，即较高的管理层股权收入比重，与 Kole（1996）的研究结论相同。

持股超过 5% 以上大股东持股比例（BLOCK）与管理层薪酬契约中长期股权所占比重（SHARRAT）在 1% 显著性水平上负相关，说明外部股东能够发挥监督机制，可以替代内部股东对公司的投资和其他决策发挥监督作用，与卡尔·陈、郭唯宇和曼德（2006）的研究结论相同。独立董事比例（DLDONG）与管理层薪酬中长期股权所占比重负相关，能够发挥外部监督的职能。

其他控制变量包括经理人的年龄（CEOAGE）、公司特有风险（STANDEV）、资本结构（DEBTR）和年度虚拟变量（YEARDUMMY）等。

经理人的年龄（CEOAGE）与管理层薪酬契约中长期股权所占比重（SHARRAT）的关系为正，但是系数较小，与理论分析相反，即股权性质的激励对于年龄较大的总经理的激励效应降低。

公司特有风险（STANDEV）与管理层薪酬契约中长期股权所占比重（SHARRAT）负相关，与理论分析相反。但是与下述理论相符合，即当公司面临的特有风险较大时，风险厌恶型的管理层会减少其持有公司的股份，特别是在经济不确定性较大的经济环境中。

资本结构（DEBTR）与管理层薪酬契约中长期股权所占比重（SHARRAT）在 1% 显著性水平下显著负相关，这一结果与瑞恩和威金斯

(2002) 的研究相同，支持了约翰和卡斯约翰（1993）的观点，即公司利用管理层薪酬契约作为一个治理机制，降低负债的代理成本。

2. 投资方程

在投资方程中，除了内生变量管理层薪酬契约中长期股权所占比重之外，外生变量的 OLS 和 2SLS 两种估计方法的结果基本上一致。投资（INVESTMT）与管理层薪酬契约中长期股权比重（SHARRAT）的关系OLS 法显著为正相关，与 Cho（1998）的研究相符合；二者之间关系2SLS 法下显著为正相关，与 Chen，Guo 和 Mande（2006）的研究相反。

市值账面比与投资（INVESTMT）关系为负相关，与理论分析相反，但是与卡尔·陈、郭唯宇和曼德（2006）的研究相符合。这说明公司存在着过度投资的行为，公司的过度投资对公司价值（市值账面比）是一个折损。

公司规模（LNASSET）与公司投资（INVESTMT）正相关，与理论预期相符合，说明大公司更有可能把更多的资金投资于长期的固定资产上。

经理人的年龄（CEOAGE）与投资（INVESTMT）的关系为正，与理论预期不符合，但是系数较小，没有通过显著性检验。

管理层持股比例（CEOSHARE）和持有公司 5% 以上比例的股东持股比重（BLOCK）与公司固定资产投资（INVESTMT）的关系在 1% 显著性水平下正相关，与理论预期相符合；持有公司 5% 以上比例的股东持股比重与固定资产投资关系显著为正相关，说明公司外部大股东有动机和激励监督管理层固定资产投资行为。

经营现金流不确定性（OCHDFIA）与投资（INVESTMT）在 5% 显著性水平下负相关，对应 6.1 节理论分析中投资不足的信息不对称理论成立，说明我国制造业上市公司管理层较少地将内部现金流用于公司固定资产的投资。而卡尔·陈、郭唯宇和曼德（2006）的研究中发现现金流流动性与固定资产投资显著正相关，但是与公司 R&D 投资显著负相关。

长期资产负债率（LDEBTR）与投资（INVESTMT）在 1% 显著性水平下正相关，与理论预期相符，我国的现行制度规定公司固定资产投资的债权资金来源是长期负债，长期负债必然对应公司长期固定资产投资的增加，与理论分析和实际相符合。

表 6-7　　　　　　　　　　　　回归结果

	OLS（普通最小二乘法）估计		2SLS（两阶段最小二乘法）估计	
	长期股权比重	投资	长期股权比重	投资
截距	0.50 *** (6.75)	0.13(0.73)	0.52 *** (6.80)	0.13(0.46)
管理层股权收入占全部薪酬收入比重		0.04 *** (2.74)		0.04 *** (2.74)
投资指标	0.09 ** (2.00)		0.02(0.34)	
市值账面比	0.004 *** (8.17)	-0.001(-0.57)	0.004 *** (8.08)	-0.001(-0.60)
管理层持股比例	1.69 *** (22.54)	-0.14 *** (-2.93)	1.68 *** (22.10)	-0.14 *** (-2.93)
总经理年龄	0.001 (0.81)	0.0002 (0.20)	0.001(0.98)	0.0002(0.03)
总经理年龄平方		1.55E-05(0.23)		1.55E-05 (0.23)
监管变量	-0.07(-0.57)		-0.06(-0.53)	
大股东持股比例	-0.29 *** (-5.47)	0.10 *** (3.23)	-0.28 *** (-5.67)	0.09 *** (3.23)
第一大股东虚拟变量	0.04 ** (2.13)	-0.005(-0.58)	0.03 ** (2.06)	-0.004(-0.58)
公司风险	-0.01 * (-1.74)		-0.01 * (-1.91)	
资产负债率	-0.23 *** (-5.40)		-0.21 *** (-5.40)	
资产规模		0.005 (1.03)		0.0002 (0.03)
总经理年龄		-0.002 ** (-2.55)		-0.003 ** (-2.55)
长期资产负债率		0.99 *** (18.70)		0.99 *** (18.70)
市场竞争指标		-1.61(-1.28)		-1.61(-1.28)
年度虚拟变量	0.05 *** (-2.74)	0.005(0.54)	0.05 *** (2.78)	0.005(0.54)
样本量	1334	1334	1334	1334
R^2（调整的 R^2）[a]	0.361(0.360)	0.250(0.243)	0.363(0.358)	0.251(0.243)
DW 统计量[b]	1.46	2.05	1.46	2.05

注：表中的变量值分别是回归系数和 t 值。*** 、** 、* 分别表示1%、5%和10%水平上显著。

a. R^2 称为复可决系数。R^2 检验为拟合优度检验，即检验所有解释变量与被解释变量之间的相关程度。

b. DW 统计量。DW 统计量最早由杜宾—沃森（Durbin - Watson，简称 DW）于1951年提出，用于进行协整检验。DW 统计量定义为 $DW = \dfrac{\sum_{t=2}^{T}(\hat{\mu}_t - \hat{\mu}_{t-1})^2}{\sum_{t=1}^{t}\hat{\mu}_t^2}$，其中：$\hat{\mu}_t$ 为残差值。

资料来源：作者根据 EVIEWS 输出结果整理。

本 章 小 结

财务学理论认为在信息不对称和监督缺失的前提下,公司所有者给予管理层长期股权性质的薪酬能够缓解股东与管理层之间的代理成本;而且,当公司的价值更多地依赖于长期投资产生的现金流时,由于长期固定资产投资的未来性,为均衡管理层于股东之间的冲突,公司应该给予管理层较多的长期股权性质的薪酬。

本章运用联立方程模型对我国制造业上市公司管理层薪酬中股权比重与固定资产投资之间的关系做了实证检验,克服了单一方程检验管理层薪酬契约和投资之间关系的局限性。实证检验中,管理层薪酬契约中股权比重和固定资产投资作为内生性变量,分别采用单一方程和联立方程模型进行估计,得出以下研究结论:

(1) 管理层薪酬契约中长期股权比重与固定资产投资水平在1%显著性水平下正相关;而固定资产投资对管理层薪酬契约中长期股权占收入比重的影响,普通最小二乘法下显著正相关,联立方程模型为正相关,但是没有显著性。因此,本章研究结果表明:管理层薪酬契约中长期股权占全部收入比重对固定资产投资规模的影响关系显著正相关,同时,固定资产投资规模与管理层长期股权在薪酬契约中比重关系为正,普通最小二乘法通过了显著性检验,而两阶段联立方程法没有显著性。

(2) 公司市值账面比与管理层薪酬契约中股权收入所占比重在1%显著性水平下正相关,与理论分析符合,说明高市值账面比的公司在管理层薪酬契约中长期股权所占的比重大;公司市值账面比与固定资产投资负相关,与理论分析相反,但是与卡尔·陈、郭唯宇和曼德(2006)的研究相符合。

(3) 公司股权结构,持股超过5%以上大股东持股比例,即外部股权与管理层薪酬契约中股权收入占全部收入比重在1%显著性水平下显著负相关,说明外部股东能够发挥监督机制,可以替代内部股东对公司的投资和其他决策发挥监督作用,与卡尔·陈、郭唯宇和曼德(2006)的研究结论相同。而持股超过5%以上大股东持股比例,即外部股权与公司固定资产投资规模显著正相关,与理论预期相符合。

(4) 资本结构(资产负债率)与管理层薪酬契约中长期股权占全部

收入比例显著负相关，与瑞恩和威金斯（2002）、约翰和卡斯约翰（1993）的观点相符合，即公司利用管理层薪酬契约中长期股权所占比重作为一个治理机制。长期资产负债率与固定资产投资显著正相关，我国的现行制度规定公司固定资产投资的债权资金来源是长期负债，长期负债必然对应公司长期固定资产投资的增加，与理论分析和实际相符合。

（5）其他控制变量经理人年龄与管理层薪酬契约中长期股权比重关系为正，与理论预期相符合；公司特有风险与管理层薪酬契约中长期股权比重关系为负，与理论分析相反；公司规模与固定资产投资关系为正，与理论预期相符合；经营现金流不确定性与固定资产投资系数在 5% 显著性水平下为负，对应投资不足的信息不对称理论成立；经理人的年龄与固定资产投资的关系为正，但是系数较小，没有通过显著性检验，与理论预期不符合。

第 7 章

管理层薪酬契约与资本结构选择行为实证分析

第 4 章中运用调查问卷的数据分析了管理层对薪酬契约关心度以及当管理层薪酬契约中包含长期股权薪酬时,管理层对融资方式选择的顺序,发现管理层会谨慎地采取负债融资方式,本章运用沪深上市公司的数据验证管理层薪酬契约与资本结构选择财务行为之间的关系。

公司杠杆的降低对管理层薪酬的影响有三:公司负债比率的降低减少了公司陷于财务困境的可能性,管理层不会面临职业的威胁,其收入的稳定性大大增加;公司负债比率的降低减少了现有债权人债务的风险,债权人对企业债务限制性条款会相应地减少;负债的降低也大大降低了公司权益投资者的风险,管理层薪酬契约中股权部分的风险也同时降低(Agrawal and Mandelker,1987)。

有关上市公司管理层薪酬和资本结构选择行为的现有研究主要集中于其影响因素以及与公司规模、业绩、治理结构、股权结构以及企业特征等方面。国内目前的研究仅限于对管理股权与资本结构选择行为关系的研究。

那么,管理层是否会出于自身薪酬契约的考虑而影响到公司资本结构的选择?本章以我国制造业上市公司 2004~2006 年的数据为依据,实证检验了管理层薪酬契约与公司资本结构选择行为之间的关系,并对管理层薪酬契约中货币性薪酬与股东财富敏感度进行了检验。与其他研究不同之处在于：（1）不单纯考虑管理层货币性薪酬。上市公司披露的管理层货币性薪酬包括其固定薪酬和效益薪酬（按照年度效益进行考核），但是从披露的要求看不出货币性薪酬中固定薪酬和效益薪酬的关系，而仅仅研究货币性薪酬特别是金额最高的前三位高管人员的货币性薪酬显然具有很大的主观性和迁就数据来源方便之嫌。（2）仅仅考虑管理层薪酬契约中包含长期股权薪酬的上市公司，从两个角度计量管理层股权，一是管理层股权薪酬收入占全部薪酬收入的比重，一是管理层股权的累计分布函数。排除管理层零持股的上市公司，剔除了管理层薪酬契约中不包括长期股权的样本，原因一是与第 6 章检验相符合，二是使研究结论更具说服力。

7.1 资本结构理论

在现代公司运行中，资本结构与管理层薪酬激励机制之间的关系非常复杂和微妙：一方面，自从詹森和麦克林（1976）基于"代理问题"的资本结构理论问世以来，股权与债权两种融资手段内含的财务与法律特性差异在契约理论的研究框架中同时得到了确认与强调，进而在有关的金融理论中，经济学家往往把资本结构的选择作为公司所有者调控董事、总经理等高级管理层行为的一种有效的激励手段（Grossman and Hart，1982，1985，1988；Hart，1995；Dewartripont and Tirole，1994）；另一方面，在资本结构与企业资金成本进而企业价值存在密切关联的背景下，由于激励机制的有效性直接影响公司管理层行为，进而作为公司管理层决策的一种结果，公司融资（即资本结构设计）、投资、风险管理等财务政策的决策或实施必然会受到管理层薪酬激励机制的影响。

资本结构的理论和实证研究都表明了管理层的自利行为将影响公司的盈利能力及融资选择，从而影响公司价值及资本结构。

企业资本结构理论源于 20 世纪 50 年代，大卫·杜兰特（David Durand）是先驱者之一，而莫迪里亚尼（Franco Modigliani）和米勒（Merton H. Miller）是现代资本结构理论的创始人，70 年代形成的权衡理论标志着资本结构理论的进一步发展，之后的信息不对称理论更是大大地拓宽了这一研究领域。

7.1.1 早期资本结构理论

早期资本结构理论是美国财务学家大卫·杜兰特于1952年发表的研究成果。他在美国国家经济研究局召开的"公司理财研究学术会议"上发表了《公司债务和所有者权益费用：趋势和问题的度量》一文，系统地总结和提出了资本结构的三种理论：净收益理论、净营业收益理论和传统理论。这三种理论的共同之处是它们都是由一些有关投资者行为的假设组成的，而不是可以用正式统计方法进行检验的模型，不同之处在于对投资者如何确定企业负债和股本价值的假设条件不同。

1. 净收益学说（Net Income Approach）

净收益学说的基本内容是：负债可以降低公司资本成本，加大企业财务杠杆程度，可降低加权平均资本成本并提高企业的市场价值。净收益学说假设条件为：（1）投资者以一个固定不变的比率投资或估价企业的净收入；（2）企业能以一个固定利率筹集所需的债务资金，并且债务成本低于权益成本。因为无论企业使用多少负债，其债务成本与股东权益成本均不受影响，因此，只要债务成本低于权益成本，那么负债越多，加权平均资本成本就越低，企业价值就越大。

2. 净营业收益学说（Net Operating Income Approach）

净营业收益学说的理论内容是：无论财务杠杆如何变动，加权平均资本成本和企业价值都是固定的。增加成本较低的负债资本的筹集使用，也会增加公司财务风险，从而使投资人权益成本提高。结论是资本结构的选择没有意义。大卫·杜兰特认为，如果把企业的债券和股票的持有人视为同一个人，即由同一投资者持有公司的负债和业主权益，则该投资者所关心的就是该公司可给他带来现金流量的数量及其风险性。而公司的EBIT数量及其风险性取决于公司的投资决策，并与公司资本结构无关。因此，公司的全部投资收益率与公司资本结构无关。公司的资本结构变动不会影响公司价值乃至普通股的每股市价。所以，公司不可能通过调整其资本结构达到提高企业价值及每股市价的目的。即无论公司利用多少债务，对股东来说都一样。

3. 传统学说（Traditional Approach）

介于上述两个极端观点之间的是资本结构的传统学说。传统学说认为加权平均资本成本与资本结构密切相关，最佳资本结构（Optimal Capital

Structure）是客观存在的。这种学说的主要内容是：当企业在一定范围内使用财务杠杆时，负债成本和权益成本都不会明显增加，而负债比例的增加会使加权平均资本成本下降，企业价值增加；当负债超过这一范围以后，负债成本和权益成本都要明显地增加，从而使加权平均资本成本上升，企业价值开始变小。

7.1.2 MM 理论

著名的美国经济学家莫迪里亚尼（Franco Modigliani）和米勒（Merton H. Miller）考察了企业资本结构和企业市场价值之间的关系，于1958年6月在《美国经济评论》上发表了《资本成本、公司财务与投资理论》。同年9月，MM 在《美国经济评论》上又发表题为《资本成本、公司财务与投资理论：答读者问》一文。1963年在《美国经济评论》上再度发表《税收和资本成本：校正》一文。在这三篇文章中，MM 以科学严谨的方法研究了资本结构与企业价值的关系，形成了著名的"MM 资本结构理论"。莫迪里亚尼和米勒在早期的研究中提出了一些基本假设，主要包括：资本市场是完善的，所有投资者均可方便地、无成本地获取所需的各种信息，不存在交易成本；投资者个人的借款利率和企业的借款利率相同；投资者可按个人意愿进行各种套利活动，不受任何法律的制约，并无须缴纳个人所得税；各种负债都无风险，负债利率中不包括风险利率；企业息税前利润不受负债的影响；企业的增长率为零，财务杠杆收益全部支付给股东；各期的现金流量预测值为固定量，构成等额年金。莫迪里亚尼和米勒的研究分三个阶段，即分别在无任何税收、只有公司所得税、公司所得税和个人所得税同时存在的情况下研究资本结构对企业价值的影响。

1. 无税的 MM 模型

在以上假设条件下，同时假设无任何税收，MM 的研究结论是企业价值与资本结构无关，主要包括两个命题。

命题Ⅰ：企业价值与资本结构无关。MM 理论认为，在完美的市场体系下，资本结构变动不具有价值。

命题Ⅱ：股东的期望收益率随财务杠杆的增大而增大。但是公司的加权平均资本成本不会发生变动，即低成本的举债利益正好被股本成本的上升所抵消，所以增加负债不会增加或降低企业的加权平均成本，也不会改变企业的价值，即企业价值和加权资本成本不会因其资本结构的变化而变化。

2. 有公司税的 MM 模型

在存在公司所得税时，债务资本的优势是利息可以作为费用在税前扣除，从而可以避免一部分公司税负，而与股票相关的股利和留存收益却不能在税前扣除。因使用债务资本而带来的税额节省称为利息税盾（Interest Tax Shield）。1963 年的《税收和资本成本：校正》一文提出了有公司税（企业所得税）时的 MM 模型，所得出的结论是：在考虑公司税的情况下，由于利息的抵税作用，公司的价值随负债比率的提高而增加。

命题Ⅰ：负债公司的价值等于相同风险等级的无负债公司的价值加上税负节余的价值。

命题Ⅱ：有负债公司的股东权益收益率随负债比率的增大而增大。

MM 理论认为：在有公司税（企业所得税）的情况下，通过提高负债权益比，企业可以降低其税负，降低资本成本，从而提高企业价值。

3. 米勒模型（公司税和个人所得税同时存在的 MM 模型）

虽然有公司税的 MM 模型考虑了公司税（企业所得税）因素，但没有包括个人所得税的影响。1976 年，米勒在美国金融学会上提出了同时考虑公司税和个人所得税的模型来估计财务杠杆对企业价值的影响。

7.1.3 权衡理论

MM 理论只考虑了负债的节税作用，却忽略了由于负债增加而带来的风险和额外费用。实际上当负债增加时，财务困境成本和代理成本也会增加，它将使企业的价值减少。20 世纪 70 年代后期以来，许多学者已经开始认识到这一点，提出了资本结构的权衡理论（Tradeoff Theory）。权衡理论既考虑负债带来的利益，也考虑由负债带来的成本，并对它们进行适当平衡来确定资本结构。这一理论认为存在着最优资本结构。

1. 财务困境成本

举债能为企业带来抵税的效应，但当债务增加时，企业陷入财务困境的可能性也会增加。财务困境是指企业没有足够的偿债能力，不能偿还到期债务的状况，严重时会导致企业破产。当负债的比率很小时，陷入财务困境的可能性很小，对企业价值的影响可以忽略不计（此时 MM 理论仍然成立），但当负债比率很大时，它的影响便不可忽视。

当公司陷入财务困境时，为此要支付一定的成本，称为财务困境成本

（Financial Distress Costs），财务困境成本又可分为直接成本和间接成本。已经有大量的学术研究在探讨如何衡量财务困境的直接成本，虽然直接成本绝对数较大，但是与公司价值相比，只占很小的一部分。怀特、奥尔特曼和威斯（White, Altman and Weiss）估计财务困境的直接成本大概是公司市值的3%。除了这些直接成本以外，在实际破产法律程序发生前也会产生一些间接成本。破产的直接成本很小但很重要。当直接成本与间接成本合并时，其数量就很大了，多达公司价值的20%。

2. 代理成本

当企业拥有债务时，股东与债权人之间存在利益冲突，而经理往往是由股东聘任的，他们在管理中首先考虑的是股东的利益，其次才是债权人的利益。当财务危机发生时，股东与债权人的利益冲突会放大，因而给企业增加了代理成本，从而使企业的价值减少。

当财务危机发生时，股东采取的利己措施主要有：从事高风险的投资、放弃有利的投资机会、转移公司资金等。

濒临破产的企业经常冒巨大的风险进行投资，因为与其坐以待毙，不如拼死一搏，这样也许还有起死回生的机会。如果成功，债权人所能得到的只是固定的利息与本金，剩余的好处都将归股东所有；一旦失败，企业可能破产，债权人的利益将无法得到保障。可以说，企业在拿债权人的钱赌一把。因此，从本质上看，处于严重财务危机的企业进行高风险项目的投资是有损债权人利益的，但股东从其自身利益出发，往往会这样做。

另外，接近破产的企业对于净现值大于零的项目可能采取放弃的态度，因为项目的收益仅能减少债权人的损失，而股东并不一定得到好处，出于不愿给别人做嫁衣裳的动机，索性放弃有利的投资机会。

处于财务困境的企业采取支付额外股利或其他分配的形式，留下少量给债权人，这被形象地称为"撇油"（Milking the Property）。

权衡理论通过加入财务困境成本和代理成本，使得资本结构理论变得更加符合实际，同时指明了企业存在最优资本结构。权衡理论只是指明了财务困境成本和代理成本是随着负债的增加而不断增加的，但却无法找到这之间的确切的函数关系，因此根据此项理论，尚无法准确计算财务困境成本和代理成本的价值，也就是说实际上很难找到最佳资本结构。

7.1.4 引入不对称信息的新资本结构理论

用时间和内容两个标准来界定新资本结构理论：时间上是指20世纪

70年代末以后学术界关于资本结构问题的各种流行的观点和看法；内容上是在不对称信息下的代理成本理论、信号理论、控制权理论、优序融资理论等。

1. 代理成本理论

代理成本是企业理论中的企业契约理论的基石。詹森和麦克林（1976）在明确代理成本概念的基础之上，确认了两种在公司运营中的利益冲突：股东与经理层之间的利益冲突和债权人与股东之间的利益冲突。詹森和麦克林（1976）把股东与经理层利益冲突导致的代理成本界定为"外部股票代理成本"，而把债权人与股东利益冲突以及与债券相伴随的破产成本等界定为"债券的代理成本"。詹森和麦克林认为伴随着股权—债务比率的变动，两种代理成本会呈现一种"此消彼长"的权衡关系，即债务的增加对股权代理成本有两方面的影响：（1）在经理层投资既定的情况下，债务增加了其持有股份，进而可以减少"股权稀释"产生的股权代理成本；（2）自由现金流量假说认为债务的本息偿还可以减少可供经理使用的自由现金流量，借此减弱经理层浪费的可能性。因此在詹森和麦克林看来，公司最优资本结构应选择在两者之和最小的一个点上。

詹森和麦克林关于资本结构的这一分析提供了资本结构激励功能的理论基础。此后，很多学者借助于对经理层以及投资项目性质的不同假设，从利益冲突视角对资本结构设计，尤其是债务融资的成本与收益进行了分析。

2. 信号理论

罗斯（Ross，1977）认为，企业管理当局可以通过改变资本结构来传递企业有关获利能力和风险的信息，资本结构可以作为传递内部人私有信息的信号。这当中暗含着这样一种观点，即公司内部经营管理人员均了解其企业收益的真实分布，而外部的投资者则不知道，因此公司管理者和股东之间存在着信息不对称（Information Asymmetry）。由于管理者的收入和利益往往取决于公司的市场价值，因此会促使管理者在公司价值被低估时向投资者传递信号。但一般投资者不会轻易地相信这种声明，因此管理者会通过增加债务、改变资本结构来向市场传递这一信息。因为人们一般认为债务增加将会使公司破产的可能性增加，而发生破产时，根据合约，管理者将会受到损失，所以只有前景光明的企业才会冒这一风险。因此投资者会认为增加债务是一种积极的信号。利兰和派尔（Leland and Pyle，1977）则结合经理人的风险偏好来讨论这一问题。他们假定经理人是风险规避者,且了解有关公司未来收益的信息。如果经理人与投资者共同投资这一项目,那么,在均衡状态下,经理人的股份将完全揭示其所拥有的内部信息。投资者可以认为,经理人所占股份越大,表明经理人对公司的前途看好,因而公司价值也越大。

3. 控制权理论

现代公司普遍存在着内部人控制问题,也就是说,实际掌握公司控制权的往往是内部的经理人而不是股东。由于经理人的利益或权威是来自于对公司的控制,因此经理人一般都有控制权偏好。从这个角度看,内部融资是最好的选择,因为它不但不会影响经理人的控制权,而且由于经理人将前期获得的收益用于新的投资而不必向股东派发股利,其事实上控制的资金更多,拥有的权力更大了。在需要进行外部融资时,经理人也会更加偏好股权融资而不是债权融资,因为发行新股会导致公司的股权进一步分散,经理人的控制权也会进一步加强。

当然,如果经理人过分依赖外部股权融资,形成事实上的内部人控制,则会向市场传递了不好的信息,给定其他条件不变,公司的股票价值就会下降,使得经理人的利益及信誉受损,这就迫使经理人不得不使用一定的债权资本。内部融资则不存在这样的问题,使用内部资本只会向市场表明经理人经营良好,股东对经理人满意并且信任,因此内部融资仍然是经理人偏好的融资方式。

就理论研究而言,把企业控制权纳入资本结构的分析是以哈特、格罗斯曼等倡导的不完全契约理论为基础的。

(1)资本结构的静态控制权理论。早期的控制权理论从静态配置角度研究控制权对资本结构的影响,代表学者有哈瑞斯和拉维夫(Harris and Raviv,1988),斯图斯(Stulz,1988)等。他们认为,债务能够有效地激励和约束管理层,通过债务可以提高管理层在公司中的股权比例,使得管理层拥有更多的剩余收益,另外,具有固定支付的债务可以避免管理层偷懒的道德风险。

(2)资本结构的动态控制权理论。最早将不完全契约理论运用到资本结构理论中并试图模型化这样一种思想的学者是阿洪和博尔顿(1992),他们开创了控制权在股东和债权人之间转移与企业价值最大化的研究。阿洪和博尔顿以债权作为背景构建了一个二期控制权配置模型,即最优的剩余控制权配置应该是"控制权的相机转移"——在企业经营状态好时,控制权归企业经营者;当企业经营状态不好(比如不能还本付息）时，控制权应该转移给投资者。由于在经营权与所有权分离的现代公司中，经理层激励机制客观上包含了货币激励与控制权激励两种形式，而股权与债权对经理控制权的影响机理性质上存在显著的差异，因此，把阿洪和博尔顿（1992）；哈特和穆尔（Hart and Moore，1994）；哈特（1995）；迪瓦阕蓬特和梯若尔（Dewartripont and Tirole，1994）等一系列控制权转移过程中债务功能的理论理解为一种全新的以激励约束机制构建为基准的资本结构理论。

阿洪和博尔顿（Aghion and Bolton，1992）在一个两时点的简单模型中，研究了由于债务的存在导致的控制权相机转移实现企业价值最大化的作用机理。假设：（1）有一个投资项目，有两种发展前景好和坏；（2）时点1时企业控制方有3种选择：要么扩张，要么维持，要么清算；（3）对控制企业的企业家而言，维持时成本为0，无论是清算还是扩张，对于他而言都是有成本的；（4）期间收益不可观察（或观察成本很高）。在上述假设下，探讨了这样一种情况下债务的功能：当前景很好时，企业所有者具有扩张动机，但扩张对于企业家而言需要承担成本，这种成本的上升要高于收益（即把这种成本考虑在内，维持现状是最优的）；当前景是坏时，所有者希望清算，但企业家却不愿意清算——这时他丧失了对企业的控制权。基于这些假定，对于外部所有者而言，"好——维持，坏——清算"显然是最优的一种选择。从企业控制权的角度来说，这也意味着当企业正常运营时，把控制权交给企业家是符合所有者利益的，当企业经营不善时，控制权就应该从企业家转移到所有者。

阿洪和博尔顿认为适当的债务可以实现这一目标——如果时点1时的货币收益与未来收益是正相关的，通过把债务规模设定在两种状态之间的任何一个水平上，就可以在好情况发生时把控制权保留在企业家手中，而坏情况发生时，由于企业的货币收入无法清偿债务，将被迫破产，从而使控制权转移到外部人手中，清算发生。

迪瓦阕蓬特和梯若尔（1994）进一步提出在存在经理人道德风险时，建立在企业利润基础上的货币性激励难以约束经理人。控制权应该在企业经营者、作为"软弱委托人"的股东和作为"强硬委托人"的债权人之间相机转移（杨其静，2003）。哈特等人也很快将该思想用来研究企业最优债务合同和最佳融资结构，并指出投资者一方面要使用短期债权，以便通过对现金流的约束来实现对企业经营者控制，同时也要使用长期债权（或股权），以便支持企业的长期发展（Hart，1995）。

4. 优序融资理论

在不对称信息的条件下，利兰和派尔（1977）以及罗斯（1977）的"信号传递理论"展示了资本结构可以作为传递内部人私有信息的信号，梅耶斯和马基卢夫（1984）的"优序融资理论"探讨了当信息无法有效传递时，为了弱化企业内部人与外部融资者的激励问题，公司是如何选择最优融资渠道的问题。

梅耶斯和马基卢夫（1984）研究了投资者在认识到公司经理人可能拥有其所无法获得内部信息的前提下，公司融资的最优安排问题。梅耶斯和马基卢夫（1984）指出，如果投资者没有像当事公司内部人那样有对公司的资产价值的灵通信息，那么股权就可能被市场错误地定价。如果公司需要以发行股票为新项目融资，若由于股票价格过低以至于使新投资者能够从新项目中获得比 NPV（即净现值）更多的价值，便将导致现有股东的一个净损失。在这种情况下，即使是 NPV 是正的，这一项目也会遭到拒绝。如果公司能够利用其价值没被市场如此低估的证券为新项目筹资，则这种投资不足就会被避免。所以在这种情况下，与股权相比公司更偏好于内部资金，甚至于不太多的风险债务也比股权优越。优序融资理论（也称啄食顺序理论，the Pecking Order Theory）的基本内容——公司融资顺序有较明显的先后之分：所需的资金首先依赖于内源资金；在内源资金不足，需要外部资金注入时，债务融资将成为次优的选择；而外部股权融资由于成本太高，只是作为一种融资渠道的补充来源形式存在。

7.1.5 管理层薪酬契约与资本结构理论

因为管理层在经营过程中付出了自己的全部努力，却只享受一部分企业增加的价值，这样就容易造成管理层的偷懒行为或者自利行为。一方面，管理层往往会根据报酬契约和企业的发展状况选择自己的努力程度，作为管理层财务行为之一的资本结构也会受到管理层努力程度的影响。如果上市公司未来的业绩和发展前景比较好，能够给管理层提供高额的报酬，同时为了保证管理层的控制地位，他们宁愿维持公司现状，而不愿意去发展壮大企业，就算企业需要资金来扩张业务，他们也愿意采用没有清偿压力的股权融资。

管理层薪酬激励机制与资本结构之间的负相关关系往往会受到企业性质的影响。这是因为对于国有控股公司，由于其事实上的所有者缺位，管理层就获得了对公司运营的绝对控制权，因此就不会引进过多的债务人来监督自身的行为；而在产权清晰，具有明确的所有者界定的民营公司情况则恰恰相反，所有者要干预管理层的自利行为，而采用债务融资就是非常有效的手段。同时股权融资审批程序多，时间久。

上市公司的实际资本结构水平，在一定程度上会受到管理层自身利益的影响。这是因为如果管理层持有股权，一方面采用负债融资会使管理层受到债权人的监督，另一方面对于持有股票的管理层而言，保持低债务比率比投资者债务非分散化有更大的风险，所以理论上管理层持股比例越大，为了规避风险，就会选择低负债率。但是在存在着其他的管理层激励机制时，例如，当存在非管理者主要股东时，可能就会实现债务的增长，这也就意味着管理者股东的存在可以使管理者和普通投资者的利益趋于一致。

7.2 理论模型分析与研究假设

7.2.1 理论模型分析

布兰德（Brander，1992）研究了股东和债券持有者的代理关系与股东和管理者的代理关系这两者的相互影响。作者首先假设股东管理公司，提出了对债务融资的代理成本的简单描述，然后引进外部管理者，说明股东向管理层提供的薪酬契约如何减轻这种代理成本，并提出了一个消除代理成本的管理层薪酬契约，最后说明管理层薪酬契约在决定最优财务结构中的重要性。

债务代理成本的简单模型，这个模型不考虑比如风险厌恶、税收等对财务行为的影响，但明确地展示了股东和债券持有者的主要利益冲突。假设股东管理公司，并且有一个新的投资机会需要预先支付 K，管理公司的机会成本是 M_0，需要借款 B，并约定归还 D。投资收益部分取决于股东的行为变量 a 及代表状态的变量 s，a 值越大代表的策略越激进。求出股东偏好的使其价值最大的行为 a^E、债券持有者偏好的使其价值最大的行为 a^B，及使公司总价值最大的最优行为 a^1，得出命题 1：股东偏好的行为比最优行为更激进，债券持有者偏好的行为比最优行为更保守。a^1 和 a^E 的差异产生了债务的代理成本，导致了股东在归还债务后剩余收益的减少。

假设有外部管理层简单的约束性契约，当公司有偿债能力时，管理层获得固定工资 M，如公司破产管理层收入为 M－T，T 为公司破产时管理层损失成本，并得出命题2：在简单约束性契约下，管理层选择的行为比债券持有人偏好的行为更激进。同时得出，当管理层的工资与公司剩余收益的期望值相比较大时，管理层的行为比股东偏好的行为保守。所以这个简单的约束契约导致了管理层选择的行为与债券持有者偏好的行为更接近。

引入了一个更复杂的红利契约，管理层事先获得固定工资 I，如果公司达到目标收益 $\hat{R}$，管理层获得红利 M，其期望收益至少等于管理层的机会成本 M_0。增加目标收益会使管理层行为更激进，从而最终影响公司债务的价值，得出命题3：股东希望签订一个管理层契约，使得债务较低，并为管理层带来较大的期望剩余收益，而且能够使管理层偏好的行为 a^M 与最优行为 a^1 一致。这种契约确实存在，在这个契约下可以产生最优行为 a^1，并使股东在偿还债务及支付管理层工资后的收益最大。即选择一个合适的管理层契约可以消除债务的代理成本。讨论了最优财务结构，债务量存在一个临界值 $\bar{B}$，当低于它时，债务的代理成本是 0，高于它时，债务的代理成本是增加的。假设不存在权益的代理成本，从股东价值的计算公式可以看出，当借入的债务在低于 $\bar{B}$ 时，对股东不存在影响，当高于 $\bar{B}$ 时会对股东价值造成影响。结论表明管理层薪酬契约在减轻公司股东和债券持有者利益冲突方面是一种潜在的重要方法。并且该契约可以作为财务结构的重要决定因素。

但是，通过债务契约可以减轻或消除与债务相关的一些问题，并不能够解决全部的问题，管理层薪酬契约作为约束工具可以解释降低一些代理成本，但是不会消除全部的代理成本。

我国公司中实际情况是，公司董事会代表股东的利益制定管理层薪酬契约，在给定管理层薪酬契约下，管理层会选择最大化自身利益的行为。公司股东拥有公司收益的剩余索取权，股东关心的是管理层事后的投资和其他理财行为是否能够最大化股东财富。

1. 基本模型

约翰和卡斯约翰（1993）设计了最优薪酬契约简单 3 期模型，即 $t = 0, 1, 2$，并对薪酬契约有效性以及与财务杠杆的关系进行了分析，本书借鉴约翰和卡斯约翰的模型，进行实证检验，如图 7－1 所示。

$t = 0$ 时，公司董事会制定管理层薪酬契约；管理层选择融资策略，外部投资者对公司的预期是理性的，假设外部融资方式有权益和债务两种，债务融资是纯贴现债券，其到期日是 $t=2$，到期值为 F，$F \geq 0$。

$t=1$ 时，公司管理层确定投资决策，设管理层有两种投资方案，情形1：无风险安全性投资项目，在 $t=1$ 时投资 I，在 $t=2$ 时收回投资 I；情形2：风险性项目，在 $t=1$ 时投资 I，在 $t=2$ 时得到高的回报 H，概率为 P，或者得到低的回报 L，概率为 $1-P$，且有 $H>I>L>0$；在 $t=1$ 时，管理层做投资决策之前，只有管理层能够预期项目的现金流量，外部投资者对于项目现金流量和发生的概率不能观察，$0 \leq P \leq 1$；在 $t=1$ 时，管理层会根据自己的私人收益在无风险项目和有风险项目间以及对于 P 的观察选择投资项目。

$t=2$ 时，公司清算，时期 $t=1$ 的投资在情形 1 下，全部收回无风险投资 I；情形 2 下根据发生的概率或者收回 H，或者收回 L，管理层根据薪酬契约的约定取得其收益。

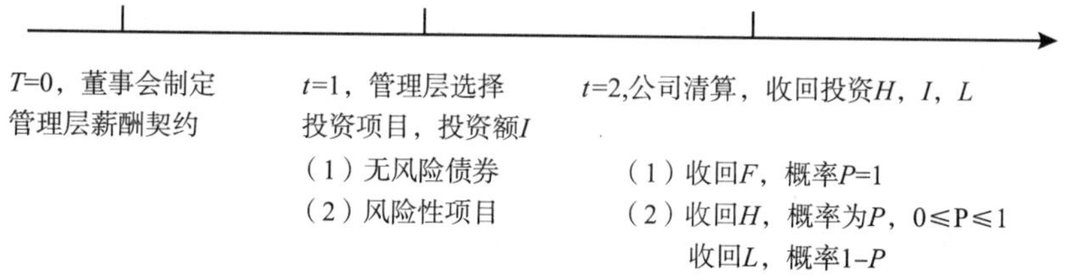

T=0，董事会制定管理层薪酬契约

$t=1$，管理层选择投资项目，投资额 I
（1）无风险债券
（2）风险性项目

$t=2$，公司清算，收回投资 H，I，L
（1）收回 F，概率 $P=1$
（2）收回 H，概率为 P，$0 \leq P \leq 1$
　　收回 L，概率 $1-P$

图 7-1　管理层薪酬契约与融资决策制定示意图

管理层在确定投资项目后，对项目进行融资，融资策略一是债务，二是权益。当管理层发行面值为 F，$F \geq 0$ 的纯贴现债券融资时，在融资额 F 和管理层薪酬契约 μ 已知前提下，债权人提供 $B(F, \mu)$，股东提供不足的部分 $I-B(F, \mu)$，给定管理层薪酬契约，公司的股东承担了债务的代理成本。

假设管理层薪酬契约的现值用 W 表示，W 的大小取决于经理人市场价格，管理层通过投资实现现金流能够满足 $W=\mu$ 时，薪酬契约 μ 是有效的。通过选择不同的薪酬契约 μ，股东通过制定管理层薪酬契约结构以及事后投资决策来对管理层实施监督，股东的目标函数是在 $t=0$ 时制定最优薪酬契约 μ^*，使得公司价值（支付管理层 W 后）最大化。

2. 管理层薪酬契约

在3期（第0、1和2期）模型中，假设股东目标利润为 T，管理层

固定薪酬为 S，$S \geq 0$，与年度利润相联系的短期薪酬契约部分为 λ，$\lambda \geq 0$，当公司利润达到目标水平时，管理层得到货币性薪酬 $\omega = (S + \lambda)$，$\omega \geq 0$；否则，管理层货币性报酬为 $\omega - \varphi$，φ 是管理层在未达到目标利润指标时不能够拿到的效益薪酬部分，或者由于业绩差被解雇带来的损失。

(1) 次优无激励作用的薪酬契约

假设管理层的薪酬契约简单表示为货币性薪酬为 $\{\omega, \varphi\}$，在该契约下，管理层采取投资策略是：全部投资于风险项目使得：

$$p\omega + (1-p)(\omega - \varphi) \geq \omega \qquad (1)$$

当 $P = 1$ 时，管理层会全部进行保守的无风险投资项目，对债权人而言，该项目是最优策略，在情形1下，债权人可以无风险收回债权，此时公司价值净现值为零，由于公司价值为零，说明管理层薪酬契约没有任何激励作用，是一个次优薪酬契约。

(2) 具有激励作用的薪酬契约

假设公司清算时管理层具有 α 比例的剩余索取权（即股权）。在这种薪酬契约中，管理层所得由三部分构成：货币性薪酬 ω，$\omega \geq 0$，财务困境和经营不善损失 φ，$\varphi > 0$，管理股权薪酬 α，此时激励性薪酬契约结构为 $\{\omega, \varphi, \alpha\}$，在该契约下，管理层采取投资策略是：全部投资于风险性项目使得：

$$(1-p)(\omega - \varphi) + p\{\omega + \alpha(H - F)\} \geq \omega + \alpha(I - F)$$

$\varphi > 0$，整理得：

$$p\{\alpha(H - F) + \varphi\} \geq \alpha(I - F) + \varphi \qquad (2)$$

式中最小的 P 值用 $P^{\min}$ 表示，则：

$$P^{\min} = \frac{I - F + \varphi/\alpha}{H - F + \varphi/\alpha} \qquad (3)$$

对于所有的 $P \geq P^{\min}$，在给定管理层薪酬契约结构 $\{\omega, \varphi, \alpha\}$ 下，管理层会实施投资策略 $[P^{\min}]$，当 $\alpha > \varphi/F - L$，管理层会过度投资于风险项目。

(3) 最优激励薪酬契约

对于公司承诺支付债务额 F，$F \geq 0$，能够促使管理层采取最优投资策略 $[\tilde{P}]$ 的薪酬契约是最优薪酬契约。

命题1：给定 $\hat{\alpha} = \varphi/F - L$ 时，激励薪酬契约 $\{\omega, \varphi, \hat{\alpha}\}$ 中薪酬契约结构最优。

证明：$0 < \alpha < 1$，激励性薪酬契约使得管理层采取投资策略 $[P^{\min}]$，

将 $\hat{\alpha}=\varphi/F-L$ 代入式（3）得：$P^{\min}=I-L/H-L$，等于式（2）中 $\hat{P}$ 帕雷托最优投资策略，此时公司价值最大，因此激励薪酬契约 $\{\omega,\varphi,\hat{\alpha}\}$ 中薪酬契约结构最优。

命题 2：$\hat{\alpha}$ 是最优薪酬股东财富敏感度参数，随着公司负债水平 F 的增加而降低，即 $\partial\hat{\alpha}/\partial F<0$。

证明：对 $\hat{\alpha}=\varphi/F-L$ 求倒数，得：$\partial\hat{\alpha}/\partial F=-\varphi/(F-L)^2<0$。

当债务增加时，薪酬股东价值敏感度降低，管理层与股东利益不再紧密联系，管理层有动机采取利己（而不利于股东）投资策略。$\hat{\alpha}$ 的大小与公司负债水平负相关。

管理层最优薪酬契约 $\{\omega,\varphi,\hat{\alpha}\}$ 包括货币性薪酬收入 ω，剩余索取权 $\hat{\alpha}$，以及由于业绩差而损失的 φ，表示为 $M\{\omega,\varphi,\hat{\alpha}\}$。

$$M\{\omega,\varphi,\hat{\alpha}\}=\omega+\hat{\alpha}\left[\hat{P}(I-F)+\frac{1}{2}(1-\hat{P}^2)(H-F)\right]-\frac{1}{2}(1-\hat{P})^2\varphi \tag{4}$$

式（4）中右边第二项含义为：在给定的两种投资策略下，期末现金流量在两种（第一收回投资 I，第二收回高的回报 H）情况下股东财富为正值，此时管理层分享 $\hat{\alpha}$ 比例。第三项含义为：期末现金流量在第三种情况下，收回低的回报 L，$F>L$，此时管理层遭受损失。

在薪酬契约 $M\{\omega,\varphi,\hat{\alpha}\}$ 中，选择 $\hat{\omega}$，使得 $M\{\hat{\omega},\varphi,\hat{\alpha}\}=W$，此时管理层薪酬契约具有激励管理层的作用。

7.2.2 研究假设

通过以上文献梳理和理论分析，提出假设：管理层薪酬契约中长期股权比重与公司负债水平负相关。

人力资本风险无法分散的管理层期望公司能够持续经营，以降低其人力资本风险（Amihud and Lev, 1981）。其中降低人力资本风险方法之一就是减少公司债务持有量（Friend and Lang, 1988）。博格，奥菲克和耶麦克（Berger, Ofek and Yermack, 1997）在研究 CEO 薪酬契约与公司债务水平时发现，管理者会避免债务，这说明公司的财务决策会受到管理层股权收入比重的影响。哈维和施瑞夫斯（Harvey and Shrieves, 2001）发现外部董事和大股东有助于经理薪酬的使用，经理薪酬与财务杠杆的使用负相关。

7.3 样本选择与变量定义

7.3.1 样本选择

样本数据选择方法：

(1) 从 CCER 数据库中选择 2004~2006 年财务数据和治理结构数据，从中选择制造业上市公司，并将财务数据和治理结构数据相匹配；(2) 删掉 ST 公司；(3) 删掉管理层零持股的上市公司；(4) 删掉数据缺失的样本公司。最后得到研究样本 2004 年 389 家，2005 年 401 家，2006 年 404 家，共 1194 家组成研究样本。

数据来源于北京大学中国经济研究中心主办的 CCER 数据库和国泰安 CSMAR 数据库。运用 Eviews5.0 进行分析。

7.3.2 变量定义

1. 管理层薪酬契约

选择管理层薪酬契约中长期股权占全部薪酬收入比重和管理层长期股权占公司全部股份的累计分布函数两个被解释变量。管理层股权收入占全部收入比重，管理层全部薪酬收入是管理层股权比例与上年末股票价格之和加上管理层货币性薪酬，管理层股权收入与全部薪酬收入之比计算所得；管理层持股[①]定义为上市公司董事和管理层持股总数与该公司总股本的百分比，目的是衡量公司内部股权对管理层资本结构行为的影响，并计算其累计分布函数。

2. 资本结构

资本结构度量方法有两种，资产负债率和负债权益比。资产负债率为账面负债与账面资产之比；负债权益比率则为总负债与股票市值之比。一

[①] 很多学者在研究中取董事会和高管层持股比例之和作为研究变量（David J. Denis, Diane K. Denis and Atulya Sarin etc.）。David J. Denis, Diane K. Denis and Atulya Sarin, Agency Problem, Equity Ownership, and Corporate Diversification, The Journal of Finance, March 1997, 52 (1): 135 - 160.

般说来，会计人员倾向于使用账面价值，债务条款中对债务的限制也经常以账面价值而非市场价值，而且诸如标准普尔和穆迪也经常用账面价值表示的债务比率测度信贷价值。而西方绝大部分文献都以市值来计算权益比，我国上市公司股权一直是二元的股权结构，股权分置改革后，虽然非流通股股东取得了流通权，但是非流通股股东的股权仍然具有一定时间的禁售期，因此，采用市值方法的准确性受到很大限制。与国内多数文献相一致，采用资产负债率作为资本结构的量度。

3. 股权特征

管理层在经营中，面对的监管很多，但是概括起来有以下几种：我国的上市公司大都是国有企业改制而来，而公司管理层的薪酬长期以来受到政府的管制和约束。

（1）第一大股东性质。在我国民营上市公司给管理层提供的报酬明显较高，同时为了保证管理层和股东的控制地位，公司会倾向于债权融资。而对于国有上市公司的管理层而言，较低的薪酬机制往往会导致管理层满足于公司现状的维持，而不愿意去发展壮大企业，就算企业需要资金来扩张业务，管理层也愿意采用没有清偿压力的股权融资。而国有上市公司管理层大多是通过行政任命的方式确定，其薪酬也是由国家确定的。同时由于控制权与经营权的结合，使得部分董事长和经理人兼任，这就造成了管理层的薪酬完全由自己制定，不管企业业绩如何，管理层照常可以拿高工资。因此预测公司性质与管理层薪酬中股权收入占全部收入比重和管理层持股累计分布函数的关系为负。公司控股股东是否为国有控股，如果是国有股取1，否则为0。

（2）第一大股东持股比例。公司第一大股东持股比例与管理层薪酬关系类似于企业性质对管理层薪酬的影响。因此公司第一大股东持股比例与管理层股权占收入比重和持股比例累计分布负相关。

4. 董事会治理变量

董事会规模、董事会构成等因素直接影响到董事会的监督职能，如果董事会和独立董事在公司激励监督机制的监督中能够尽到职责，那么，董事会规模和独立董事应该能够对管理层实行有效的监督，其与管理层薪酬关系为正。

（1）董事会规模。董事会规模是公司治理有效性的重要变量（Lipton and Lorsch，1992；Jensen，1993），耶麦克（1996）实证研究表明：公司董事会规模与公司价值显著正相关，而且当公司董事会规模增加时，CEO

控制权力会受到威胁，董事会规模与管理层薪酬负相关，董事会规模用董事会人数的自然对数来表示。

（2）监管力度。监管力度用董事会构成指标，即独立董事占董事会的比例来表示，威斯柏（1988）认为当独立或外部董事对公司控制权增加时，会对管理层实行更为严格的监督，管理层薪酬契约中股权收入占总收入的比重和管理层股权累计分布函数与独立董事比例负相关。

公司的治理结构比较完善，如果公司采用负债融资，就说明了企业的负债融资经过了公司完善的审批和预算，就暗示了负债融资在未来的期间内可以按时偿还本金和利息，因此公司的董事会规模、董事会构成与资本结构有着正相关关系。

5. 公司风险

用2003~2006年按照季度计算的业绩指标ROA的标准差，它表示管理层面临的、单个公司所具有的不可分散的风险。

6. 其他控制变量

在模型中加入了企业规模、企业成长性、业绩指标、担保资产指标和资产专用性指标作为控制变量。以往的研究表明企业的董事会规模、董事会和高级管理层的股权激励、大股东持股比例都受到企业规模的影响；在成长性较高的企业，企业的董事会和高级管理者会拥有较多的股权激励；公司历史业绩水平也会对治理层面的特征产生影响。

（1）公司规模。公司规模越大，管理层控制的资源越多，随着公司规模的增加，经理人需要做出的决策和付出的努力就会增加，相应的经理人的报酬也应该增加。公司规模越大，更容易获得贷款，而且大企业规避风险能力强、信誉高，因此相同的负债水平带来的破产风险较小，这样大企业会采取更多的负债。因此，公司规模与管理层薪酬、资产负债率呈正相关关系。用公司期初总资产的自然对数（LNA）来度量公司规模。

（2）成长性指标。大多数的公司都具有增长机会，高增长公司未来现金流不确定性风险较大，风险中性的管理层为了规避风险，其薪酬契约中股权所占比重应该随之降低，因此，增长机会与管理层薪酬长期股权比重和管理层股权比例关系为负。成长性较高的公司，市场的扩张欲望很强，需要大量的资金扩张市场，而采用股权融资需要严格的资格审核，资金到位的周期比较长，所以会倾向于融资速度较快的负债来解决。因此预测成长性与资产负债率存在正相关关系。

（3）公司业绩。表示公司业绩的指标有很多，国内大多数研究都选择 ROA 或者 ROE 作为业绩指标的替代变量。用 ROE 来表示公司的业绩。

（4）担保资产。担保资产指标固定资产净值与存货之和占总资产的比例。

（5）资产专用性。资产专用性指标营业和管理费用占销售收入的比重。

变量定义表见表 7-1。

表 7-1　　　　　　　　　　　变量定义表

变量名称	变量代码	变量含义
管理层薪酬契约中股权收入占薪酬收入比重	SHARRAT	管理层股权比例×年末股票价格/（管理层股权比例×年末股票价格+货币性薪酬总额）
管理层长期股权累计分布函数	CEOS	董事会、监事会和管理层持股比例分布，将持股比例按照升序排列，若某一样本排在第 n 位，则其值 = $(n-1)/$（样本总体个数 -1）
资产负债率	DBTR	总负债与总资产账面价值比率
第一大股东持股比例	TOP1	第一大股东持股占公司总股份的比例
第一大股东性质	TOPN	第一大股东为国有股，取值为1，否则取值为0
董事会规模	LND	董事会人数的自然对数
监管变量	ROOUT	董事会构成，外部独立董事占董事会比例
公司风险	ROP	公司 2003~2006 年按照季度计算的业绩指标 ROE 的标准差
公司规模	LNA	期初总资产自然对数
净资产收益率	ROE	作为公司经营绩效的衡量指标之一
成长性指标	SG	当年与前一年主营业务收入之差除前一年主营业务收入
担保资产比例	FIX	（固定资产净值+存货）占总资产比例
销售收入费用比率	EPR	（营业费用+管理费用）占主营业务收入比例
年度虚拟变量	DUMY	虚拟变量，如果属于 2006 年度，取值为1，否则为0

7.4　实证结果分析

7.4.1　描述性统计分析

在进行回归分析之前，对样本数据首先进行了描述性统计分析和相关系数检验。描述性统计分析结果表明，管理层薪酬契约中股权收入占收入比重均值为 54%，最大值为 99%，最小值 0.02%；管理层股权按照累计分布函数排列的持股比例均值为 49%，最大值为 1，最小值为零。

样本公司中独立董事比例的最小值为零，仍有小部分上市公司没有建立独立董事制度，其中 2004~2006 年分别为 9 家、10 家和 12 家，样本公司独立董事最多的是有 6 人，其均值占到董事会规模的 32%。董事会规模在 5~20 人之间，其均值为 10.3 人。以主营业务收入增长率表示的增长机会均值为 24%，最小值为负数。净资产收益率的均值 6%，最大值为 393%，最小值为 -627%。

表 7-2　　　　　　　　　　描述性统计分析表

	样本量	均值	中值	最大值	最小值	标准差
管理层薪酬契约中股权收入占薪酬收入比重	1194	0.54	0.48	0.99	0.0002	0.40
管理层长期股权累计分布函数	1194	0.49	0.50	1.00	0.00	0.28
资产负债率	1194	0.48	0.50	1.67	0.02	0.18
董事会规模	1194	2.28	2.30	2.89	1.38	0.20
监管变量	1194	0.32	0.33	0.60	0.00	0.06
第一大股东性质	1194	0.40	0.38	0.85	0.08	0.16
公司风险	1194	1.49	1.30	16.82	0.00	1.19
公司规模	1194	21.44	21.41	25.18	19.08	0.94
成长性指标	1194	0.24	0.17	10.69	-0.72	0.53
净资产收益率	1194	0.06	0.06	3.93	6.27	0.28
担保资产比例	1194	0.40	0.39	0.91	0.02	0.17
销售收入费用比率	1194	0.15	0.12	1.91	0.01	0.12

资料来源：作者根据 EVIEWS 输出结果整理。

相关系数矩阵结果表明，管理层薪酬契约中股权收入占总收入的比重和管理层股权累计分布函数与资产负债率的关系均为负相关，与理论预测相符合；公司的董事会规模、董事会构成与资本结构关系为正相关关系，与理论预测相符合；公司的董事会规模与管理层股权收入占总收入的比重和管理层股权累计分布关系为负相关，与理论预测相符合，公司的董事会构成与管理层股权收入占总收入的比重和管理层股权累计分布函数关系为正相关关系，与理论预测不相符合。

管理层薪酬契约中股权收入占总收入的比重和管理层股权累计分布函数与公司资产规模、独立董事比例、第一大股东持股比例关系与理论预测方向相同，资产负债率、董事会规模、风险指标以及净资产收益率与薪酬关系与理论预测相反。

成长性与管理层薪酬契约中股权收入占总收入比重和管理层股权累计分布函数的关系为负，与资产负债率关系为正，与理论预期相符合。

第7章　管理层薪酬契约与资本结构选择行为实证分析

表 7-3　相关系数矩阵表

	管理层薪酬契约中股权收入占薪酬收入比重	管理层长期股权累计分布函数	资产负债率	董事会规模	监管变量	第一大股东性质	公司风险	公司规模	成长性指标	净资产收益率	担保资产比例	销售收入费用比率
管理层薪酬契约中股权收入占薪酬收入比重	1.00											
管理层长期股权累计分布函数	0.44	1.00										
资产负债率	-0.04	-0.12	1.00									
董事会规模	-0.17	-0.01	0.05	1.00								
监管变量	0.13	0.02	0.01	-0.10	1.00							
第一大股东性质	-0.20	-0.20	0.02	0.03	0.004	1.00						
公司风险	-0.01	-0.02	0.001	0.03	0.04	-0.001	1.00					
公司规模	-0.02	-0.24	0.26	0.17	0.02	0.18	0.01	1.00				
成长性指标	-0.05	-0.02	0.10	0.03	0.03	0.02	0.03	0.08	1.00			
净资产收益率	-0.001	0.01	-0.04	0.02	-0.03	0.01	-0.03	0.11	0.08	1.00		
担保资产比例	-0.01	-0.04	0.11	-0.03	0.13	-0.01	0.002	0.19	-0.01	-0.03	1.00	
销售收入费用比率	0.32	0.06	0.07	-0.03	-0.06	-0.13	-0.01	-0.26	-0.16	-0.01	-0.15	1.00

资料来源：作者根据 EVIEWS 输出结果整理。

7.4.2 回归结果分析

1. 管理层薪酬契约与资产负债率关系

运用 Eviews5.0，选择固定效应模型进行回归分析，结果表明，资产负债率与管理层薪酬契约中股权占收入比重和管理层持股累计分布函数的关系为负，且在 1% 水平上具有显著性，验证了假设。与周立新（2004）、肖作平（2004）和吕长江的研究结论是一致的。这是因为在我国，随着管理层股份的增加，公司需要资金时，管理层不愿意选择有破产成本的负债融资，而会选择股权融资。

公司的董事会规模与管理层薪酬契约中股权收入占总收入的比重以及管理层股权累计分布函数之间在 1% 水平上显著负相关，与理论分析相符合。独立董事比重与管理层薪酬契约中股权收入占总收入的比重以及管理层股权累计分布函数之间在 1% 水平上显著正相关，与理论分析不相符，说明独立董事没有充分发挥监管职能。

公司第一大股东持股比例与管理层薪酬契约中股权占收入的比重和管理层股权累计分布函数的关系为负，与假设相符，说明大股东在管理层薪酬监督上发挥了其内部监督的作用。第一大股东性质与管理层股权薪酬所占比重和管理层持股累计分布函数的关系为负，且在 1% 水平上具有显著性，与理论分析相符合。

公司的资产规模与管理层薪酬契约中股权占收入比重在 1% 水平上显著正相关，与理论分析相符，公司规模大，管理层相应地增加股权薪酬的比重。

成长性与管理层薪酬契约中股权占收入比重和管理层持股累计分布函数的关系为负，且在 1% 水平上具有显著性，与理论分析相符合。

管理层薪酬契约中股权所占比重具有显著的年度效应。

表 7-4　　　　　　　　　　回归结果

解释变量＼被解释变量	管理层薪酬中股权占收入比重		管理层持股比例累计分布函数	
	模型 1	模型 2	模型 3	模型 4
截距	0.44 *** (32.59)	0.21 *** (14.75)	0.52 *** (41.43)	0.80 *** (61.48)
资产负债率	-0.16 *** (-122)	-0.16 *** (-128)	-0.11 *** (-79.41)	-0.10 *** (-70.74)

续表

解释变量＼被解释变量	管理层薪酬中股权占收入比重		管理层持股比例累计分布函数	
	模型1	模型2	模型3	模型4
董事会规模		-0.01*** (-11.42)		-0.12*** (-107.61)
独立董事比例		0.01*** (3.85)		0.27*** (74.63)
第一大股东持股比例		-0.06*** (-45.70)		-0.15*** (-100.86)
第一大股东性质		-0.01*** (-38.60)		-0.09*** (-161.75)
业绩风险指标		-0.005* (-26.97)		-0.001*** (-5.92)
资产规模	0.02*** (444.72)	0.02*** (156.34)	0.02*** (518.23)	0.01*** (61.22)
成长性	-0.005*** (-13.36)	-0.006*** (-14.76)	-0.01*** (-25.98)	-0.02*** (-36.72)
净资产收益率	0.03*** (37.58)	0.03*** (37.31)	-0.01*** (-13.86)	-0.03*** (-3.64)
担保资产	-0.02*** (-13.53)	-0.01*** (-8.82)	-0.04*** (-30.75)	-0.06*** (-39.17)
销售收入费用比	-0.02*** (-12.49)	-0.03*** (-16.95)	0.09*** (44.92)	0.002*** (15.97)
年度虚拟变量	0.63*** (1245.49)	0.62*** (1174)	-0.01*** (-20.91)	-0.02*** (-33.75)
样本量	1194	1194	1194	1194
R^2（调整的R^2）	0.62(0.62)	0.62(0.62)	0.14(0.14)	0.18(0.18)
F统计量	332882	194973	34230	26573
P值	0.00	0.00	0.00	0.00
DW统计量	2.02	1.99	2.03	2.03

注：表中的变量值分别是回归系数和t值。***、**、*分别表示1%、5%和10%水平上显著。

资料来源：作者根据EVIEWS输出结果整理。

2. 资产负债率与管理层薪酬契约关系

以资产负债率作为被解释变量,管理层薪酬股权占收入的比重和管理层股权比例的累计分布函数作为解释变量,回归结果如表7-5和表7-6所示,管理层薪酬与资本结构的负相关关系存在,且在1%显著性水平下显著。

表7-5　　　　　　　　　　　　回归结果

解释变量 \ 被解释变量	资产负债率 模型1	资产负债率 模型2
截距	-0.44 *** (57.73)	-0.50 *** (-60.50)
管理层薪酬中股权占收入比重	-0.07 *** (-128.28)	-0.07 *** (-128.55)
董事会规模		-0.03 *** (-45.70)
独立董事比例		-0.18 *** (-83.69)
第一大股东持股比例		-0.06 *** (-53.75)
第一大股东性质		-0.01 *** (-41.20)
业绩风险指标		-0.02 * (-16.09)
资产规模	0.02 *** (1057.92)	0.03 *** (358.23)
成长性	0.03 *** (114.29)	0.03 *** (117.79)
净资产收益率	-0.03 *** (-57.37)	-0.03 *** (-63.56)
担保资产	0.03 *** (31.47)	0.03 *** (35.36)
销售收入费用比	-0.03 *** (-27.84)	-0.03 *** (-22.68)
年度虚拟变量	0.07 *** (136.12)	0.06 *** (130.39)
样本量	1194	1194
R^2(调整的R^2)	0.10(0.10)	0.11(0.11)
F统计量	22477	14328
P值	0.00	0.00
DW统计量	1.86	1.88

注:表中的变量值分别是回归系数和t值。***、**、*分别表示1%、5%和10%水平上显著。
资料来源:作者根据EVIEWS输出结果整理。

表 7-6　　　　　　　　　　　回归结果

解释变量＼被解释变量	资产负债率	
	模型 1	模型 2
截距	-0.44*** (57.73)	-0.52*** (-63.02)
管理层持股比例累计分布函数	-0.04*** (-79.75)	-0.03* (-70.75)
董事会规模		-0.02*** (-38.24)
独立董事比例		-0.18*** (-79.83)
第一大股东持股比例		-0.05*** (-31.16)
第一大股东性质		-0.01*** (-35.51)
业绩风险指标		-0.002*** (-13.61)
资产规模	0.02*** (997.92)	0.03*** (347.72)
成长性	0.03*** (114.40)	0.03*** (117.63)
净资产收益率	-0.03*** (-62.75)	-0.03*** (-68.10)
担保资产	0.03*** (34.81)	0.04*** (38.75)
销售收入费用比	-0.03*** (-23.20)	-0.03*** (-20.20)
年度虚拟变量	0.02*** (61.31)	0.02*** (54.34)
样本量	1194	1194
R^2(调整的 R^2)	0.093(0.093)	0.11(0.10)
F 统计量	20885	13264
P 值	0.00	0.00
DW 统计量	1.87	1.89

注：表中的变量值分别是回归系数和 t 值。***、**、*分别表示1%、5%和10%水平上显著。
资料来源：作者根据 Eviews 输出结果整理。

7.5　稳健性检验

7.5.1　运用总经理薪酬契约进行稳健性检验

利用 2005～2006 年沪深两市制造业上市公司总经理薪酬契约中

股权占收入比重和持股累计分布函数作为被解释变量，仍然采用前述回归中的解释变量作为解释变量，来检验总经理薪酬契约中股权占收入比重和持股累计分布函数与资本结构之间的关系。因为国外文献大多数的研究都是对于总经理的长期股权激励与财务行为选择而进行的，如墨菲（Murphy，1990）等。2005年之前，我国上市公司年报中没有披露总经理的相关薪酬数据资料，2005年开始，证监会要求上市公司披露总经理货币性薪酬和持股比例情况，国泰安数据库提供了2005年总经理年度货币性薪酬和持股比例，本节检验中总经理薪酬数据来源于国泰安数据库，其他数据来源于CCER数据库。

在前述检验中，2005年沪深样本公司由557家制造业构成，删除总经理兼任董事长（副董事长）和不在公司领取报酬的样本公司23家，以及数据缺失的样本公司4家，得到样本数据530家，再删掉总经理零持股的277家，得到2005年研究样本253家。

2006年沪深样本公司由404家制造业构成，删掉总经理零持股的252家得到2006年研究样本152家。2005~2006年研究样本共406家。

总经理薪酬契约中股权占收入比重和持股累计分布函数的描述性统计结果如表7-7所示。

表7-7　　　　　　　　　描述性统计分析表

	样本量	均值	中值	最大值	最小值	标准差
管理层薪酬契约中股权收入占薪酬收入比重	406	0.31	0.13	0.99	0.00008	0.36
管理层长期股权累计分布函数	406	0.49	0.48	1.00	0.00	0.29
资产负债率	406	0.48	0.49	1.18	0.06	0.17

描述性统计分析结果表明，总经理薪酬契约中股权收入占收入比重均值为31%，最大值为99%，最小值0.008%；总经理股权按照累计分布函数排列的持股比例均值为49%，最大值为1，最小值为零；资产负债率的均值为48%，最大值为118%，最小值为6%。

相关系数矩阵如表7-8所示。

第7章 管理层薪酬契约与资本结构选择行为实证分析

表7-8 相关系数矩阵表

	管理层薪酬契约中股权收入占薪酬收入比重	管理层长期股权累计分布函数	资产负债率	董事会规模	监管变量	第一大股东性质	公司风险	公司规模	成长性指标	净资产收益率	担保资产比例	销售收入费用比率
管理层薪酬契约中股权收入占薪酬收入比重	1.00											
管理层长期股权累计分布函数	0.68	1.00										
资产负债率	−0.20	−0.19	1.00									
董事会规模	−0.10	−0.09	0.02	1.00								
监管变量	0.02	0.07	0.10	−0.10	1.00							
第一大股东性质	−0.28	−0.42	0.09	−0.08	−0.17	1.00						
公司风险	−0.14	−0.07	0.23	−0.08	0.03	−0.15	1.00					
公司规模	−0.29	−0.41	0.35	0.12	0.07	0.12	0.13	1.00				
成长性指标	−0.02	0.06	0.14	−0.02	0.002	0.04	−0.05	−0.07	1.00			
净资产收益率	−0.15	−0.09	0.76	0.04	−0.08	−0.06	0.34	0.31	0.03	1.00		
担保资产比例	−0.07	−0.06	0.06	0.01	0.05	0.06	−0.01	0.14	0.23	0.01	1.00	
销售收入费用比率	0.16	0.15	−0.13	−0.004	0.03	−0.02	0.19	−0.26	−0.01	0.16	−0.17	1.00

相关系数矩阵结果表明，总经理薪酬契约中股权收入占总收入的比重和总经理股权累计分布函数与资产负债率的关系均为负相关，与理论预测相符合；公司的董事会规模、董事会构成与资本结构关系为正相关关系，与理论预测相符合；公司的董事会规模与总经理股权收入占总收入的比重以及总经理股权累计分布关系为负相关关系，与理论预测相符合，公司的董事会构成与总经理股权累计分布函数关系为正相关，与理论预测不相符合。

总经理薪酬契约中股权收入占总收入的比重和总经理股权累计分布函数与公司资产规模、独立董事比例、第一大股东持股比例、资产规模等理论预测方向相同，资产负债率、董事会规模、风险指标以及净资产收益率与薪酬关系与理论预测相反。

成长性与总经理薪酬契约中股权收入占总收入比重关系为负，与资产负债率关系为正，与理论预期相符合，但是成长性与总经理股权比例的累计分布函数关系为正，与理论分析相反。

回归结果如表 7-9 所示。

表 7-9　　　　　　　　稳健性检验回归结果

解释变量 \ 被解释变量	总经理薪酬契约中股权占总收入比例		总经理持股比例累计分布函数	
	模型 1	模型 2	模型 5	模型 6
截距	2.14 *** (79.86)	1.54 *** (57.03)	3.12 (120.51)	2.51 ** (96.15)
资产负债率	-0.17 *** (-24.58)	-0.16 *** (-25.64)	-0.10 *** (-14.53)	-0.12 *** (-19.38)
董事会规模		-0.05 *** (-8.49)		-0.06 *** (-12.30)
独立董事比例		0.19 *** (11.84)		0.26 *** (16.57)
第一大股东持股比例		-0.23 *** (-36.34)		-0.43 *** (-69.23)
第一大股东性质		-0.23 *** (-99.80)		-0.18 *** (-4.50)
业绩风险指标		-0.02 *** (-29.73)		-0.01 *** (-13.97)
资产规模	-0.09 *** (-68.13)	-0.05 *** (-37.17)	-0.12 *** (-97.08)	-0.07 *** (-41.50)
成长性	-0.01 *** (-3.05)	-0.04 *** (-13.25)	0.03 *** (9.32)	0.02 *** (7.11)

续表

解释变量 \ 被解释变量	总经理薪酬契约中股权占总收入比例		总经理持股比例累计分布函数	
	模型 1	模型 2	模型 5	模型 6
净资产收益率	0.02 * (1.91)	0.13 *** (11.30)	−0.30 *** (−25.14)	−0.15 *** (−14.30)
担保资产	−0.006 (−0.96)	0.01 ** (2.02)	−0.01 * (−1.74)	0.02 *** (4.84)
销售收入费用比	0.11 *** (11.76)	0.09 *** (10.49)	0.10 *** (11.04)	0.06 *** (6.94)
年度虚拟变量	控制	控制	控制	控制
样本量	406	406	406	406
R^2（调整的 R^2）	0.125(0.121)	0.304(0.301)	0.184(0.180)	0.354(0.351)
F 统计量	35.39	106.41	56.89	133.50
P 值	0.00	0.00	0.00	0.00
DW 统计量	1.45	1.57	1.78	1.83

注：表中的变量值分别是回归系数和 t 值。***、**、* 分别表示 1%、5% 和 10% 水平上显著。

资料来源：作者根据 Eviews 回归结果整理。

稳健性检验的结果表明，总经理薪酬契约中股权占收入比重和持股比例累计分布函数与资产负债率的关系均为负，且在 1% 水平上具有显著性，与前述的实证验证结果相符，进一步验证了假设。董事会治理变量，其中董事会规模对总经理薪酬契约中股权占收入比重和持股比例累计分布函数显著为负，较大规模的董事会和外部董事比例制约了公司经理人分享剩余所有的权利。但是外部董事比例对总经理薪酬契约中股权占收入比重的影响为正。公司股权结构变量与总经理股权薪酬契约中股权占收入比重和持股比例累计分布函数关系为负，与假设相符，说明股权结构仍然是影响现阶段我国上市公司经理人薪酬的主要因素。公司规模与总经理薪酬契约中股权占收入比重和持股比例累计分布函数关系为负，成长性、公司盈利性等指标对于总经理薪酬中股权占收入比重、总经理持股比例的影响均显著为负；这一特征当把经理人薪酬中持股比例按照其累计分布函数关系为正。

7.5.2 剔除再融资样本公司进行稳健性检验

如果公司在样本年度即 2004～2006 年有再融资的情况，那么，公司资本结构一定会受到影响，这也会影响到前述的结论。通过手工收集了进行再融资的信息，然后剔除再融资的样本后进行稳健性检验。

样本筛选过程如下：2004年有12家样本公司进行了配股，7家公司进行了增发，15家公司进行了债转股，共34家公司，其中有1家公司同时进行了增发和债转股，这样在2004年样本公司中剔除了33家，删掉225家零持股样本，剩余426家样本公司；2005年有2家样本公司进行了配股，3家公司进行了增发，18家公司进行了债转股，共23家样本公司，删掉230家零持股样本，剩余437家样本公司；2006年有23家上市公司有再融资行为，剩余383家上市公司。最后共得到研究样本1246家。管理层薪酬契约中薪酬数据来源于CCER数据库，再融资数据手工收集，通过中国上市公司信息网、巨潮咨询等网站，查阅样本公司的2004~2006年年度资料得到。见表7-10。

表7-10 剔除再融资样本稳健性检验回归结果

解释变量 \ 被解释变量	管理层薪酬契约中股权占总收入比重		管理层持股比例累计分布函数	
	模型1	模型2	模型3	模型4
截距	3.85 *** (153.07)	3.81 *** (135.82)	0.49 *** (47.92)	0.52 *** (45.30)
资产负债率	-0.01 *** (-14.20)	-0.12 *** (-18.35)	-0.01 *** (-3.81)	-0.02 *** (-7.55)
董事会规模		-0.09 *** (-19.48)		-0.04 *** (-16.62)
独立董事比例		-0.70 *** (-45.06)		0.31 *** (46.33)
第一大股东持股比例		-0.02 *** (-3.27)		-0.36 *** (-141.88)
第一大股东性质		-0.02 *** (-11.65)		-0.03 *** (-33.06)
业绩风险指标		-0.002 ** (-2.52)		-0.01 *** (-36.93)
资产规模	0.20 *** (199.31)	0.21 *** (197.22)	0.002 *** (4.22)	0.001 (1.23)
成长性	-0.002 *** (-80.27)	-0.002 *** (-78.39)	-0.0003 *** (-25.49)	-0.0002 *** (-17.30)
净资产收益率	-0.01 *** (-15.60)	-0.01 *** (-10.16)	-0.01 *** (-29.33)	-0.01 *** (-16.67)
担保资产	-0.002 *** (-80.27)	-0.002 *** (-9.50)	-0.01 *** (-48.23)	-0.01 (-36.64)
销售收入费用比	0.01 *** (46.76)	0.01 *** (46.19)	0.002 *** (22.79)	0.16 *** (18.24)

续表

解释变量 \ 被解释变量	管理层薪酬契约中股权占总收入比重		管理层持股比例累计分布函数	
	模型1	模型2	模型3	模型4
年度虚拟变量	−0.38*** (−212.82)	−0.38*** (−210.63)	0.18*** (210.27)	0.16*** (200.99)
样本量	1246	1246	1246	1246
R^2(调整的R^2)	0.21(0.21)	0.21(0.21)	0.12(0.12)	0.186(0.185)
F统计量	298.04	299.87	113.88	185.41
P值	0.00	0.00	0.00	0.00
DW统计量	1.78	1.89	1.93	1.69

注：表中的变量值分别是回归系数和t值。***、**、*分别表示1%、5%和10%水平下显著。

资料来源：作者根据Eviews回归结果整理。

稳健性检验的结果表明，管理层薪酬契约中管理层股权占总收入比重和管理层持股比例累计分布函数与资产负债率的关系均为负，且在1%水平上具有显著性，与前述的实证验证结果相符，进一步验证了假设。

公司股权结构变量和董事会治理变量与管理层薪酬契约中股权占收入比重的关系为负，与假设相符，说明董事会在管理层薪酬监督上发挥了其内部监督的作用。管理层股权薪酬所占比重与公司的规模显著正相关，与理论分析相符合，与国外和国内的研究成果相符合。

本章小结

通过对沪深制造业上市公司管理层薪酬契约中股权比例影响管理层融资行为选择的研究，结果表明管理层薪酬契约中股权比例与公司的资产负债率之间显著负相关，管理层薪酬契约在降低负债代理成本方面发挥着积极的作用。

本章没有考虑由于管理无效而导致的股东与管理者之间的代理问题，以及管理者的风险规避和暗含的风险承担报酬，但这并不削弱管理者契约可以减少股东和债权人之间的代理成本这一基本观点。

第 8 章

研究结论与研究展望

8.1 主要研究结论

运用委托代理理论分析国有企业存在的委托代理关系，在强调大股东和小股东之间委托代理关系的同时，同样需要重视股东与管理层之间委托代理关系。基于股东与管理层之间委托代理关系，在理论分析基础上，采取访谈研究、问卷调查研究和实证研究等方法，论证了管理层薪酬契约以及与投融资财务行为之间的关系。通过研究过程的分析和论证，形成以下主要研究结论。

1. 管理层股权薪酬能够有效治理代理冲突

在我国上市公司基本上完成了股权分置改革的环境下，国有企业管理层与股东之间的委托代理冲突显得尤其明显，表现在：一方面，国有股权取得了流通权后股东和管理层之间的代理冲突更加突出；另一方面，证监会明确规定，实行股权分置改革的上市公司可以授予管理层长期股权激励，这可以看作为均衡管理层与股东之间利益而给予管理层的激励机制，同样也可以看作监管层运用管理层股权治理代理冲突的力度在加大，这也使得研究股东与管理层之间委托代理关系更为重要。

我国制度背景表现为政府对经济的管制和控制，在管理层薪酬上一是表现为政府对管理层薪酬的管制；二是政府通过对国有上市公司的大多数高管人员实行任命制来获得对上市公司人力资本市场的控制。因此，管理层除了薪酬目标以外，还有政治上的升迁，但是即使有政治上的升迁，管理层和股东之间的委托代理冲突明显存在。

2. 管理层薪酬契约组合二元化

在企业中管理层薪酬契约中普遍存在着二元化的薪酬组合结构，即管理层薪酬契约仅仅包括货币性薪酬（年薪制）和管理层薪酬契约包括货币性薪酬和股权性薪酬两种。在管理层薪酬契约仅仅包括货币性薪酬样本组，管理层的年度货币性薪酬由固定薪酬和以年度业绩考核的效益薪酬组成，在管理层薪酬契约包括货币性薪酬和股权性薪酬的样本组，管理层薪酬契约由货币性薪酬和长期股权性薪酬组成。

3. 管理层对薪酬契约关心度以及薪酬契约对管理层的激励效用存在显著差异

管理层薪酬契约对管理层决策视野的作用不同，导致管理层对薪酬契约的关心度不同，同时，管理层薪酬契约激励度具有显著差异。这一研究对管理层薪酬相关研究是一种补充和完善。

问卷研究的主要发现有：（1）管理层主观上对薪酬契约关心度具有明显的差异。在管理层薪酬契约仅仅包括货币性薪酬样本组，管理层对效益薪酬的关心度显著高于对固定薪酬的关心度；在管理层薪酬契约包括货币性薪酬和股权性薪酬的样本组，管理层对长期股权薪酬的关心度显著高于对货币性薪酬的关心度。（2）薪酬契约组合激励度显著不同。在管理层薪酬契约仅仅包括货币性薪酬样本组，效益薪酬激励度显著高于固定薪酬激励度；在管理层薪酬契约包括货币性薪酬和股权性薪酬的样本组，长期股权薪酬激励度显著高于货币性薪酬激励度，管理层股权激励能够有效地缓解股东与管理层之间的代理冲突。

4. 管理层薪酬契约与固定资产投资关系正相关

管理层股权薪酬占收入比重对固定资产投资规模的影响显著为正，同时，固定资产投资规模与管理层长期股权薪酬比重关系为正，普通最小二乘法通过了显著性检验，而两阶段联立方程法没有显著性。

公司市值账面比与管理层股权薪酬所占比重正相关，与理论分析符合，说明高市值账面比公司的管理层薪酬中长期股权所占的比重大；但是没有证据表明高市值账面比的公司会进行更多的固定资产投资，相反，公司市值账面比与固定资产投资负相关，与理论分析相反，但是与卡尔·

陈、郭唯宇和曼德（2006）的研究相符合。

公司股权结构，持股超过5%以上大股东持股比例，即外部股权与管理层股权薪酬占收入比重显著负相关，说明外部股东能够发挥监督机制，可以替代内部股东对公司的投资和其他决策发挥监督作用，与卡尔·陈、郭唯宇和曼德（2006）的研究结论相同。而持股超过5%以上大股东持股比例，即外部股权与公司固定资产投资规模显著正相关，与理论预期相符合。

资本结构（资产负债率）与管理层股权薪酬占收入比重显著负相关，与瑞恩和威金斯（2002）、约翰和卡斯约翰（1993）的观点相符合，即公司利用管理层薪酬中长期股权所占比重作为一个治理机制。长期资产负债率与固定资产投资显著正相关，我国的现行制度规定公司固定资产投资的债权资金来源是长期负债，长期负债必然对应公司长期固定资产投资的增加，与理论分析和实际相符合。

5. 管理层薪酬契约与资产负债率显著负相关

管理层薪酬契约与公司资本结构研究结果表明，管理层薪酬契约中股权薪酬占收入比重和管理层持股比例累计分布函数与公司的资产负债率显著负相关，增加管理层薪酬契约中长期股权比重能够促使管理层降低资产负债率，与此同时，降低了公司陷于财务困境的可能性。

6. 证实了管理层薪酬契约与财务行为之间存在着显著关系

我国经济从计划经济向市场经济转轨过程中引发了明显的代理冲突，本书实证检验了管理层薪酬契约与公司固定资产投资和资产负债率之间的关系，发现薪酬契约中长期股权薪酬的比重显著地影响公司固定资产投资，同时与公司资本结构的关系显著负相关。这一研究结论对监管层和公司股东的启示是，在管理层薪酬契约中增加并加大长期股权薪酬比重，可以有效地治理代理冲突；同时在对管理层进行业绩评价时，可以增加财务行为方面的考核指标。

8.2 研究展望

管理层薪酬契约与财务行为选择关系问题是我国企业中，特别是上市公司中普遍存在的一个热点和敏感问题，而且最近几年以来有很多政策性的规定陆续颁布①，管理层薪酬契约组合和水平成为新闻媒体、监管部门和各有关部门关注的焦点，更深层次的原因是管理层薪酬对缓解代理冲突，激励管理层关注公司长远利益，决定公司经营决策和财务行为方向至关重要。本研究在以下方面具有进一步进行研究的空间。

管理层薪酬与财务行为选择之间的关系涉及多个方面，本书第1章对财务行为定义中已经详细说明，随着我国资本市场的发展，其中有很多的研究领域值得进一步的探索，主要包括以下方面。

1. 管理层薪酬契约

随着信息披露的完整性和以激励为目的的期权性质的薪酬在管理层薪酬契约中比例的增加，可以获得更多的资料和数据来研究薪酬契约组合，以及不同薪酬契约组合对管理层财务行为选择的影响；本书仅考虑管理层薪酬契约组合中长期股权薪酬部分，在管理层收益中，更具风险性的是股票期权部分，且与管理层长期业绩的联系更加密切，关注股票期权的作用及影响是未来研究管理层薪酬契约组合的方向。

2. 投资行为

投资行为的研究内容，可以进一步的扩展为无形资产投资，由于我国会计报表中没有披露无形资产投资这一项目，因此没有对管理层薪酬契约与公司无形资产投资之间关系进行检验，但是因为R&D投资期限更长，所带来收益的不确定性更大，缺少长期性激励的薪酬促使管理层采取利己的策略而削减R&D投资（Ryan and Wiggins，2002；Chen，Guo and Mande，2006）。从2007年1月起，上市公司需要披露公司无形资产投资的信息，这为进行管理层薪酬契约与R&D投资（无形资产投资）关系的研究提供了可能；另外，本书对于固定资产投资行为的研究可以进一步的分为维持型投资和外延扩大型固定资产投资进行分析。

---

① 如：（1）2005年8月开始，在我国上市公司进行的"股权分置"改革的实践，证监会明确规定，实行股权分置改革的上市公司可以对管理层实行股票期权长期激励，绝大部分上市公司已经完成了股权分置的改革，并相继制定出台了长期股权激励方案。（2）根据最新的资料显示，证监会于2007年3月9日发布了《关于开展加强上市公司治理专项活动有关事项的通知》，在上市公司中分三个阶段开展加强上市公司治理专项活动。在自查阶段规定的自查问题，董事会方面包括20个问题，其中：董事会是否设立了下属委员会，如提名委员会、薪酬委员会、审计委员会、投资战略委员会等专门委员会，以及各委员会职责分工及运作情况。根据我们对上市公司公布的自查报告的了解，上市公司普遍认为公司治理中存在的问题之一就是各个委员会的建立不是很完善，特别是薪酬委员会，而且很多公司（国有控股上市公司）中管理层薪酬的水平长期不变，薪酬契约构成中缺乏长期激励部分，长期激励机制有待于进一步的落实。在监管层的监管下，上市公司中管理层薪酬契约会逐步完善，发挥其激励作用。

参 考 文 献

一、中文部分

1. 陈收、刘卫国：《投资决策与资本结构优化互动关系综述及研究》，载于《管理科学学报》，1999年第12期。
2. 陈建华：《关于投融资体制改革的思路》，载于《经济学动态》，2003年第4期。
3. 陈志广：《高级管理人员报酬的实证研究》，载于《当代经济科学》，2002年第5期。
4. 陈震、张鸣：《业绩指标、业绩风险与高管人员报酬敏感性》，2008年第2期。
5. 杜兴强、王丽华：《高层管理当局薪酬与上市公司业绩的相关性实证研究》，载于《会计研究》，2007年第1期。
6. 费方域：《控制内部人控制——国企改革中的治理机制研究》，载于《经济研究》，1996年第6期。
7. 冯根福、马亚军：《上市公司高管人员自利对资本结构影响的实证分析》，载于《财贸经济》，2004年第6期。
8. 傅元略：《资本结构优化和经理人长期激励方案的相互作用》，载于《中国第四届实证会计国际研讨会论文集》，上海：2005。
9. 何金耿：《股权控制、现金流量与公司投资》，载于《经济管理·新管理》，2001年第22期。
10. 贺家铁：《上市公司高级管理层激励契约研究》，湖南大学博士学位论文，2006年5月。
11. 黄福广、周杰：《我国上市公司股权结构对投资决策的影响》，载于《中国第三届实证会计国际研讨会论文集》，天津：2004。
12. 黄之骏：《经营者股权激励与公司价值》，暨南大学博士学位论文，2006年10月。
13. 黄磊：《公司治理结构的理论与实践》，载于《外国经济与管理》，2002 年第 9 期。

14. 黄世忠、陈建明：《美国财务舞弊症结探究》，载于《会计研究》，2002 年第 10 期。

15. 刘星、曾宏：《我国上市公司非理性投资行为的表现、成因及治理》，载于《中国软科学》，2002 年第 1 期。

16. 刘斌、刘星、李世新、何顺文：《CEO 薪酬与企业业绩互动效应的实证检验》，载于《会计研究》，2003 年第 3 期。

17. 郝颖、刘星、林朝南：《我国上市公司高管人员过度自信与投资决策的实证研究》，载于《中国管理科学》，2005 年第 5 期。

18. 李东平：《大股东控制、盈余管理与上市公司业绩滑坡》，上海财经大学博士学位论文，2001 年。

19. 刘凤委、孙铮、李增泉：《政府干预、行业竞争与薪酬契约》，载于《管理世界》，2007 年第 9 期。

20. 李增泉：《激励机制与企业绩效》，载于《会计研究》，2000 年第 1 期。

21. 李善民、王彩萍：《机构持股与上市公司管理层薪酬关系实证研究》，载于《管理评论》，2007 年第 1 期。

22. 李亚静、朱宏泉、黄登仕、周影峰：《董事会控制、经理人报酬与公司经营绩效》，载于《系统工程理论与实践》，2005 年第 2 期。

23. 李义超：《我国上市公司融资结构实证分析》，载于《数量经济技术经济研究》，2003 年第 6 期。

24. 李怀祖：《管理研究方法论（第二版）》，西安交通大学出版社 2004 年版。

25. 陆正飞、高强：《中国上市公司融资行为研究——基于问卷调查的分析》，载于《会计研究》，2003 年第 10 期。

26. 吕长江、王克敏：《上市公司资本结构、股利分配及管理层股权比例相互作用机制研究》，载于《会计研究》，2002 年第 3 期。

27. ［德］马克斯·韦伯，李秋零译：《社会科学方法论》，中国人民大学出版社 1999 年版。

28. 齐寅峰、王曼舒等：《中国企业投资行为研究——基于问卷调查结果的分析》，载于《管理世界》，2005 年第 3 期。

29. 青木昌彦、钱颖一：《转轨经济中的公司治理结构》，中国经济出版社 1995 年版。

30. 裴红卫：《资本结构：构建经营者激励与约束机制的新路径》，载于《华南金融研究》，2003年第1期。

31. 邵国良、王满四：《上市公司负债融资的股权结构效应实证分析》，载于《中国软科学》，2005年第3期。

32. 童盼、陆正飞：《负债融资、负债来源与企业投资行为——来自中国上市公司的经验证据》，载于《经济研究》，2005年第5期。

33. 童盼、陆正飞：《负债融资对企业投资行为影响研究：述评与展望》，载于《会计研究》，2005年第12期。

34. 童盼、支晓强：《股东—债权人利益冲突对企业投资行为的影响——基于中国上市公司的模拟研究》，载于《管理科学》，2005年第10期。

35. 汤云为、赵春光：《实证会计研究中的几个问题》，载于《会计研究》，2001年第5期。

36. 唐雪松、周晓苏、马茹静：《上市公司过度投资行为及其制约机制的实证研究》，载于《会计研究》，2007年第7期。

37. [美] 唐·埃思里奇著：《应用经济学研究方法论》，经济科学出版社2003年版。

38. 威廉姆·R. 司可脱：《财务会计理论》，机械工业出版社2001年版。

39. R. L. 瓦茨，J. L. 齐默尔曼：《实证会计理论》，陈少华、黄世忠等译，东北财经大学出版社2000年版。

40. 魏峰、刘星：《融资约束、不确定性对公司投资行为的影响》，载于《经济科学》，2004年第2期。

41. 魏峰：《融资约束不确定性与公司投资行为研究》，重庆大学博士学位论文，2004年。

42. 魏刚：《高级管理层激励与上市公司经营绩效》，载于《经济研究》，2000年第3期。

43. 吴晓求、应展宇：《激励机制与资本结构：理论与中国实证》，载于《管理世界》，2003年第6期。

44. 肖作平：《公司治理结构对资本结构选择的影响——来自中国上市公司的证据》，载于《当代经济科学》，2004年第1期。

45. 谢德仁：《经理人激励的潜在业绩基础：基于股东价值创造链的分析》，载于《会计研究》，2003年第12期。

46. 徐向艺、王俊韡、巩震：《高管人员报酬激励与公司治理绩效研究——一项基于深、沪A股上市公司的实证分析》，载于《中国工业经济》，2007年第2期。

47. 辛清泉、林斌、王彦超：《政府控制、经理薪酬与资本投资》，载于《经济研究》，2007年第8期。

48. 杨亦民：《基于大股东控制的融资结构对企业投资行为影响及其经济后果研究》，重庆大学博士学位论文，2006年10月。

49. 乐国林：《企业成长中企业文化资本功效及其协同研究》，南开大学博士学位论文，2007年。

50. 曾宏：《转轨经济中的融资制度与企业融资行为分析》，载于《重庆大学学报》，2004年第4期。

51. 张川、潘飞：《非财务指标采用的业绩后果实证研究》，载于《会计研究》，2008年第2期。

52. 张维迎：《公有制经济中的委托人—代理人关系：理论分析和政策含义》，载于《经济研究》，1995年第4期。

53. 张维迎：《企业的企业家——契约理论》，上海三联书店、上海人民出版社1995年版。

54. 张维迎：《博弈论与信息经济学》，上海三联书店、上海人民出版社1996年版。

55. 张俊瑞、赵进文、张建：《高级管理层激励与上市公司经营绩效相关性的实证分析》，载于《会计研究》，2003年第9期。

56. 郑江淮、何旭强、王华：《上市公司投资的融资约束：从股权结构角度的实证研究》，载于《金融研究》，2001年第11期。

57. 支晓强、童盼：《管理层业绩报酬敏感度、内部现金流与企业投资行为》，载于《会计研究》，2007年第10期。

58. 谌新民、刘善敏：《上市公司经营报酬结构性差异的实证研究》，载于《经济研究》，2003年第8期。

59. 周立新：《中国内地上市家族公司资本结构与高管激励机制的实证研究》，载于《中国经济评论》，2004年第10期。

60. 周建波、孙菊生：《经营者股权激励的治理效应研究——来自中国上市公司的经验证据》，载于《经济研究》，2003年第5期。

61. 周仁俊、喻天舒、杨站兵：《公司治理——激励机制与业绩评价》，载于《会计研究》，2005年第11期。

62. 周嘉楠：《报酬业绩敏感度与风险之间关系的理论与实证研究》，

西南交通大学博士学位论文，2006年10月。

63. 谌新民、刘善敏：《上市公司经营报酬结构性差异的实证研究》，载于《经济研究》，2003年第8期。

64. 朱成全著：《经济学方法论》，东北财经大学出版社2003年版。

65. 朱红军、何贤杰、陈信元：《金融发展、预算软约束与企业投资》，载于《会计研究》，2006年第10期。

66. 杨其静：《从完全合同理论到不完全合同理论》，载于《教学与研究》，2003年第7期。

67. 叶蓓、袁建国：《企业投资的行为公司财务研究综述》，载于《会计研究》，2007年第12期。

68. 殷成东：《我国投融资体制的现状及其改革建议》，载于《经济体制改革》，2005年第1期。

69. 岳中志：《公司治理结构完善度评价及监控激励机制研究》，重庆大学博士学位论文，2005年。

70. 中国企业家调查系统：《当前我国企业经营者对激励与约束问题看法的调查——1997年中国企业经营者成长与发展专题调查报告》，载于《管理世界》，1997年第4期。

二、英文部分

1. Adolfode Motta, Managerial Incentive and Internal Capital Market, The Journal of Finance, June 2003, 58 (3): 1193 – 1220.

2. Aghion P. and P. Bolton, An Incomplete Contracts Approach to Financial Contracting, Review of Economics Studies, 1992, 59: 473 – 494.

3. Agrawal Anup and Gershon N. Mandelker, Managerial Incentives and Corporate Investment and Financing Decisions, The Journal of Finance, 1987, 4: 823 – 837.

4. Agrawal Anup and Charles R. Knoeber, Managerial Compensation and the Threat of Takeover, Journal of Financial Economics, 1998, 47: 219 – 239.

5. Agrawal Anup and Ralph A. Walkling, Executive Careers and Compensation Surrounding Takeover Bids, The Journal of Finance, July 1994, 3: 985 – 1014.

6. Amal A. Said, Hassan R. Hassab Elnaby and Benson Wier, An Empirical Investigation of the Performance Consequences of Nonfinancial Measures, Journal of Management Accounting Research, 2003, 15: 193 – 223.

7. Amiud and Lev., Risk Reduction as a Managerial Motive for Conglomerate Mergers, Bell Journal of Economics, 1981, 12: 605-617.

8. Antonio E. Bernardo, Hongbin Cai and Jiang Luo, Capital Budgeting and Compensation with Asymmetric Information and Moral Hazard, Journal of Financial Economics, 2001, 61: 311-344.

9. Bathala C. T., Moon K. P. and Rao R. P., Managerial Ownership, Debt Policy and the Impact of Institutional Holdings: An Agency Perspective, Financial Management, 1994, 23.

10. Bengt Holmstrom and Lanrence Weiss, Managerial Incentives, Investment and Aggregate Implications: Scale Effects, Review of Economic Studies, 1985, 7: 403-425.

11. Berger P. G., E. Ofek and David L. Yermack, Managerial Entrenchment and Capital Structure Decisions, The Journal of Finance, 1997, 50: 1411-1438.

12. Berle Adolf A. Jr. and Gardner C. Means, The Modern Corporation and Private Property, New York: McMillan. 1932.

13. Braclay J. and Lease R., Smith C., Ownership Structure and Voting on Antitakeover Amendments, Journal of Financial Economics, 1988, 20: 305-360.

14. Brander J. and M. Poitevin, Managerial Compensation and the Agency Cost of Debt Finance, Managerial and Decision Economics, 1992, 13: 55-64.

15. Brindisi L. Jr., Creating Shareholder Value: A New Mission for Executive Compensation, Midland Corporate Finance Journal, Winter 1985: 56-66.

16. Calcagno R. and Renneboog L. D. R., Capital Structure and Managerial Compensation: the Effects of Remuneration Seniority, Discussion Paper, Tilburg University, Center for Economic Research, 2004.

17. Carl R. Chen, Weiyu Guo and Vivek Mande, Corporate Value, Managerial Stockholdings and Investments of Japanese Firms, Journal of International Financial Management and Accounting, 2006, 17: 29-51.

18. Chan S. H., J. D. Martin and J. W. Kensinger, Corporate Research and Development Expenditure and Share Value, Journal of Financial Economics, 1990, 26: 255-276.

19. Charles J. Hadlock, Ownership, Liquidity, and Investment, RAND Journal of Economics, 1998, 29: 487-508.

20. Charles R. Enis, Earnings-Based Compensation Plans and Capital Expenditure Policy in the Motor Carrier Industry, The Accounting Review, 1993, 68 (4): 928 – 941.

21. Cho M. H., Ownership Structure, Investment, and the Corporate Value: an Empirical Analysis, Journal of Financial Economics, 1998, 47: 103 – 121.

22. Clifford G. Holderness, Randalls S. Kroszner and Dennis P. Sheehan, Were the Old Good Days that Good? Changes in Managerial Ownership since the Great Depression, The Journal of Finance, April 1999, 54 (2): 435 – 469.

23. Conyon M. and K. Murphy, The Prince and the Pauper? CEO Pay in the U. S. and the U. K., Economic Journal, 2000, 110: 640 – 671.

24. Dan K. and G. M. Phillips, Capital Structure and Product Market Behavior: An Examination of Plant Closing and Investment Decisions, Review of Financial Studies, 1997, 10: 803 – 997.

25. David J. Denis, Diane K. Denis and Atulya Sarin, Agency Problem, Equity Ownership, and Corporate Diversification, The Journal of Finance, March 1997, 52 (1): 135 – 160.

26. David F. Larcker, Short-Term Compensation Contracts and Executive Expenditure Decisions: The Case of Commercial Banks, The Journal of Financial and Quantitative Analysis, 1987, 22 (1): 33 – 50.

27. David L. Yermack, Higher Market Valuation of Companies with a Small Board of Directors, Journal of Financial Economics, 1996, 40: 185 – 211.

28. Davies J. R., Hiller David and McColgan Patrick, Ownership Structure, Managerial Behavior and Corporate Value, Journal of Corporate Finance, Sep. 2005, 11 (4): 645 – 660.

29. Demsetz H., The Structure of Ownership and the Theory of the Firm, Journal of Law and Economics, 1983, 26: 375 – 390.

30. Demsetz H. and K. Lehn, The Structure of Corporate Ownership: Causes and Consequences, Journal of Political Economy, 1985, 93: 1155 – 1177.

31. Dewatripont, Mathias and Jean Tirole, A Theory of Debt and Equity: Diversity of Securities and Manager-Shareholder Congruence, Quarterly Journal of Economics, 1994, 109 (4): 1027 – 1054.

32. Dybvig P. and J. Zender, Capital Structure and Dividend Irrelevance with

Asymmetric Information, Review of Financial Studies, 1991, 4: 201 -229.

33. E. Fama, Agency Problems and the Theory of the Firm, Journal of Political Economy, April 1980, 88: 288 -307.

34. E. Fama and Jensen M. C. , Agency Problem and Residual Claims, Journal of Law and Economics, 1983, 26: 327 -349.

35. Ellen L. Pavlik, Thomas W. Scott and Peter Tiessen, Executive Compensation: Issues and Research, Journal of Accounting Literature, 1993, 12: 131 -189.

36. Fazzari S. , G. Hubbard and B. Peterson, Financing Constraints and Corporate Investment, Brookings Papers on Economic Activity, 1988: 141 -206.

37. Fazzari S. , Steven M. and B. Petersen, Working Capital and Fixed Investment: New Evidence on Financial Constraints, RAND Journal of Economic, Autumn 1993, 24 (3): 328 -342.

38. Friededman, Milton, The Methodology of Positive Economics, In Essays in Positive Economics, Chicago: University of Chicago Press, 1953, 3.

39. Friend Irwin and Larry H. P. Lang, An Empirical Test of the Impact of Managerial Self-Interest on Corporate Capital Structure, The Journal of Finance, June 1988, 2: 271 -281.

40. Friend Irwin and J. Hasbrouck, Determinants of Capital Structure, In Research in Finance, Vol. 7, Andy Chen, ed. Greenwich, CT: JAI Press, Inc. 1987.

41. G. Manne, Mergers and the Market for Corporate Control, Journal of Political Economy, April 1965, 73: 110 -120.

42. Geoffery S. Rehnert, The Executive Compensation Contract Creating the Incentive to Reduce Agency Cost, Stanford Law Review, 1985, 37 (4): 1147 -1180.

43. George P. Baker, Robert Gibbons and Kevin J. Murphy, Subjective Performance Measures in Optimal Incentive Contracts, The Quarterly Journal of Economics, Nov. 1994, 109, (4): 1125 -1156.

44. George P. Baker, Michael C. Jensen and Kevin J. Murphy, Compensation and Incentives: Practice vs. Theory, The Journal of Finance, July 1988, 43 (3): 593 -616.

45. George P. Baker, Incentive Contracts and Performance Measurement,

The Journal of Political Economy, Jun. 1992, 100 (3): 598 – 614.

46. George W. Blazenko, Managerial Preference, Asymmetric Information, and Financial Structure, The Journal of Finance, September 1987, 42 (4): 839 – 862.

47. Gerald T. Garvey, Marketable Incentive Contracts and Capital Structure Relevance, The Journal of Finance, March 1997, 48 (1): 353 – 378.

48. Graham, J. R. and C. R. Harvey, The Theory and Practice of Corporate Finance: Evidence from the Field, Journal of Financial Economics, 2001: 187 – 243.

49. Gregory E. Goering and T. Harikumar, Investment Decision and Managerial Compensation in the Presence of Product Market Rivalry, Managerial and Decision Economics, 1999, 20: 87 – 97.

50. Grossman S. and Hart O., Implicit Contracts, Moral Hazard, and Unemployment, American Economic Review, 1981, 71 (2): 301 – 307.

51. Hadlock C., Ownership, Liquidity, and Investment, RAND Journal of Economics, 1998, 29: 487 – 508.

52. Harley E. Ryan Jr. and Roy A. Wiggins, The Interactions between R&D Investment and Compensation Policy, Financial Management, Spring 2002: 5 – 29.

53. Harris M. and A. Raviv, Corporate Control Contests and Capital Structure, Journal of Financial Economics, 1988, 20: 297 – 353.

54. Harris M. and A. Raviv, The Capital Budgeting Process: Incentive and Information, The Journal of Finance, 1996, 51: 1139 – 1174.

55. Harris M. and A. Raviv, Capital Budgeting and Delegation, Journal of Financial Economics, 1998, 50: 259 – 289.

56. Harris M., C. H. Kriebel and A. Raviv, Asymmetric Information, Incentives and Intrafirm Resource Allocation, Management Science, 1982, 26: 604 – 620.

57. Hart, Oliver, Firms, Contracts and Financial Structure, Oxford: Clarendon Press, 1995, 中译本：哈特，《企业、合同与财务结构》，费方域译，上海三联书店和上海人民出版社1998年版。

58. Hart, Oliver and John Moore, A Theory of Debt Based on the Inalienability of Human Capital, Quarterly Journal of Economics, 1994, 109 (4):

841 – 879.

59. Hayek F. A. Von, The Use of Knowledge in Society, American Economic Review, 1945, 35.

60. Hayne E. Leland and David H. Pyle, Informational Asymmetries, Financial Structure, and Financial Intermediation, The Journal of Finance, 1977, 32: 371 – 387.

61. Hebert R. F. and Albert N. Link, In Search of the Meaning of Entrepreneurship, Small Business Economics, 1989, 1: 39 – 49.

62. Hemmer Thomas, Risk-Free Incentive Contracts: Eliminating Agency Cost Using Compensation Schemes, Journal of Accounting and Economics, October 1993, 16: 447 – 473.

63. Hermalin B. and Weisbach M., The Effects of Board Compensation and Direct Incentives on Firm Performance, Financial Management, 1991, 20: 101 – 112.

64. Himmelberg C., Hubbard R. G. and Palia D., Understanding the Determinants of Managerial Ownership and the Link between Ownership and Performance, Journal of Financial Economics, 1999, 53: 353 – 384.

65. Hirshleifer D., Managerial Reputation and Corporate Investment Decisions, Financial Management, 1993, 22: 145 – 160.

66. Holmstrom Bengt, Moral Hazard in Teams, Bell Journal of Economics, 1982, 13: 324 – 340.

67. Holmstrom Bengt, Moral Hazard and Observability, Bell Journal of Economics, Spring 1979, 10: 74 – 91.

68. Holmstrom and Tirole, Market Liquidity and Performance Monitoring, Journal of Political Economy, 1993, 101: 678 – 709.

69. Holthausen R., D. Larcker and R. Sloan, Business Unit Innovation and the Structure of Executive Compensation, Journal of Accounting Economics, 1995, 19: 279 – 313.

70. Hoshi T., A. Kashyap and D. Scharfstein, Corporate Structure, Liquidity, and Investment: Evidence from Japanese Industrial Groups, Quarterly Journal of Economics, 1991, 106: 33 – 60.

71. Hoshi T., A. Kashyap and D. Scharfstein, The Role of Banks in Reducing the Costs of Financial Distress in Japan, Journal of Financial Economics, 1990, 27: 67 – 88.

72. Hubbard R. G. , Capital Market Imperfections and Investment, Journal of Economic Literature, 1998, 36: 193 – 225.

73. Hubbard R. G. , A. K. Kashyap and T. M. Whited, Internal Finance and Firm Investment, Journal of Money, Credit and Banking, 1995, 27: 683 – 701.

74. Ittner C. D. , David F. Larcker and Taylor Randall, Performance Implications of Strategic Performance Measurement in Financial Service Firms, Accounting, Organization and Society, 2003, 28: 715 – 741.

75. Jensen M. C. and Meckling W. , Theory of the Firm: Managerial Behavior, Agency Costs and Ownership Structure, Journal of Financial Economics, October 1976: 305 – 360.

76. Jensen M. C. , Agency Costs of Free Cash Flow, Corporate Finance, and Takeovers, American Economic Review, 1986, 76 (3): 323 – 329.

77. Jensen M C. , Takeover Controversy: Analysis and Evidence, Midland Corporate Finance Journal, 1986, 4: 6 – 32.

78. Jensen G. R. , Solberg D. P. and Zorn T. S. , Simultaneous Determination of Insider Ownership, Debt, and Dividend Policies, Journal of Financial and Quantitative Analysis, 1992, 27: 247 – 263.

79. John K. and Nachman C. Risky, Debt, Investment Incentives and Reputation in a Sequential Equilibrium, The Journal of Finance, 1985, 13: 863 – 878.

80. John E. Core, Robert W. Holthausen and David E. Larcker, Corporate Governance, Chief Executive Compensation and Firm Performance, Journal of Financial Economics, 1999, 51: 371 – 373.

81. Kadapakkam P. , P. C. Kumar and L. A. Riddick, The Impact of Cash Flows and Firm Size on Investment: The International Evidence, Journal of Banking and Finance, 1998, 22: 293 – 320.

82. Kaplan Steven N. and Liugi Zingales, Do Investment-Cash Flow Sensitivities Provide Useful Measures of Financing Constraints? The Quarterly Journal of Economics, 1997, 112: 169 – 215.

83. Kaplan Steven N. and Liugi Zingales, Do Financing Constraints Explain Why Investment is Correlated with Cash Flow? Quarterly Journal of Economics, 2000, 5: 707 – 712.

84. Kaplan Steven N. and D. Norton, The Balanced-Scorecard: Measure that Drive Performance, Havard Business Review, January-February, 1992: 71 – 79.

85. Keating, A., Determinations of Divisional Performance Evaluation Practices, Journal of Accounting and Economics, 1997, 24: 243 – 273.

86. K. D. Harvey and R. E. Shrieves, Executive Compensation Structure and Corporate Governance Choices, The Journal of Financial Research, 2001, 26: 495 – 512.

87. Kevin J. Murphy, Executive Compensation, Handbook of Labor Economics, Edited by O. Ashenfelter and D. Card, 1999, 3: 2458 – 2563.

88. Kevin J. Murphy, Corporate Performance and Managerial Remuneration: An Empirical Analysis, Journal of Accounting and Economics. 1985, 7: 11 – 42.

89. Kim Oliver and Suh Yoon, Incentive Efficiency of Compensation Based on Accounting and Market Performance, Journal of Accounting and Economics, 1993, 16: 25 – 53.

90. Kole S., Managerial Ownership and Firm Performance: Incentive or Rewards? Advances in Financial Economics, 1996, 2: 119 – 149.

91. Kreps, D. and Wilson, Reputation and Impefect, Jounal of Economic Theory, 1982, 27: 253 – 279.

92. Kreps, D., P. Milgrom, Roberts and R. Wilson, Rational Cooperation in the Finitely Repeated Prisoners Dilemma, Jounal of Economic Theory, 1982, 27: 245 – 252.

93. Lambert Richard A., The use of Accounting and Security Price Measures of Performance in Managerial Compensation Contracts, Journal of Accounting and Economics, 1993, 16: 101 – 123.

94. Lamont O., Cash Flow and Investment: Evidence from Internal Capital Markets, The Journal of Finance, 1997, 52: 83 – 100.

95. Lipton Martin and Jay W. Lorsch, A Modest Proposal for Improved Corporate Governance, Business Lawyer, 1992, 48 (1): 59 – 77.

96. Mcguire, John S. Chiu and Alvar O. Elbeing, Executive Income, Sales, and Profits, American Economic Review, 1962, 52: 753 – 761.

97. McConnell J. H. and H. Servas, Additional Evidence on Equity Ownership and Corporate Value, Journal of Financial Economics, 1990, 27: 595 – 612.

98. Mehran K., Executive Compensation Structure, Ownership, and Firm Performance, Journal of Financial Economics, 1995, 38: 163 – 184.

99. Michael C. Jensen and Kevin J. Murphy, Performance Pay and Top-Management Incentives, Journal of Political Economy, 1990, 98 (2): 225 – 264.

100. Merton H. Miller, Debt and Taxes, The Journal of Finance, 1977, 32: 261 – 276.

101. Modigliani Franco and Merton H. Miller, The Cost of Capital, Corporate Finance and the Theory of Investment, American Economics Review, 1958, 48: 261 – 297.

102. Modigliani Franco and Merton H. Miller, Corporate Income Taxes and the Cost of Capital: A Correction, American Economic Review, 1963, 53: 433 – 443.

103. Morck R., A. Shleifer and R. Vishny, Management Ownership and Market Valuation: an Empirical Analysis, Journal of Financial Economics, 1988, 20: 293 – 315.

104. Murphy Kevin J., Corporate Performance and Managerial Remuneration: an Empirical Analysis, Journal of Accounting and Economics, April 1985, 7: 11 – 42.

105. Myers S. C., The Capital Structure Puzzle, The Journal of Finance, 1984, 39: 575 – 592.

106. Myers S. C. and N. S. Majluf, Corporate Financing and Investment Decisions When Firms Have Information That Investor Do Not Have, Journal of Financial Economics, 1984, 13: 187 – 221.

107. Neal M. Stoughton and Eli Talmor, Managerial Bargaining Power in the Determination of Compensation Contracts and Corporate Investment, International Economic Review, 1999, 40 (1): 69 – 93.

108. Organization for Economic Co-Operation and Development (OECD), 1998, Fostering Entrepreneurship, Paris: OECD.

109. R. Sloan, Accounting Earnings and Top Executive Compensation, Journal of Accounting and Economics, 1993, 16: 349 – 372.

110. R. Hangen and L. Senbet, Resolving the Agency Problems of External Capital through Options, The Journal of Finance, June 1981, 36: 629 – 647.

111. R. Walkling and M. Long, Agency Theory, Managerial Welfare, and Takeover Bid Resistance, RAND Journal of Economics, Spring 1984, 15: 54 – 68.

112. Rajesh K. , Aggarwal and Andrew A. Samwick, Executive Compensation, Strategic Competition, and Relative Performance Evaluation: Theory and Evidence, the Journal of Finance, 1996, 6: 1999 – 2043.

113. Rajesh K. , Aggarwal and Andrew A. Samwick, Performance Incentive within Firms: the Effect of Managerial Resposibility, the Journal of Finance, 2003, 58 (4): 1613 – 1650.

114. Rajesh K. , Aggarwal and Andrew A. Samwick, Empire-Builders and Shirkers: Investment, Firm Performance, and Managerial Incentives, Journal of Corporate Finance, 2006, 12: 489 – 515.

115. Richardson Scott, Over Investment of Free Cash Flow and Corporate Governance, Wharton School, University of Pennsylvania, 2003, Working Paper.

116. Rick Antle, Peter Bogetoft and Andrew W. Stark, Information Systems, Incentives and the Timing of Investments, Journal of Accounting and Public Policy, 2001, 20: 267 – 294.

117. Robert Gibbons and Kevin J. Murphy, Does Executive Compensation Affect Investment? The Journal of Applied Corporate Finance, 1992, 5: 99 – 109.

118. Robert Gibbons and Kevin J. Murphy, Relative Performance Evaluation for Chief Executive Officers, Industrial and Labor Relations Review, Special Issue: Do Compensation Policies Matter? 1990, 43 (3): 30S – 51S.

119. Ross S. , The Economic Theory of Agency: The Principal's Problem, American Economic Review, 1973, 63: 134 – 139.

120. Ross S. , The Determinants of Financial Structure: the Incentive Signaling Approach, RAND Journal of Economics, 1977: 23 – 30.

121. Sahlman W. A. and H. H. Stevenson, Introduction, In W. A. Sahlman and H. H. Stevenson (eds.), The Entrepreneurial Venture, Boston: McGrawHill, 1991.

122. Smith C. and R. Watts, The Investment Opportunity Set and Corporate Financing, Dividend and Compensation Policies, Journal of Financial Economics, 1992, 32: 263 – 292.

123. Smith C. and R. Stulz, The Determinants of Firms' Hedging Policies, Journal of Financial and Quantitative Analysis, 1985, 20: 391 – 405.

124. Stulz Rene, Managerial Control of Voting Rights, Financing Policies and the Market for Corporate Control, Journal of Financial Economics, 1988,

20: 25 – 54.

125. Sudip Datta, Mai Iskandar-Datta and Kartik Raman, Executive Compensation and Corporate Acquisition Decisions, The Journal of Finance, December 2001, 56 (6): 2299 – 2336.

126. Sudip Datta, Mai Iskandar-Datta and Kartik Raman, Managerial Stock Ownership and the Maturity Structure of Corporate Debt, The Journal of Finance, October 2005, 60 (5): 2333 – 2350.

127. Teresa A. John and Kose John, Top-Management Compensation and Capital structure, The Journal of Finance, July 1993, 8 (3): 949 – 974.

128. Tibbetts Joseph S. Jr. and Edmund T. Donovan, Compensation and Benefits for Startup Companies, Harvard Business Review, November/December 1989: 70 – 73.

129. Titman S. and Wessels R., The Determinants of Capital Structure Choice, The Journal of Finance, 1988, 43: 1 – 20.

130. Weisbach Michael, Outside Directors and CEO Turnover, Journal of Financial Economics, 1988, 20: 431 – 460.

131. Yossi Spiegel, Eli Berkovitch and Ronen Israel, Managerial Compensation and Capital Structure, Journal of Economics and Management Strategy, 2000, 9 (4): 549 – 584.

附件：

企业管理层薪酬激励与业绩评价研究调查问卷

尊敬的先生/女士：

您好！非常感谢您在百忙中填写这份问卷。我们郑重承诺：我们将为您和贵公司保密，在调查中不会涉及敏感问题，同时本次调查数据仅供研究使用，在研究结果中将以企业作为研究对象，不会出现您及贵公司的信息，而且不会在研究以外的场合扩散。欢迎您对我们的研究提出意见和建设。

再次感谢您的支持。

课题组
二〇〇六年十月十日

一、调查问卷说明

本调查主要针对企业高级管理人员（总经理、副总经理、财务总监或财务负责人、董事会秘书和公司章程规定的其他高管人员等，以下简称管理层）的薪酬激励、业绩评价以及管理层薪酬契约与企业财务行为（具体财务行为在问题中列明）选择之间可能存在的影响关系进行。

二、调查问卷内容（请在您认可的答案的方框中划"√"）

（一）有关管理层薪酬契约组合方面

1. 管理层的薪酬由专门的部门制定？　　　□是　　　□否
2. 您单位最高与最低收入者的差距有多大？　□1~5倍　□5~10倍　□10倍以上
3. 管理层是否参与企业剩余收益的分配权（或者说是否拥有股权）？　□是　□否
4. 管理层薪酬契约增加长期股权部分以后，以下方面的变化　（程度从小——大，由低——高）

	1	2	3	4	5	6	7
（1）管理层工作努力程度	□	□	□	□	□	□	□
（2）企业经营效益	□	□	□	□	□	□	□
（3）企业员工凝聚力	□	□	□	□	□	□	□
（4）企业投资决策的科学性	□	□	□	□	□	□	□

5. 在管理层年度收入组成中，以下部分对管理层激励程度　　（程度从小——大，由低——高）

　　　　　　　　　　　　　　　　　　　　　　　　　　　　1　2　3　4　5　6　7

（1）固定薪酬　　　　　　　　　　　　　　　　　　　　□　□　□　□　□　□　□

（2）效益薪酬（与年度业绩挂钩部分）　　　　　　　　　□　□　□　□　□　□　□

（3）福利　　　　　　　　　　　　　　　　　　　　　　□　□　□　□　□　□　□

（4）长期股权部分　　　　　　　　　　　　　　　　　　□　□　□　□　□　□　□

6. 在管理层所有可得利益中，管理层关心的程度　　　　　（程度从小——大，由低——高）

　　　　　　　　　　　　　　　　　　　　　　　　　　　　1　2　3　4　5　6　7

（1）固定薪酬　　　　　　　　　　　　　　　　　　　　□　□　□　□　□　□　□

（2）效益薪酬（与年度业绩挂钩部分）　　　　　　　　　□　□　□　□　□　□　□

（3）福利　　　　　　　　　　　　　　　　　　　　　　□　□　□　□　□　□　□

（4）长期股权部分　　　　　　　　　　　　　　　　　　□　□　□　□　□　□　□

（5）职务消费　　　　　　　　　　　　　　　　　　　　□　□　□　□　□　□　□

7. 在管理层薪酬契约制定时考虑的因素　　　　　　　　　（程度从小——大，由低——高）

　　　　　　　　　　　　　　　　　　　　　　　　　　　　1　2　3　4　5　6　7

（1）企业总资产规模　　　　　　　　　　　　　　　　　□　□　□　□　□　□　□

（2）企业主营业务收入规模　　　　　　　　　　　　　　□　□　□　□　□　□　□

（3）企业隶属关系（如：中央直属、省属、市属或其他）　□　□　□　□　□　□　□

（4）企业所属地区　　　　　　　　　　　　　　　　　　□　□　□　□　□　□　□

（5）企业所属行业　　　　　　　　　　　　　　　　　　□　□　□　□　□　□　□

（6）国家股股权所占比重　　　　　　　　　　　　　　　□　□　□　□　□　□　□

（7）前一年度薪酬水平　　　　　　　　　　　　　　　　□　□　□　□　□　□　□

（8）公司利润水平　　　　　　　　　　　　　　　　　　□　□　□　□　□　□　□

（9）董事会规模　　　　　　　　　　　　　　　　　　　□　□　□　□　□　□　□

（二）管理层薪酬业绩评价指标方面

8. 管理层薪酬制定时，采取定量（客观）与主观评价相结合的机制。　　□是　　□否

9. 在定量考核指标中，以下指标的作用　　　　　　　　　（程度从小——大，由低——高）

　　　　　　　　　　　　　　　　　　　　　　　　　　　　1　2　3　4　5　6　7

财务指标

（1）企业利润总额　　　　　　　　　　　　　　　　　　□　□　□　□　□　□　□

（2）总资产收益率（净利润/总资产）　　　　　　　　　 □　□　□　□　□　□　□

（3）净资产收益率（净利润/净资产）　　　　　　　　　 □　□　□　□　□　□　□

（4）主营业务收入增长率　　　　　　　　　　　　　　　□　□　□　□　□　□　□

（5）国有资产保值增值率　　　　　　　　　　　　　　　□　□　□　□　□　□　□

（6）股价　　　　　　　　　　　　　　　　　　　　　　□　□　□　□　□　□　□

非财务指标

（7）产品的市场占有率　　　　　　　　　　　　　　　　□　□　□　□　□　□　□

（8）新产品开发（研发投入的比重）　　□ □ □ □ □
（9）顾客满意程度　　　　　　　　　　□ □ □ □ □
（10）产品合格率　　　　　　　　　　　□ □ □ □ □
（11）就业指标（安排职工人数）　　　　□ □ □ □ □
（12）其他（请注明）　　　　　　　　　□ □ □ □ □]

10. 在主观考核指标中，以下指标的作用　　（程度从小——大，由低——高）

　　　　　　　　　　　　　　　　　　　　1　2　3　4　5　6　7

（1）上级主管部门的评价和态度　　　　□ □ □ □ □ □ □
（2）民意测评结果　　　　　　　　　　□ □ □ □ □ □ □
（3）管理层团结程度　　　　　　　　　□ □ □ □ □ □ □
（4）管理层与下属合作的程度　　　　　□ □ □ □ □ □ □
（5）其他（请注明）　　　　　　　　　□ □ □ □ □ □ □

11. 在对管理层激励同时，约束机制的建立　（程度从小——大，由低——高）

　　　　　　　　　　　　　　　　　　　　1　2　3　4　5　6　7

（1）因为企业业绩差管理层被减薪　　　□ □ □ □ □ □ □
（2）因为企业业绩差管理层被替换　　　□ □ □ □ □ □ □
（3）因为主观评价差而被扣减效益薪酬　□ □ □ □ □ □ □
（4）因为业绩差企业被兼并或收购　　　□ □ □ □ □ □ □
（5）企业内部监督部门对管理层行为监督程度　□ □ □ □ □ □ □

12. 业绩评价总体情况

（1）考核指标的设定是否有利于企业的长期发展　　□是　　　　□否
（2）您认为对管理层考核期应设置为几年最佳
　　　□一年以下　　□1~2年　　□2~3年　　□3~4年　　□4~5年　　□5年以上
（3）评价指标对下列情况的反映或影响程度如何？　（程度从小——大，由低——高）

　　　　　　　　　　　　　　　　　　　　1　2　3　4　5

反映管理层不可控因素的程度　　　　　　□ □ □ □ □
反映企业总体业绩的程度　　　　　　　　□ □ □ □ □
导致管理层集中于短期目标的程度　　　　□ □ □ □ □
导致管理层为确保薪酬而操纵业绩程度　　□ □ □ □ □
反映公司战略执行情况　　　　　　　　　□ □ □ □ □
对定量指标真实程度的反映情况　　　　　□ □ □ □ □
（4）考评机构定量考核指标有效度　　　　□ □ □ □ □
（5）考评机构主观评价有效度　　　　　　□ □ □ □ □
（6）定量与主观考评所赋权重合理程度　　□ □ □ □ □

13. 除以上因素外，您认为应该采取什么样的方法制定管理层薪酬契约？

　　（1）＿＿＿＿＿＿＿＿＿＿＿＿＿＿＿＿＿＿＿＿＿＿＿＿＿＿＿＿＿＿＿＿＿＿
　　（2）＿＿＿＿＿＿＿＿＿＿＿＿＿＿＿＿＿＿＿＿＿＿＿＿＿＿＿＿＿＿＿＿＿＿

（3）_____

（三）管理层薪酬契约与财务行为选择方面

14. 在企业财务行为制定中，管理层拥有股权的所占比重越大，对决策的影响力越大。
    □是　　□否

15. 管理层薪酬契约各个部分，对财务行为选择影响程度　（程度从小——大，由低——高）

	1	2	3	4	5	6	7
（1）固定薪酬	□	□	□	□	□	□	□
（2）效益薪酬	□	□	□	□	□	□	□
（3）福利	□	□	□	□	□	□	□
（4）剩余收益分配权	□	□	□	□	□	□	□
（5）职务消费	□	□	□	□	□	□	□

16. 管理层参与企业剩余收益分配，对以下财务行为选择影响度　（程度从小——大，由低——高）

	1	2	3	4	5	6	7
（1）企业负债水平	□	□	□	□	□	□	□
（2）依靠内部留存利润的程度	□	□	□	□	□	□	□
（3）发行股票融资的程度	□	□	□	□	□	□	□
（4）增加固定资产投资规模接受程度	□	□	□	□	□	□	□
（5）通过接管和并购扩大规模接受程度	□	□	□	□	□	□	□

17. 您认为贵单位管理层薪酬激励的总体有效程度　□　□　□　□　□　□　□

（四）有关企业和您的概况信息

18. 您所在企业的性质是：
    □中央属国有企业　　　□省属国有企业　　　□中央属参股国有企业
    □省属参股国有企业　　□集体企业　　　　　□民营企业
    □合资企业　　　　　　□独资企业　　　　　□其他

19. 您在公司中的职务是：
    □总经理/总裁　　□财务副总经理　　□副总经理　　□其他_____（请标明）

您已经完成了本问卷。再次感谢您的帮助！

后　　记

在南开大学博士学习期间，通过文献阅读对管理层薪酬契约领域的相关研究产生了极大的兴趣。在随后的几年时间里，对于主要研究者的研究领域和研究进展进行了密切的关注，收集了大量的相关资料，并将其作为我的博士论文研究方向。本书是我博士研究成果的一次总结，从构思到成稿历经四年的时间。对我国企业中管理层薪酬契约组合的现状，管理层对薪酬契约组合不同部分的关心度，薪酬契约组合的激励度以及管理层长期股权薪酬与管理层采取的投融资财务行为之间的关系，董事会治理、股权治理在管理层长期股权薪酬与财务行为关系中的作用等问题的解读构成本书的研究框架。

我的博士生导师——南开大学商学院副院长刘志远教授对我的研究给予了充分的肯定和悉心的指导。刘老师为人谦和，具有很强的亲和力；而导师对于学术研究动态的把握非常的敏锐，在迷雾重重之际，刘老师的点拨总能让人茅塞顿开；读博期间，刘老师为我提供了多次参加各种国际学术会议和研讨会的机会，参加这些会议大大开阔了研究思路，丰富了研究内容。这些宝贵的人生经历将伴我终生，继续惠及我以后的教学和研究工作。

南开四年，我得到了商学院会计系众多学识渊博的教授的指导和帮助。感谢齐寅峰教授、周宝源副教授在财务管理学理论、投资学理论和研究方法上的循序引导；在论文开题、预答辩和正式答辩中，周晓苏教授、张继勋教授、程新生教授、陆宇建博士对论文提出了宝贵的修改建议。感谢各位老师辛勤的付出，师恩浩荡，自当永志不忘。

感谢参与我博士论文评议和答辩的北京大学光华管理学院的陆正飞教授、王立彦教授，重庆大学经济与工商管理学院院长刘星教授，复旦大学管理学院吕长江教授，厦门大学会计发展研究中心主任曲晓辉教授，他们提出了宝贵的修改建议，同时也为我的后续研究指明了方向。

我的工作单位——山东大学管理学院给予我的支持和鼓励难以言表。

管理学院院长徐向艺教授对书稿提出了建设性的修改意见,并对论文的出版提供了大力的支持。感谢杨蕙馨教授、刘洪渭教授、王兴元教授、陈志军教授、谢永珍教授等的指导和帮助。会计学系的领导和同事在工作中给我提供了诸多的便利,分担了这几年大部分的工作量,感谢潘爱玲教授、罗新华博士、张立达博士、袁明哲教授、刘慧凤教授。

　　在后续的研究中,正是由于得到山东省社科规划办、山东省软科学力、山东大学管理学院博士基金等的资助,才使得研究能够进一步的深入。

　　学习与写作论文过程中与同学们的交流,消除了求学过程中的迷茫与困顿感,感谢我的博士班同学们。在论文写作最艰难的时段,每一次与同学们的探讨争论,都带给我很多的启发,大家在不同场合讨论中的建议对我十分重要。南开大学商学院会计系的博士生论坛不仅给了博士生一个研究与交流的平台,而且这种安排使大家相互督促和成长,融洽的学术氛围、互动的团队讨论与沟通、在学习中培养的同学之间的友情令我终生难忘,每一次的讨论不仅让我学到了不少知识,也给我带来了很多欢乐。感谢会计系诸位老师为此付出的时间和精力。

　　感谢经济科学出版社的吕萍女士、王娟女士在书稿出版过程中付出的辛勤劳动和给予的大力协助。

　　……

　　博士论文的写作和书稿的顺利出版,得到了无数贵人的帮助,希望能在今后的人生中用感恩的心加以报答!

　　书中不足之处,敬请批评指正。

刘海英

2008 年 6 月于山东大学